▶ 서실장의 더존실무 톡톡

더존 SmartA 활용
진짜세무실무 시리즈(Ⅲ)
www.sshedu.kr

개정
증보판

세무대리인이 알아야 할
부가가치세 신고 실무
Point 50

서승희 저

2022 귀속

동영상강의
www.sshedu.kr

NANUM
나눔
A&T

머리말

IT산업의 발전이 국세행정에 많은 변화를 가져온 것처럼 세무대리인의 업무환경도 나날이 변화되고 있습니다. 장부를 수기로 작성하던 때가 언제 있었나 싶을 정도로 컴퓨터에 의존하고 있고 또한 이제는 입력이 아니라 자료수집이라는 새로운 용어에 익숙해져야 할 시대가 되었습니다.

사무실이 아니면 안 될 것 같은 업무처리도 재택근무가 가능한 환경으로 진화해 나가고 있습니다. 그렇지만 세무대리인이 하는 업무는 사업자의 세금을 대리하는 업무이기에 작은 것도 흘려보낼 수 없고 좀 더 꼼꼼하게 챙겨서 관리해야 하는 업무이기도 합니다.

때론 국세청 입장에서 고객을 납득시켜야 하고, 때론 고객입장에서 국세청과 싸워야 하기도 하는 일이라 정신노동이 많은 직무군입니다.

시스템을 활용해서 업무를 처리하는 것은 시스템이 가지고 있는 기능과 프로세스를 이해해야 하며, 이는 실무를 알고 있어야 수월하게 업무처리를 할 수 있습니다.

세법이나 회계기준을 기준으로 더존SmartA를 활용하여 좀 더 편리하고 효율적으로 전자신고까지 처리할 수 있도록 하며, 수임업체를 관리하는 업무 Tip을 공유하여 체크포인트를 따라해 보면 누구나 경력자다운 면모를 보일 수 있을 것입니다.

세무업무에 입문하여 실전에서 경력자로서의 실력을 보일 수 있도록 28년이 넘는 저의 실무관련 업무노하우를 풀어보려고 합니다.

본 서를 집필하는 것만이 아니라 동영상자료를 제공하므로써 저자의 집필의도와 선임자의 업무처리능력을 배울 수 있도록 이해하기 쉽게 전달하고자 노력했습니다.

성공적인 세무대리 전문가가 되기를 바라며, 본 서가 완성될 수 있도록 도움을 주신 분들께 감사를 드립니다.

저자 드림

CONTENTS

PART 01
부가가치세의 시작

Point01	세무대리인이 알아야 할 부가가치세 신고와 사업자 분류	3
Point02	부가가치세신고 시작부터 끝까지 전체보기	37
Point03	홈텍스에서 부가가치세 신고도움서비스 검토하기	39
Point04	홈텍스에서 세금계산서 발급내역 확인하기	47
Point05	홈텍스에서 신용카드 매출과 매입내역 확인하기	49
Point06	홈텍스에서 현금영수증매출·매입내역 확인하기	52
Point07	홈텍스에서 영세율매출 내역확인하기	53
Point08	업종코드가 부가세신고에 미치는 영향	54
Point09	업종에 맞는 매출·매입 계정과목설정하기	57

PART 02
부가가치세 대상자료 정리

Point10	세금계산서를 발행하는 방법 2가지	61
Point11	잘못 발행된 세금계산서는 어떻게 수정할까?	70
Point12	위탁판매처에서 세금계산서를 대신 발행할 수 있을까?	75
Point13	부가가치세 증빙자료를 입력하는 방법	77
Point14	자료수집을 위해 가장 먼저 해야할 일	84
Point15	매출관련 증빙서류를 수집하는 방법	86
Point16	매입관련 증빙서류를 수집하는 방법	87
Point17	매출세금계산서 발행 자료 정리하기	88
Point18	매입세금계산서 받은 자료 정리하기	96
Point19	매출계산서 발행 자료 정리하기	103
Point20	매입계산서 받은 자료 정리하기	108
Point21	신용카드 매출자료 정리하기	112
Point22	신용카드 매입자료 정리하기	119
Point23	현금영수증 매출자료 정리하기	130
Point24	현금영수증 매입자료 정리하기	136
Point25	부동산임대업자가 보증금 관리하는 방법	141
Point26	음식업자가 받은 면세자료로 매입세액을 추가로 공제받는 방법	147
Point27	수출신고와 외화획득사업자의 입금내역 정리하기	152
Point28	영세매출거래가 있는 기업이 작성해야 할 서식	159
Point29	수입거래가 있으면 어떻게 정리해야 할까?	163
Point30	매입자료는 공제가능자료와 공제불가능자료로 구분하여 정리하자	174
Point31	부도등으로 외상매출대금을 못 받아도 부가세는 돌려받자	183
Point32	고정자산취득이 부가가치세신고에 미치는 영향	187

세무대리인이 알아야 할 부가가치세신고실무 Point 50

Point33	온라인매출과 배달앱 매출이 있는 기업의 매출정리하기	191
Point34	매출증빙없이 판매한 금액은 어떻게 신고할까?	194
Point35	판매용 재고를 거래처에 선물해도 부가세 신고해야 하나?	197
Point36	현금영수증의무발급업종 대상기업이 해야 할 일	200
Point37	부가가치세 신고자료 정밀분석	204
Point38	건설업의 부가세자료 현장별 관리하기	205

PART 03
부가가치세 신고와 자료정리

Point39	영리법인의 부가가치세 전자신고	211
Point40	일반과세자인 개인기업의 부가가치세 전자신고	219
Point41	국가·비영리단체 및 면세사업자가 제출할 부가가치세 관련자료	227
Point42	영세율등 첨부서류는 어떻게 제출하나?	229
Point43	부가가치세 수정신고(예정신고누락분)	230
Point44	확정신고에 누락된 자료는 어떻게 신고해야할까?	235
Point45	신고기한에 신고를 못한 부가가치세 신고는 어떻게 할까?	243
Point46	부가가치세 총괄납부신고와 사업자단위신고	247
Point47	간이과세자의 부가가치세 전자신고하기	254
Point48	폐업한 사업자의 부가가치세 전자신고하기	256
Point49	부가가치세 관련자료의 회계처리	258
Point50	부가가치세 관련자료의 데이터백업 및 복구	261

PART 01

부가가치세의 시작

Point 01. 세무대리인이 알아야 할 부가가치세 신고와 사업자 분류

1. 부가가치세란

부가가치란 재화 또는 용역이 생산되거나 유통되는 각각의 거래단계에서 새로이 창출된 가치의 증가분을 말한다. 부가가치세(Value Added Tax)란 상품(재화)의 거래나 서비스(용역)의 제공과정에서 얻어지는 부가가치(이윤)에 대하여 과세하는 세금이며, 사업자가 납부하는 부가가치세는 매출세액에서 매입세액을 차감하여 계산한다.

> 부가가치세 = 매출세액 − 매입세액

2. 과세기간 및 신고납부

과세기간이란 세법에 의하여 과세표준과 세액의 계산시 기초가 되는 기간을 말한다.
부가가치세 과세기간은 6개월을 1과세기간으로 하며, 과세기간 종료 후 25일이내에 각 사업장 관할세무서장에게 신고 및 납부한다.

구 분	과세기간	예정기간	확정기간
법인 일반사업자	제1기 : 1.1 ~ 6.30	1.1 ~ 3.31	4.1 ~ 6.30
	제2기 : 7.1 ~ 12.31	7.1 ~ 9.30	10.1 ~ 12.31
간이과세자	1.1 ~ 12.31		1.1 ~ 12.31
신규사업자	제1기 : 사업개시일 ~ 6.30	사업개시일 ~ 3.31	사업개시일 ~ 6.30
	제2기 : 사업개시일 ~ 12.31	사업개시일 ~ 9.30	사업개시일 ~ 12.31
폐 업 자	사업개시일 ~ 폐업일		

※ 과세표준이란 세법에 의하여 직접적으로 세액산출의 기초가 되는 과세대상, 즉 과세물건의 수량 또는 가액을 의미한다.

| 예정신고 및 예정고지 |

구 분	내 용
예정신고 대상자	① 법인사업자 ② 개인 일반과세자 중 예정신고할 수 있는 사업자(사업자의 선택에 의하여 신고할 수 있는 사업자) - 휴업 또는 사업부진등으로 각 예정신고기간의 공급가액 또는 납부세액이 직전 과세기간의 공급가액 또는 법제48조제3항에 따른 납부세액의 3분의 1에 미달하는 자 - 각 예정신고기간분에 대하여 조기환급을 받고자 하는 자

구 분	내 용

예정고지 대상자	① 개인 일반과세자와 직전 과세기간 공급가액의 합계액이 1억5천만원 미만인 법인사업자는 직전과세기간(6개월)에 대한 납부세액의 50%로 결정하여 고지(다만, 예정고지세액이 50만원 미만이거나 과세기간 개시일 현재 간이과세자에서 일반과세자로 변경된 경우에는 예정고지 생략)
	② 직전 과세기간에 대한 납부세액에 가감할 금액
	  - 신용카드발행세액공제, 전자신고세액공제
	  - 결정 또는 경정한 내용 반영하여 가감
	  - 수정신고·경정청구 등에 의하여 결정된 내용 반영하여 가감
	③ 예정고지자 중 신고가능한 사업자
	  - 휴업 또는 사업부진등으로 각 예정신고기간의 공급가액 또는 납부세액이 직전 과세기간의 공급가액 또는 법제48조제3항에 따른 납부세액의 3분의 1에 미달하는 자
	  - 각 예정신고기간분에 대하여 조기환급을 받고자 하는 자

3. 부가가치세 사업자 구분

구 분			비 고
과세사업자	일반과세자	개인, 법인	1년간의 매출액이 8,000만원 이상에 해당하는 사업자 ■ 납부세액=매출세액−매입세액
	간이과세자	개인	직전 1역년의 공급대가의 합계액이 8,000만원에 미달하는 사업자 ■ 납부세액=(매출액×업종별 부가가치율×10%) − 공제세액 *공제세액=세금계산서에 기재된 매입세액×해당업종의 부가가치율
면세사업자			부가가치세 면세사업을 영위하는 자로 부가가치세법상 납세의무자가 아님

(1) 일반과세자

과세사업자 중 간이과세 적용대상 이외의 모든 사업자로 법인사업자와 일반개인사업자로 구분할 수 있다. 일반과세자는 10%의 세율이 적용되며, 물건등을 구입하면서 받은 매입세금계산서상의 세액을 전액 공제 받을 수 있고 세금계산서를 발급할 수 있다.

(2) 간이과세자

직전 연도의 공급대가의 합계액이 8,000만원에 미달하는 개인사업자로 부가가치세법상 납세의무자이다. 간이과세자는 1.5%~4%의 낮은 세율이 적용되지만, 매입액(공급대가)의 0.5%만 공제받을 수 있으며, 신규사업자 또는 직전연도 매출액이 4천8백만원 미만인 사업자는 세금계산서를 발급할 수 없다.

(3) 면세사업자

부가가치세가 면제되는 재화 또는 용역을 계속적이고 반복적으로 공급하는 사업(면세사업)을 영위하는 자로서 부가가치세법상 납세의무자가 아니다.

4. 부가가치세 신고·납부 및 제출대상 서류

부가가치세는 6개월을 과세기간으로 하여 신고·납부하게 되며 각 과세기간을 다시 3개월로 나누어 중간에 예정신고기간을 두고 있다. 개인사업자(일반과세자) 중 신규사업자, 환급 등으로 직전 과세기간의 납부 세액이 없는 사업자, 총괄납부자, 예정신고기간에 간이과세자에서 일반과세자로 변경된 사업자, 사업자단위 과세의 승인을 얻은 자는 예정신고를 하여야 하며, 사업부진자, 조기환급 발생자는 예정신고와 예정 고지세액납부 중 하나를 선택하여 신고 또는 납부할 수 있다. 일반적인 경우 법인사업자는 1년 4회, 개인사업자는 2회 신고·납부한다.

(1) 부가가치세 신고·납부

구분	과세기간	법정신고·납부기한	제출대상서류
일반과세자	1기 예정 (1.1.~3.31.)	4. 1. ~ 4. 25.	1. 일반과세자 부가가치세(예정 또는 확정)신고서 [아래 항목은 해당하는 경우에만 제출] 2. 매출처별세금계산서합계표 3. 매입처별세금계산서합계표 4. 영세율 매출명세서 및 첨부서류(영세율 해당자) 5. 대손세액공제신고서 6. 공제받지 못할 매입세액 명세서 및 계산근거 7. 매출처별계산서합계표 8. 매입처별계산서합계표 9. 신용카드매출전표등수령명세서 10. 전자화폐결제명세서(전산작성분 첨부 가능) 11. 부동산임대공급가액명세서(부동산임대시) 12. 건물관리명세서(부동산 관리업) 13. 현금매출명세서(전문직, 예식장, 부동산중개업, 보건업 등) 14. 사업장현황명세서(음식, 숙박업자 및 그 밖의 서비스업자) 15. 동물 진료용역 매출명세서(동물 진료용역 제공시) 16. 주사업장 총괄납부를 하는 경우 사업장별 부가가치세 과세표준 및 납부세액(환급세액) 신고명세서 17. 사업자단위과세를 적용받는 사업자의 경우에는 사업자단위과세의 사업장별부가가치세과세표준 및 납부세액(환급세액)신고명세서 18. 건물등감가상각자산취득명세서(건물, 기계장치등 취득시) 19. 의제매입세액공제신고서 20. 재활용폐자원 및 중고자동차 매입세액공제신고서 21. 소규모 개인사업자 부가가치세 감면신청서 22. 그 밖의 필요한 증빙서류
일반과세자	1기 확정 (4.1.~6.30.)	7. 1. ~ 7. 25.	
일반과세자	2기 예정 (7.1.~9.30.)	10. 1. ~ 10. 25.	
일반과세자	2기 확정 (10.1.~12.31.)	다음해 1. 1. ~ 1. 25.	
간이과세자	확정 (1.1.~12.31.)	다음해 1. 1. ~ 1. 25.	1. 간이과세자 부가가치세신고서 [아래 항목은 해당하는 경우에만 제출] 2. 매입처별세금계산서합계표 3. 매입자발행세금계산서합계표 4. 영세율첨부서류(영세율 해당자) 5. 부동산임대공급가액명세서(부동산임대업자) 6. 사업장현황명세서(음식, 숙박, 기타 서비스 사업자가 확정신고 시) 7. 의제매입세액공제신고서 8. 매출처별세금계산서합계표

[업종과 상황에 따른 제출서류]

구 분	제 출 서 류
예식장업, 부동산중개업, 보건업(병원과 의원), 변호사업, 심판변론인업, 법무사업, 공인회계사업, 세무사업, 경영지도사업, 기술지도사업, 건축사업, 도선사업, 측량사업, 공인노무사업, 의사업, 한의사업, 약사업, 한약사업, 수의사업과 그 밖에 이와 유사한 사업서비스업	현금매출명세서
동물 진료용역을 제공하는 경우	동물 진료용역 매출명세서
법 제46조 제1항에 따라 신용카드매출전표 등을 발행한 사업자의 경우	신용카드매출전표 등 발행금액 집계표
영세율 매출이 있는 경우	영세율 매출명세서 내국신용장·구매확인서 전자발급명세서 영세율 첨부서류
대손세액공제를 받으려 하거나 대손세액을 매입세액에 더하려는 사업자	대손세액공제(변제)신고서
법 제39조에 따라 공제받지 못할 세액이 있는 경우	공제받지 못할 매입세액 명세서 및 계산근거
법 제46조 제1항에 따라 전자적 결제수단으로 매출하여 공제받는 경우	전자화폐결제명세서
법 제46조 제3항에 따라 매입세액을 공제받는 경우	신용카드매출전표 등 수령명세서
부동산임대업자의 경우	부동산임대공급가액명세서 임대차계약서 사본(임대차계약을 갱신한 경우)
부동산관리업을 경영하는 사업자의 경우 (주거용 건물관리는 제외)	건물관리명세서
음식, 숙박업자 및 그 밖의 서비스업자의 경우	사업장현황명세서
건물·기계장치 등을 취득하는 경우	건물 등 감가상각자산 취득명세서
의제매입세액이 있는 경우	의제매입세액공제신고서
재활용폐자원 매입세액이 있는 경우	재활용폐자원 및 중고자동차 매입세액 공제 신고서
사업을 양도하는 경우	사업양도신고서
주사업장 총괄납부사업자의 경우	사업장별 부가가치세과세표준 및 납부세액(환급세액) 신고명세서
사업자단위 과세 사업자의 경우	사업자단위과세의 사업장별 부가가치세 과세표준 및 납부세액(환급세액)신고명세서
면세 매출이 있는 경우	매출처별 계산서합계표
면세 매입이 있는 경우	매입처별 계산서합계표
환급 신고 등 그 밖의 설명이 필요한 경우	그 밖의 필요한 증빙서류

*국세청. 2022.부가가치세 신고안내 매뉴얼

(2) 부가가치세 납부방법

금융기관 또는 우체국, 인터넷을 통한 전자납부하거나 홈텍스를 통한 전자납부할 수 있다.

(3) 부가가치세 환급(일반과세자)

① 환급세액이 발생한 경우 조기환급신고자는 신고기한 경과 후 15일 이내 환급되나, 일반환급 신고자는 예정신고시에는 환급되지 아니하고 확정신고시 예정신고 미환급세액으로 공제한 다음 환급세액이 발생한 경우 확정신고기한 경과 후 30일내 환급 결의하여 신고인의 금융기관으로 입금된다.
② 환급세액이 발생한 경우 부가가치세 신고서의 국세환급금 계좌신고란에 환급금을 송금받을 본인명의 예금계좌를 반드시 기재하여야 하며, 환급세액이 5,000만원 이상인 경우 별도의 「계좌개설(변경)신고서」에 통장사본을 첨부하여 신고하여야 한다.

(4) 납부기한 연장이 가능한 경우

다음과 같은 사유로 인하여 법정 신고기한 내에 부가가치세를 납부할 수 없을 때에는 '납부기한 등 연장 신청서'를 작성하여 관할세무서에 신청하면 적정여부를 검토하여 납부기한 연장 여부를 회신해 준다. 신청은 기한 만료일 3일 전까지 하여야 하며, 3일전까지 신청할 수 없다고 세무서장이 인정하는 경우에는 기한 만료일까지 신청이 가능하다.

국세기본법 제13조, 같은 법 시행령 제11조

① 납세자가 재난 또는 도난으로 재산에 심한 손실을 입은 경우
② 납세자가 경영하는 사업에 현저한 손실이 발생하거나 부도 또는 도산의 우려가 있는 경우
③ 납세자 또는 동거가족이 질병이나 중상해로 6개월 이상의 치료가 필요한 경우 또는 사망하여 상중인 경우
④ 권한 있는 기관에 장부·서류가 압수 또는 영치된 경우
⑤ 정전, 프로그램의 오류 그 밖의 부득이한 사유로 한국은행 및 체신관서의 정보통신망의 정상적인 가동이 불가능한 경우
⑥ 금융회사(한국은행 국고대리점, 국고수납대리점인 금융회사) 또는 체신관서의 휴무 그 밖에 부득이한 사유로 인하여 정상적인 세금납부가 곤란하다고 국세청장이 인정하는 때
⑦ 「세무사법」 제2조제3호에 따라 납세자의 장부 작성을 대행하는 세무사(같은 법 제16조의4에 따라 등록한 세무법인 포함) 또는 같은 법 제20조의2 제1항에 따른 공인회계사(「공인회계사법」 제24조에 따라 등록한 회계법인 포함)가 화재, 전화, 그 밖의 재해를 입거나 해당 납세자의 장부를 도난당한 경우
⑨ ①, ②, ③에 준하는 사유가 있는 때

5 사업장과 사업자등록

납세지는 납세의무자가 납세의무를 이행하고 세무관청이 과세권을 행사하는 기준이 되는 장소이며 사업장마다 신고·납부가 원칙이다. 부가가치세의 납세지는 각 사업장 소재지이므로 과세관할은 사업장 소재지 관할 세무서가 된다.

(1) 사업장의 범위

사업자 또는 그 사용인이 상시 주재하며 거래의 전부 또는 일부를 행하는 장소를 말한다.

구 분	사 업 장
광업	광업사무소의 소재지
제조업	최종제품을 완성하는 장소
건설업·운수업과 부동산매매업	• 법인 : 해당 법인의 등기부상 소재지 • 개인 : 업무를 총괄하는 장소
부동산임대업	해당 부동산의 등기부상의 소재지
수자원개발사업, 무인자동판매기를 통하여 재화·용역을 공급하는 사업	그 사업에 관한 업무를 총괄하는 장소
비거주자, 외국법인	국내사업장
통신판매	통신판매사업자가 상시 주재하여 거래를 하는 장소
기타	사업장 외의 장소도 사업자의 신청에 의하여 사업장으로 등록할 수 있다.

※ 부동산임대 건물이 중국에 있는 경우 사업장은 그 부동산의 등기부상 소재지가 국외이므로 우리나라에서 부가가치세가 과세되지 않는다.

(2) 직매장과 하치장 등

구 분	내 용	사업장 해당 여부	사업자등록 여부	세금계산서 교부	부가가치세 신고.납부	의무 불이행시
직 매 장	사업자가 자기의 사업과 관련하여 생산 또는 취득한 재화를 직접 판매하기 위하여 특별히 판매시설을 갖춘 장소	사업장으로 봄	별도의 사업자등록	직매장 명의로 작성·교부	직매장 명의로 신고·납부	미등록가산세 등 적용
하 치 장	사업자가 재화의 보관·관리시설만을 갖추고 판매행위가 이루어지지 않는 장소	사업장으로 보지 않음	하치장 설치신고	출고지시한 사업장명의로 작성·교부	출고지시한 사업장 명의로 신고·납부	조세범처벌법에 의한 질서범으로 처벌

(3) 주사업장 총괄납부

부가가치세는 사업장마다 신고·납부(사업장단위과세원칙)하도록 하고 있기 때문에 각 사업장 소재지가 신고·납세지가 된다. 둘 이상의 사업장이 있는 경우에 주된 사업장 관할세무서장에게 신청하여, 신고는 각 사업장별로 하고, 납부만 주된 사업장에서 총괄해서 납부할 수 있도록 하는 제도를 '주사업장 총괄납부'라 한다. 이는 납부만을 총괄할 뿐이며, 과세표준신고, 세금계산서합계표제출 등의 부가가치세법상 제반의무는 각 사업장별로 하여야 한다는 의미이다.

주된사업장은 법인은 본점 또는 지점 중 선택할 수 있으며, 개인은 주사무소로 한다.

| 총괄납부사업자의 업무별 관할세무서 |

구 분	일반신고·폐업신고·조기환급신고	수정신고·경정청구·기한후신고	경정
신고	각 사업장 관할세무서장	각 사업장 관할세무서장	각 사업장 관할세무서장
납부·환급	주된 사업장 관할세무서장	각 사업장 관할세무서장	각 사업장 관할세무서장

(4) 사업자단위과세

둘 이상의 사업장이 있는 사업자가 본점 또는 주사무소('사업자단위 과세 적용사업장'이라 함)의 관할세무서장에게 신청하여 승인을 얻은 때에는 당해 사업자의 본점 또는 주사무소에서 총괄하여 신고·납부할 수 있으며, 이를 '사업자단위 과세제도'라 한다. '주사업장총괄납부'는 납부만 총괄하는 반면, '사업자단위 과세제도'는 납부 뿐만 아니라 신고 등도 통산하여 할 수 있다는 점이 가장 큰 차이이다.

신규사업자는 사업자등록증 발급 후 20일 이내에 사업자단위과세승인신청서를 제출하여 신청하며, 기존사업자는 1기 적용예정은 직전년도 12월11일까지 2기 적용은 당해연도 6월 10일가지 사업자단위과세승인신청을 본점 또는 주사무소 관할세무서장에게 제출하여야 하며, 승인 이후 종된사무소의 사업자등록번호 직권폐업처리되어 주사무소 사업자등록번호만 사용할 수 있다.

(5) 사업자등록

사업자등록이란 부가가치세 업무를 효율적으로 처리하고 납세의무자의 사업에 관련된 사항을 파악하기 위하여 사업장 관할세무서 공부에 등재하는 것을 말하며, 이로 인하여 과세관청은 납세의무자를 파악할 수 있고 사업자는 고유의 등록번호를 부여받아 거래시 이를 활용한다.

신규로 사업을 개시하는 자는 사업장마다 사업개시일로부터 20일 이내에 '사업자등록신청서'를 작성하여 사업장 관할세무서장에게 등록하며 신청일로부터 3일이내 신청자에게 발급하여야 한다. 신규로 사업을 개시하고자 하는 자는 사업개시일 전이라도 등록할 수 있으며, 사업자가 정정사유가 발생하면 지체없이 사업자등록 정정신고를 해야 한다.

1) 모든 사업자는 사업을 시작할 때 반드시 사업자등록을 하여야 한다.

사업자등록은 사업장마다 하여야 하며(단, 사업자단위과세사업자는 본점 또는 주사무소) 사업을 시작한 날로부터 20일 이내에 구비서류를 갖추어 사업장 소재지 관할 세무서 민원봉사실에 신청하면 된다.

사업자등록증은 관할 세무서 민원봉사실에서 즉시 발급하여 주며, 다만 사전 확인 대상 사업자의 경우에는 현지 확인 등의 절차를 거친 후 발급하여 준다.

> 사업개시일은 다음의 날을 말한다.
> - 제조업 : 제조장별로 재화의 제조를 개시한 날
> - 광　업 : 사업장별로 광물을 채취·채광을 개시한 날
> - 기　타 : 재화 또는 용역의 공급을 개시한 날

2) 사업을 시작하기 전에 등록할 수도 있다.

사업을 시작하기 전에 상품이나 시설자재 등을 구입하는 경우에는 예외적으로 사업을 개시하기 전에 사업자등록을 하여 세금계산서를 교부받을 수가 있다. 이때는 반드시 사업을 개시할 것이 객관적으로 확인되어야 사업자등록증을 발급하여 준다.

3) 간이과세자가 되려면 간이과세 적용신고도 함께 하여야 한다.

간이과세 적용 신고는 사업자등록신청서의 해당란에 표시하면 된다.

4) 사업자등록번호체계

사업자등록번호는 10자리로 구성되어 있고, 아래의 기준에 의해 부여된다.

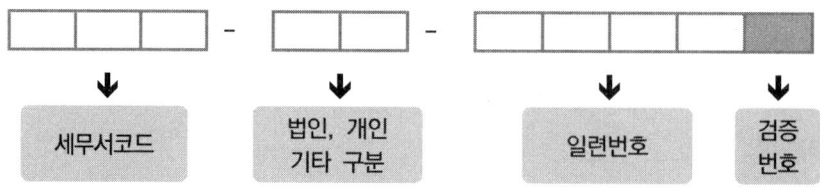

구 분	내 용
청·서코드(3자리)	순수한 신규개업자(폐업 후 재개업이 아닌 자)에게만 사업자등록번호 최초 부여 관서의 청·서코드(국세청, 세무서별 코드)를 부여하며 관서 간 세적이전, 관할구역 변경의 경우에는 청·서코드 변경을 하지 아니한다.
개인·법인 구분코드(2자리)	• 01~79 : 개인과세사업자 특정동 구별 없이 01부터 79까지를 순차적으로 부여 • 80 : 소득세법 제1조 제3항에 해당하는 자로서 '법인이 아닌 종교단체' 이외의 자(아파트관리사무소 등) 및 단계판매업자 • 81, 86, 87, 88 : 영리법인의 본점 • 82 : 비영리법인의 본점 및 지점(법인격 없는 사단, 재단, 기타단체 중 법인으로 보는 단체를 포함) • 83 : 국가, 지방자치단체, 지방자치단체조합 • 84 : 외국법인의 본·지점 및 연락사무소 • 85 : 영리법인의 지점 • 89 : 소득세법 제1조 제3항에 해당하는 법인이 아닌 종료 단체 • 90~99 : 개인면세사업자 산업구분 없이 90부터 99까지를 순차적으로 부여
일련번호(마지막의 앞 4자리)	과세사업자(일반·간이), 면세사업자, 법인사업자별로 등록 또는 지정일자순으로 사용가능한 번호를 0001~9999로 부여한다. 다만, 비영리법인의 본·지점은 등록 또는 지정일자순으로 0001~5999로 부여하고, 국세기본법 제13조 제2항의 규정에 의하여 법인으로 보는 단체는 6000~9999로 부여한다.
검증번호(마지막 1자리)	전산시스템에 의하여 사업자등록번호의 오류 여부를 검증하기 위하여 부여되는 특정 숫자이다.
사업자등록번호 상태 조회	<table><tr><th>구분</th><th>홈택스 홈페이지(www.hometax.go.kr)</th></tr><tr><td>제공 내용</td><td>• 사업자등록 상태 (계속사업자, 휴·폐업 여부) • 과세유형　　　　　• 사업자등록 유무</td></tr><tr><td>콘텐츠명</td><td>• 사업자등록 상태 조회 (조회서비스 → 사업자등록 상태 조회)</td></tr><tr><td>이용 대상자</td><td>홈택스 가입자 (미가입자도 조회 가능)</td></tr><tr><td>인증 방식</td><td>공인인증서 필요</td></tr><tr><td>자료 제공 시기</td><td>매일 업데이트 (세무서의 실제자료와 1일간 시차 발생)</td></tr></table>

5) 사업자등록 신청·정정·휴폐업시 구비서류

구 분	내 용
개인사업자	① 사업자등록신청서 ② 사업 허가(등록·신고)증 사본(해당 사업자) ③ 사업 개시 전에 등록을 하고자 하는 경우에는 사업 허가(등록) 신청서 사본이나 사업계획서 ④ 임대차계약서 사본(사업장을 임차한 경우) 　※ 단, 전대차계약인 경우는 "전대차계약서 사본"(계약서 사본에 건물주의 동의 또는 승낙 표시가 있어야 함.) ⑤ 재외 국민·외국인 입증 서류 　- 여권 사본 또는 외국인등록증 사본 　- 국내에 통상적으로 주재하지 않는 경우 : 납세관리인 설정 신고서 ⑥ 도면(상가건물임대차보호법이 적용되는 건물의 일부를 임차한 경우) ⑦ 자금출처명세서(『조세특례제한법』 금지금 도·소매업 및 『개별소비세법』에 따른 과세유흥장소에 영업을 영위하려는 경우) ⑧ 동업계약서(공동사업인 경우) 　※ 대리인 신청 시 대리인 신분증, 위임장
영리법인(본점)	① 법인설립신고 및 사업자등록신청서　　② 정관 사본 ③ 법인등기부 등본 　※ 담당 공무원의 확인에 동의하지 아니하는 경우 신청인이 직접 제출하여야 하는 서류 ④ (법인명의)임대차계약서 사본(사업장을 임차한 경우에 한함.) ⑤ 주주 또는 출자자명세서 ⑥ 사업허가·등록·신고필증 사본(해당 법인에 한함.) 　- 허가(등록, 신고) 전에 등록하는 경우 : 허가(등록)신청서 등 사본 또는 사업계획서 ⑦ 현물출자명세서(현물출자법인의 경우에 한함.)
화물운송·건설기계대여업	① 사업자등록신청서 ② 건설기계대여업 신고증(건설기계대여업), 자동차등록원부(화물운송업) 사본 ③ 기타 참고 서류 : 위·수탁 관리 계약서, 지입회사 사업자등록증 사본, 납세관리인 설정 신고서. 지입회사에서 대리 신청 시 대리인 신분증, 위임장
개인사업자등록정정신고	① 사업자등록 정정 신고서　　② 사업자등록증 원본 ③ 임대차계약서 사본(사업장을 임차한 경우) ④ 도면(상가건물임대차보호법이 적용되는 건물의 일부를 임차한 경우) ⑤ 사업허가증·등록증 또는 신고필증 사본(허가를 받거나 등록 또는 신고를 하여야 하는 사업의 경우), 허가 전인 경우 허가신청서
교회·사찰 등 고유번호 신청	① 법인이 아닌 단체의 고유번호 신청서　　② 교단 등의 소속 확인서 ③ 단체의 정관 또는 협약 ④ 교단 등의 법인등기부 등본(세무서에서 확인이 가능한 경우는 제외) ⑤ 임대차계약서 사본(사업장을 임차한 경우)
휴·폐업 신고	① 휴업(폐업)신고서　　② 사업자등록증 원본 ③ 다만, 사업자가 부가가치세확정신고서에 폐업연월일 및 폐업 사유를 기재하고 사업자등록증을 첨부하여 제출한 경우에는 폐업신고서를 제출한 것으로 본다. ④ 폐업신고확인서(허가를 받거나 등록 또는 신고를 하여야 하는 사업에 한하며, 관할 관청에 폐업신고를 한 사실을 확인할 수 있는 서류의 사본) ⑤ 홈택스에 가입이 되어 있고, 공인인증서가 있는 사업자는 온라인으로 휴·폐업 신고 및 휴업 중 재개업 신고가 가능하다.

6) 사업자등록의 불이행에 대한 제재

구 분	내 용
미등록가산세	• 사업자가 사업개시일로부터 20일 내에 등록을 신청하지 아니한 경우 사업개시일로부터 등록을 신청한 날의 직전일까지의 공급가액에 대해 1%의 금액을 가산세로 부담 (사업자등록 신청기한이 지난 후 1개월 이내에 신청하는 경우 해당 가산세의 50%감면) • 간이과세자는 공급대가의 0.5%
매입세액불공제	사업자등록을 하기 전의 매입세액은 매출세액에서 공제하지 아니한다. 다만, 공급시기가 속하는 과세기간이 끝난 후 20일 이내에 등록을 신청한 경우 등록 신청일부터 공급시기가 속하는 과세기간 기산일까지 역산한 기간 이내의 매입세액은 공제 가능하다.
세금계산서 발급 불가능	사업자등록을 하지 않은 사업자는 세금계산서를 발행할 수 없다.

7) SmartA 사업자등록

수임처관리(세무대리) ▶ 민원서류1 ▶ 사업자등록신청서·사업자등록정정신고서·휴폐업신고서등

8) 홈텍스의 사업자등록

국세청홈텍스에서 [사업자등록신청], [사업자등록정정신고], [휴폐업신고]등의 민원을 신청할 수 있다.

6 과세유형의 구분

구 분	과 세	영 세	면 세
의 미	• 일반적인 재화·용역의 공급에 대하여 10%부가가치세 징수	• 수출재화 공급시 영세율적용 • 매출세액은 발생하지 않고 매입세액에 대한 환급적용	• 생활필수품, 국민후생과 관련한 용역 등에 대해 부가세 면제
적용대상	• 재화의 공급 • 용역의 공급 • 재화의 수입	• 수출하는 재화 • 국외에서 제공하는 용역 • 선박 또는 항공기의 외국항행용역 등 • 기타외화획득의 재화·용역 • 조세특례제한법에 의한 농·축·임·어업용 기자재 등	• 기초생활필수품 • 국민후생용역 • 문화관련 재화·용역 • 생산요소(토지·인적용역·금융보험용역) • 기타(우표, 담배일부 등)
관련 증빙서류	• 세금계산서 • 신용카드매출전표 • 현금영수증 등	• 세금계산서(영세율) • 신용장(L/C) • 구매확인서	• 계산서 • 신용카드매출전표(면세표시) • 현금영수증(면세)
신고방법	• 신고대상기간에 신고	• 신고대상기간에 신고	• 부가세 납세의무 없음 • 면세사업자 수입금액 신고
부가가치세 신고시 첨부서류	• 부가가치세신고서 • 세금계산서합계표 • 관련 신고부속서류	• 부가가치세신고서 • 세금계산서합계표 • 영세율첨부서류	• 수입금액신고서 • 세금계산서합계표(매입)
회계처리 특징	• 매출시 (차) 현금　(대) 상품매출 　　　　　　　부가세예수금 • 매입시 (차) 상품등 (대) 현금 　　부가세대급금 • 납부세액 (차) 부가세예수금 (대) 부가세대급금 　　　　　　　　　(대)현금예금	• 매출시 (차) 현금　(대) 상품매출 • 매입시 (차) 상품등 (대) 현금 　　부가세대급금 • 납부세액 (차) 현금예금 (대) 부가세대급금 * 매출부가세가 없으므로 매입세액만큼 환급처리	• 매출시 (차) 현금　(대) 상품매출 • 매입시 (차) 상품등* (대) 현금 * 면세업은 매입세액불공제로 구매한 상품등계정에 부가세를 포함 • 납부세액 없음 * 매출은 면세로 부가세가 없고, 매입세액은 불공제로 원가에 포함되어 납부세액이 없음

※ 조세특례제한법상 영세율적용 대상거래
① 방위산업체가 공급하는 방위산업물자
② 도시철도 건설용역
③ 장애인용 보장구 등
④ 농민 또는 임업인에게 공급하는 농업용, 축산업용, 임업용 및 친환경농업용 기자재
⑤ 어민에게 공급하는 어업용 기자재
⑥ 외국인 관광객 면세 판매장을 경영하는 면세판매자로부터 구입하는 재화

(1) 과세

부가가치세가 과세되는 거래는 다음과 같다.

구 분	과 세 대 상
재화의 공급	공급하는 자가 사업자인 경우에만 과세하며, 공급받는 자가 사업자인지 여부와 관계 없음
용역의 공급	
재화의 수입	수입하는 자가 사업자인지 여부와 관계없이 과세

1) 재화의 공급

재화란 재산적 가치가 있는 모든 유체물과 무체물을 말하며, 사업자가 계약상 또는 법률상의 모든 원인에 의하여 재화를 인도 또는 양도하는 것을 재화의 공급이라 한다.

구 분	내 용
유체물	상품·제품·원료·기계·건물과 그 밖의 모든 유형적 물건
무체물	동력·열, 그 밖에 관리할 수 있는 자연력 및 권리등 재산가치가 있는 유체물 외의 모든 것

또한 재화는 계약상 또는 법률상의 모든 원인에 의하여 재화를 인도 또는 양도하는 '실질공급'과 특정의 내부거래 또는 대가를 받지 아니하는 외부거래에 대하여 과세의 형평과 중립성 유지를 위하여 재화의 거래로 간주하는 '간주공급'이 있다.

① 공급의 범위

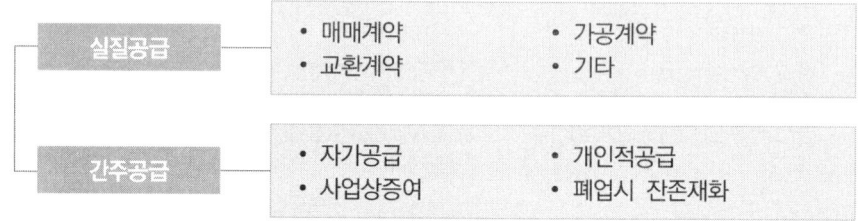

② 재화의 실질공급(대가를 받고 재화를 인도한 거래)

구 분	내 용
매매계약에 의한 공급	현금판매, 외상판매, 할부판매, 장기할부판매, 조건부 및 기한부판매, 위탁 판매, 기타매매계약에 의하여 재화를 인도 또는 양도하는 것
가공계약에 의한 공급	자기가 주요자재의 전부 또는 일부를 부담하고 상대방으로부터 인도 받은 재화에 공작을 가하여 새로운 재화를 만드는 가공계약에 의하여 재화를 인도하는 것
교환계약에 의한 공급	재화의 인도 대가로서 다른 재화를 인도받거나 용역을 제공받는 교환계약에 의하여 재화를 인도 또는 양도하는 것
기타 계약상·법률상 원인에 의한 공급	현물출자, 사인에 의한 경매, 수용 등에 의하여 재화를 인도 또는 양도하는 것

③ 재화의 간주공급(대가를 받지 않고 재화를 인도했거나 재화의 인도 자체가 없는 거래)

구 분		내 용
자가공급	면세사업에의 전용	자기의 사업과 관련하여 생산·취득한 재화를 부가가치세가 면세되는 재화 또는 용역을 공급하는 사업을 위하여 사용·소비하는 경우
	개별소비세가 과세되는 자동차(영업용제외) 또는 그 유지에의 비용	자기의 사업과 관련하여 생산·취득한 재화를 개별소비세가 과세되는 자동차(영업용 제외)로 사용하거나 또는 유지에 사용·소비하는 것은 재화의 공급으로 본다.
	판매목적타사업장 반출	둘 이상의 사업장이 있는 사업자가 자기 사업과 관련하여 생산·취득한 재화를 타인에게 직접 판매할 목적으로 자기의 다른 사업장으로 반출하는 것은 재화의 공급으로 본다.
개인적공급		사업자가 자기의 사업과 관련하여 생산·취득한 재화(매입세액공제를 받은 재화)를 사업과 직접 관계없이 자기나 그 사용인의 개인적인 목적 또는 기타의 목적으로 사용·소비하는 것 중 그 대가를 받지 않거나 시가보다 낮은 대가를 받은 경우
사업상증여		사업자가 자기의 사업과 관련하여 생산·취득한 재화를 자기의 고객이나 불특정다수인에게 증여하는 경우에는 재화의 공급으로 본다.
폐업시잔존재화		사업자가 사업을 폐지하는 때에 잔존하는 재화는 자기에게 공급하는 것으로 본다.

※ 재화의 간주공급사례
- 고속버스로 구입하여 시내버스로 사용
- 판매제품을 거래처에 무상으로 제공
- 판매제품을 종업원에게 무상으로 제공
- 사업자가 사업을 폐업하는 경우의 잔존재화

④ 재화의 공급으로 보지 않는 경우

구 분	내 용
담보의 제공	질권·저당권 또는 양도담보의 목적으로 동산·부동산 및 부동산상의 권리를 제공하는 경우는 재화의 공급으로 보지 않는다. → 담보의 제공은 채무의 종결과 함께 다시 회수되므로 재화의 공급으로 보지 아니한다. 사업의 포괄적인 양도는 양도인은 부가가치세를 신고와 함께 즉시 납부하나 양수인은 부가가치세의 환급이 발생하지만 환급이 확정신고(7/25, 1/25) 후 30일이내 환급되므로 자금압박이 발생할 수 있다. 이를 완화하기 위하여 사업의 포괄적인 양도는 재화의 공급으로 보지 아니한다.
사업의 양도	사업장별로 그 사업에 관한 모든 권리와 의무를 포괄적으로 승계시키는 것은 재화의 공급으로 보지 않는다.
조세의 물납	사업용 자산을 상속세 및 증여세법·지방세법 및 종합부동산세법 규정에 의하여 물납하는 것은 재화의 공급으로 보지 않는다.
공매·경매	국세징수법의 규정에 따른 공매 및 민사집행법의 규정에 따른 경매에 따라 재화를 인도·양도하는 것은 재화의 공급으로 보지 않는다.
수용	도시 및 주거환경정비법·공익사업을 위한 토지 등의 취득 및 보상에 관한 법률 등에 따라 수용절차에 있어서 수용대상인 재화의 소유자가 해당 재화를 철거하는 조건으로 그 재화에 대한 대가를 받는 경우에는 재화의 공급으로 보지 않는다.

※ 상품권과 골프장회원권등 관련 부가가치세 납세의무

구 분	납세의무
상품권의 판매	과세대상 거래가 아님
상품권 판매대리 및 발행대행	대행수수료 과세(사업서비스업)
상품권 판매의 공급시기	상품권에 의해 재화를 공급하는 때
상품권 판매시 세금계산서 발급	세금계산서·계산서 발급의무 없음
골프장등 입회금	• 반환하지 아니하는 입회금 : 과세대상 • 일정기간 거치 후 반환하는 입회금 : 과세대상이 아님
골프장회원권등의 양도	• 사업자가 골프장 회원권이나 테니스장 이용권등을 양도하는 경우 : 권리의 양도로 재화의 공급에 해당되어 과세대상임 • 매입세액공제 여부에 불구하고 과세대상이며, 개인사업자는 B/S에 자산으로 계상하지 않는 것이 유리함

⑤ 재화의 공급으로 보는 사업

구 분	내 용

제조업	① 원재료에 물리적, 화학적 작용을 가하여 투입된 원재료를 성질이 다른 제품으로 전환시키는 산업활동을 말한다. 다만, 단순히 상품을 선별·정리·분할·포장·재포장하는 경우등 그 상품의 본질적 성질을 변화시키지 않는 처리활동은 제조활동으로 보지 않는다.
	② 사업자가 새로운 재화를 제조·가공하는 인적·물적 설비를 갖춘 장소에서 다음의 행위를 계속적으로 행하는 경우에는 제조업에 해당한다.
	  - 도정업과 제분업
	  - 화장지 원지 및 필름 등을 구입하고 이를 절단하여 포장·판매하는 경우
	  - 타인 소유 제조업을 임차한 후 해당 제조장을 이용하여 제조·가공업을 영위하는 경우
	③ 계약된 수량의 일부를 약정된 기일 내에 제조·가공할 수 없어 일시적으로 위탁제조·가공하여 공급하거나, 제품 제조공정의 일부를 다른 사업자에게 위탁하여 제품을 완성하는 경우
	④ 수탁가공하는 사업 : 사업자가 거래상대방으로부터 인도받은 재화에 주요 자재의 전부 또는 일부를 부담하여 새로운 재화를 만드는 사업
	⑤ 위탁가공·판매사업 : 사업자가 특정제품을 자기가 직접 제조하지 않고 다른 제조업체에 의뢰하여 제조한 후 이를 판매하는 경우로 다음 요건을 모두 충족하는 기업
	  - 생산할 제품을 직접 기획하고, 자기 소유의 원재료를 다른 계약사업체에 제공하여, 그 제품을 자기 명의로 제조하게 하고 이를 인수하여 자기의 책임으로 직접 판매하는 경우
	⑥ 생선의 뼈·내장 등의 제거 및 공급업

도매업	구입한 새로운 상품 또는 중고품을 변형하지 않고 소매업자, 산업 및 상업사용자, 단체, 기관 및 전문사용자 또는 다른 도매업자에게 재판매하는 산업활동을 말한다.
소매업	소비용 상품(신품, 중고품)을 변형하지 않고 일반 대중에게 재판매하는 산업활동을 말한다.

2) 용역의 공급

용역의 공급이란 사업자가 계약상 또는 법률상의 모든 원인에 의하여 역무를 제공하거나 재화·시설물 또는 권리를 사용하게 하는 것을 말한다.

구 분	과 세
용역의 범위	① 건설업 ② 숙박 및 음식점업 ③ 운수 및 창고업 ④ 정보통신업(출판업과 영상·오디오 기록물 제작 및 배급업은 제외) ⑤ 금융 및 보험업 ⑥ 부동산업. 다만 다음의 사업은 제외한다. 　- 전·답·과수원·목장용지·임야 또는 염전임대업 　-「공익사업을 위한 토지 등의 취득 및 보상에 관한 법률」제4조에 따른 공익사업과 관련해 지역권·지상권을 설정하거나 대여하는 사업 ⑦ 전문, 과학 및 기술 서비스업과 사업시설 관리, 사업 지원 및 임대서비스업 ⑧ 공공행정, 국방 및 사회보장 행정 ⑨ 교육서비스업 ⑩ 보건업 및 사회복지 서비스업 ⑪ 예술, 스포츠 및 여가관련 서비스업 ⑫ 협회 및 단체, 수리 및 기타 개인서비스업과 제조업 중 산업용 기계 및 장비수리업 ⑬ 가구내 고용활동 및 달리 분류되지 않은 자가생산활동 ⑭ 국제 및 외국기관의 사업
재화를 공급하는 사업으로 보는 경우	건설업과 부동산업 중 다음에 해당하는 사업은 재화를 공급하는 사업으로 본다. ① 부동산매매(주거용 또는 비주거용 건축물 및 그 밖의 건축물을 자영건설하여 분양·판매하는 경우를 포함) 또는 그 중개를 사업목적으로 부동산을 판매하는 사업 ② 사업상 목적으로 1과세기간 중에 1회 이상 부동산을 취득하고 2회 이상 판매하는 사업

① 용역의 실질공급

용역의 실질공급이란 계약상 또는 법률상의 모든 원인에 역무를 제공하거나 재화시설물 또는 권리를 사용하게 하는 것을 말한다.

② 용역의 간주공급

구 분	내 용
자가공급	사업자가 자기의 사업을 위하여 직접 용역을 무상공급하여 다른 동업자와 과세 형평이 침해되는 경우에는 재정경제부령이 정하는 바에 따라 공급으로 보나, 현재 재정경제부령이 별도로 규정한 사항은 없으므로 용역의 자가공급은 현실적으로 과세되지 않는다.
무상공급	대가를 받지 아니하고 상대방에게 무상으로 용역을 공급하는 것은 용역의 공급으로 보지 않는다.

3) 부수되는 재화 또는 용역

부수되는 재화 또는 용역이란 주된 재화 또는 주된 용역의 공급에 필수적으로 부수되는 재화 또는 용역을 말하며, 주된 사업에 부수되는 재화 또는 용역의 공급은 별도의 공급으로 본다. 이때 과세 및 면세 여부 등은 주된 사업의 과세 및 면세 여부 등을 따른다.

구 분	범 위	사 례
주된 거래와 관련된 부수 재화 또는 용역	대가관계 : 해당 대가가 주된 거래인 재화 또는 용역의 공급대가에 통상적으로 포함되어 공급되는 재화 또는 용역	• 재화의 공급시 배달 • 운반용역 • 보증수리용역
	공급관계 : 거래의 관행으로 보아 통상적으로 주된 거래 인 재화 또는 용역의 공급에 부수하여 공급되는 것으로 인정되는 재화 또는 용역	
주된 사업과 관련된 부수 재화 또는 용역	우발적·일시적 공급 : 주된 사업과 관련하여 우발적·일시적으로 공급되는 재화 또는 용역	• 사업용 고정자산의 매각
	부산물 : 주된 사업과 관련하여 주된 재화의 생산에 필수적으로 부수하여 생산되는 재화(용역은 포함되지 않음)	• 부산물의 매각

| 주된 사업에 부수되는 재화·용역의 과세·면세 여부 사례 |

	주된 재화·용역	부수되는 재화·용역	과세·면세 여부	관련증빙
과세대상	조경공사	면세대상 수목.화초 제공	과세	세금계산서
과세사업	제조업	사업용건물 공급	과세	세금계산서
	제조업	사업용토지 공급	면세	계산서
면세사업	학원업	사업용건물 공급	면세	계산서
	학원업	사업용토지 공급	면세	계산서
면세사업	도서판매	학습도구	과세	세금계산서
	도서판매	도서내용의 음반녹음테이프등	면세	계산서

4) 재화의 수입

재화의 수입이란 다음 중 어느 하나에 해당하는 물품을 우리나라에 인취(재화를 인도받아 반입하는 행위)하는 것으로 한다.
① 외국으로부터 우리나라에 도착된 물품(외국선박이 공해에서 체포한 수산물포함)
② 수출신고가 수리된 물품으로서 선적(기적포함)되지 않은 물품

(2) 영세율

재화를 수출하는 경우에 수출국과 수입국에서 부가가치세를 각각 과세하게 되면 동일 재화에 대한 이중과세문제가 발생한다. 이와 같은 문제를 해결하기 위하여 재화의 수출입에 관한 소비세 과세는 관세 및 무역에 관한 일반협정(GATT)상의 일반원칙인 소비지 과세원칙에 따라 해당 재화를 생산·수출하는 국가에서는 과세를 하지 아니하고 수입소비

국에서 과세하도록 함으로써 국제적 이중과세의 방지를 기하고 있다.

또한 일정한 재화 또는 용역의 공급에 대하여 '0'의 세율을 적용함으로써 납부세액 계산시 매출세액은 '0'이 되고, 여기에서 부담한 매입세액을 공제하면 납부세액이 (-)가 되므로 결국 매입세액을 전액 환급받게 되어 부가가치세 부담이 전혀 없게 한 제도로 완전면세제도이다.

| 영세율 적용대상 |

구 분	내 용
수출하는 재화	• 국내물품을 외국으로 반출하는 것 • 직수출, 중계무역방식의 수출, 외국인도수출, 위탁판매수출, 위탁가공무역방식의 수출, 국외 수탁가공사업자에 원자재 반출 후 가공재화 양도 • 내국신용장 또는 구매확인서에 의해 공급하는 재화 • 한국국제협력단, 한국국제보건의료재단, 대한적십자사에 공급하는 재화포함
국외제공용역	해외건설 공사와 같이 용역제공의 장소가 국외인 경우를 말함
선박·항공기의 외국항행용역	선박이나 항공기에 의하여 여객이나 화물을 국내에서 국외로, 국외에서 국내로 또는 국외에서 국외로 수송하는 용역 및 그 부수재화 또는 용역
기타 외화획득 재화 또는 용역	• 국내에서 비거주자 또는 외국법인에게 공급하는 일정한 재화·용역 • 수출재화의 임가공 용역
조세특례제한법상 영세율 적용대상 재화·용역	조세정책의 목적으로 규정

※ 신용장(L/C, Letter of Credit) : 무역 거래에서 대금의 결제를 원활히 하기 위하여 수입업자가 거래하는 은행이 수출대금의 지급을 약속하는 증서

(3) 면세

면세란 국민들의 복리후생적 등을 위하여 일정한 재화·용역의 공급과 재화의 수입에 대하여 부가가치세를 면제하는 제도를 말한다.

면세제도는 면세대상거래의 매출세액만을 면제하고, 전단계에서 발생한 매입세액은 공제 또는 환급하지 않는 부분면세방법을 택하고 있다. 면세제도를 두는 이유는 면세재화 또는 용역을 공급받는 소비자의 세부담을 경감하기 위한 조치이다.

※ 면세사업자는 면세를 포기하지 않는 한 영세율을 적용받을 수 없다.

| 부가가치세법에 의한 면세적용 |

구 분	면 세 대 상
기초생활필수품	① 미가공 식료품 등(식용에 공하는 농산물·축산물·수산물·임산물 포함) → 국적불문 ② 국내에서 생산된 식용에 공하지 아니하는 미가공 농·축·수·임산물 ③ 수돗물(생수는 과세) ④ 연탄과 무연탄 (유연탄·갈탄·착화탄은 과세) ⑤ 여객운송용역

구 분	면 세 대 상

국민후생용역	① 여성용 생리처리 위생용품과 영유아용 기저귀와 분유
	② 의료보건용역과 혈액(의약품의 단순판매는 과세)
	(미용목적 성형수술(쌍꺼풀수술, 코성형수술, 유방확대·축소술, 주름살제거술, 지방흡입술), 수의사 및 동물병원이 제공하는 애완동물 진료용역은 과세)
	③ 교육용역(무허가·무인가 성인대상 무도학원, 자동차운전학원의 교육용역은 과세)
	④ 우표·인지·증지·복권·공중전화(수집용 우표는 과세)
	⑤ 판매가격이 200원 이하인 담배(일반 담배는 과세)
	⑥ 주택과 이에 부수되는 토지의 임대용역(도시계획안 5배, 외 10배)
	  • 건물의 임대, 공급 → 과세
	  • 주택의 임대, 공급 → 면세

문화관련재화용역	① 도서(도서대여용역포함)·신문·잡지·관보·뉴스통신(방송과 광고는 과세) ② 예술창작품·예술행사·문화행사·비직업운동경기 ③ 도서관·과학관·박물관·미술관·동물원·식물원에서의 입장
부가가치구성요소	① 금융·보험용역 ② 토지의 공급(토지의 임대는 과세) ③ 인적용역(변호사업·공인회계사업·세무사업·관세사업·기술사업·건축사업등의 인적용역은 과세)
기타의 재화용역	① 종교·학술·자선·구호·기타 공익을 목적으로 하는 단체가 공급하는 재화·용역 ② 국가·지방자치단체·지방자치단체조합이 공급하는 재화·용역 ③ 국가·지방자치단체·지방자치단체조합 또는 공익단체에 무상 공급하는 재화·용역(유상공급은 과세) ④ 국민주택 및 당해 주택의 건설용역(국민주택초과분양 : 과세) ⑤ 국민주택 리모델링 용역 ⑥ 중소기업창업투자회사 및 기업구조조정전문회사가 제공하는 자산관리·운용용역

7 부가가치세의 적격증빙

(1) 부가가치세의 적격증빙 종류

사업자가 재화 또는 용역을 공급하는 때에 공급받는 자로부터 해당 재화 또는 용역에 대한 과세표준에 세율을 적용하여 계산한 부가가치세를 그 공급받는 자로부터 징수하여야 하는 바 이를 거래징수(去來徵收)라고 하며, 이때 적격증명서류를 발급하여야 한다.

구	분	내 용
세금계산서	세금계산서	사업자가 공급받는 자에게 발급
	수입세금계산서	세관장이 수입자에게 발급
영 수 증	일반적인 영수증	영세사업자 등이 발급
	현금영수증	주로 소비자를 대상으로 하는 사업자가 발급
	신용카드매출전표	

(2) 세금계산서

세금계산서란 부가가치세가 과세되는 재화나 용역을 제공하는 사업자가 공급받는 자로부터 공급가액과 공급가액의 10%에 해당하는 부가가치세를 징수하고 그 거래내용과 거래징수 사실을 증명하기 위하여 작성한 증서를 말한다. 이 경우 공급자가 발급하여 보관하고 있는 것을 '매출세금계산서'라고 하고 공급받는 자가 수취하여 보관하고 있는 것을 '매입세금계산서'라고 한다.

구 분	내 용
세금계산서의 필요적 기재사항	① 공급하는 자의 사업자등록번호와 성명 ② 공급받는 자의 사업자등록번호 (공급받는 자의 성명은 아님) ③ 공급가액과 부가가치세액 ④ 작성연월일 ➡ 위 사항을 기재하지 않거나 잘못 기재한 경우에는 세금계산서를 발급하지 않은 것으로 본다.
세금계산서 발급시기	사업자가 재화 또는 용역을 공급하는 때에는 그 공급시기에 세금계산서를 발급하여야 한다.
발급방법	2매를 발급하여 공급자 보관용은 공급자가 보관하고 공급받는자 보관용을 상대방에게 발급한다.

(3) 전자세금계산서

전자세금계산서란 인증시스템을 거쳐 인터넷에 의하여 세금계산서의 기재사항을 전송하고 이를 전자적 형태로 보관하는 것을 말한다.

구 분	내 용

발급대상	• 법인
	• 직전년도 사업장별 공급가액 합계액이 3억원 이상인 개인사업자
	  – 사업장별 재화 및 용역의 과·면세 공급가액 합계액이 의무발급기준금액*을 충족하는 해의 다음해 7.1.~그 다음해 6.30.
	    * 2022.7.1.부터: 2억원 이상

발급기한	거래시기가 속하는 달의 다음달 10일까지 발급
전송기한	발급일(전자서명일)의 다음날까지 국세청에 전송

전자세금계산서 (공급자 보관용)

승인번호:

공급자
- 등록번호: 220-81-03217
- 상호: (주)나눔상사
- 성명(대표자): 서승희
- 사업장 주소: 서울특별시 강남구 강남대로 252 (도곡동)
- 업태: 도소매업
- 종목: 타이어 외
- E-Mail: nanum@bill36524.com

공급받는자
- 등록번호: 221-81-56847
- 상호: (주)기원마트
- 성명(대표자): 김기원
- 사업장 주소: 경기도 수원시 팔달로 4
- 업태: 도소매업
- 종목: 식료품 외
- E-Mail: giwon@bill35624.com

작성일자: 2022.5.22. / 공급가액: 2,700,000 / 세액: 270,000

비고:

월	일	품목명	규격	수량	단가	공급가액	세액	비고
5	22	타이어				2,700,000	270,000	

합계금액	현금	수표	어음	외상미수금	이 금액을	○ 영수 / ● 청구	함
2,970,000				2,970,000			

전자세금계산서 (공급받는자 보관용)

승인번호:

공급자
- 등록번호: 120-86-16585
- 상호: (주)한밭시계
- 성명(대표자): 안수진
- 사업장 주소: 서울특별시 강남구 도곡로25길 4 (역삼동)
- 업태: 도소매업
- 종목: 시계
- E-Mail: soojin@naver.com

공급받는자
- 등록번호: 220-81-03217
- 상호: (주)나눔상사
- 성명(대표자): 서승희
- 사업장 주소: 서울특별시 강남구 강남대로 252 (도곡동)
- 업태: 도소매업
- 종목: 타이어 외
- E-Mail: nanum@bill36524.com

작성일자: 2022.6.21. / 공급가액: 100,000 / 세액: 10,000

비고:

월	일	품목명	규격	수량	단가	공급가액	세액	비고
6	21	벽걸이형 시계		1	100,000	100,000	10,000	

합계금액	현금	수표	어음	외상미수금	이 금액을	○ 영수 / ● 청구	함
110,000				110,000			

(4) 계산서

계산서란 부가가치세가 면제되는 재화나 용역을 제공하는 사업자가 그 거래내용과 거래 사실을 증명하기 위하여 작성한 증서를 말한다.

전자계산서 (공급자 보관용)

승인번호:

공급자	등록번호	220-81-03217			공급받는자	등록번호	211-81-90120		
	상호	(주)나눔상사	성명(대표자)	서승희		상호	(주)정연식품	성명(대표자)	이정연
	사업장주소	서울특별시 강남구 강남대로 252 (도곡동)				사업장주소	서울특별시 강남구 강남대로 238		
	업태	도소매업	종사업장번호			업태	도소매업	종사업장번호	
	종목	타이어 외				종목	식품 외		
	E-Mail	nanum@bill36524.com				E-Mail	jeongyun@daum.net		

작성일자	2022.6.5.	공급가액	600,000	비고	

월	일	품목명	규격	수량	단가	공급가액	비고
6	5	건강정보책자		60	10,000	600,000	

합계금액	현금	수표	어음	외상미수금	이 금액을	○ 영수 / ○ 청구 함
600,000						

전자계산서 (공급받는자 보관용)

승인번호:

공급자	등록번호	131-81-65403			공급받는자	등록번호	220-81-03217		
	상호	(주)승수출판사	성명(대표자)	김승수		상호	(주)나눔상사	성명(대표자)	서승희
	사업장주소	서울특별시 서대문구 경기대로 62				사업장주소	서울특별시 강남구 강남대로 252 (도곡동)		
	업태	제조업	종사업장번호			업태	도소매업	종사업장번호	
	종목	출판				종목	타이어 외		
	E-Mail	victory@hanmail.net				E-Mail	nanum@bill36524.com		

작성일자	2022.3.22.	공급가액	3,000,000	비고	

월	일	품목명	규격	수량	단가	공급가액	비고
3	22	레저와 자동차		1,000	3,000	3,000,000	

합계금액	현금	수표	어음	외상미수금	이 금액을	○ 영수 / ● 청구 함
3,000,000				3,000,000		

(5) 영수증(부가가치세법상 의미)

　영수증이란 세금계산서의 필요적 기재사항 중 공급받는 자와 부가가치세를 따로 기재하지 아니한 약식의 세금계산서를 말한다. 주로 소매업·음식점업등 사업자가 아닌 다수의 소비자를 상대로 하는 비교적 소액거래에 사용되며, 영수증, 금전등록기계산서, 신용카드매출전표등이 해당된다.

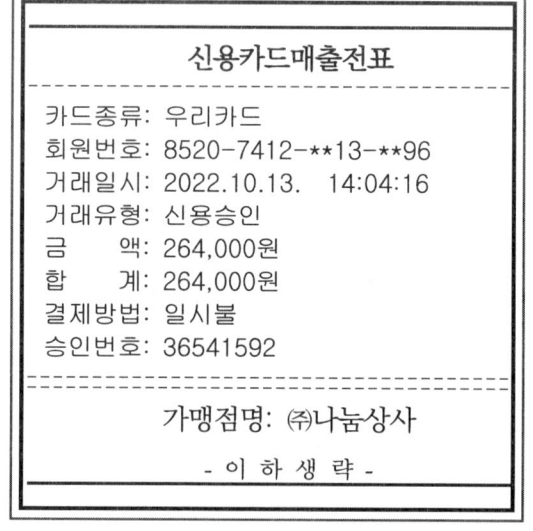

(6) 신용카드매출전표

부가가치세가 과세되는 재화·용역을 공급하고 이에 따른 영수증 발급의무가 있는 사업자는 세금계산서 발급 시기에 신용카드매출전표 등(「여신전문금융업법」에 따른 신용카드매출전표, 직불카드영수증, 결제대행업체를 통한 신용카드매출전표, 실지명의가 확인되는 기명식선불카드 영수증 또는 현금영수증을 발급하거나 전자화폐에 의해 대금을 결제 받고, 발급된 신용카드매출전표)은 영수증으로 본다.

구 분	내 용
신용카드매출전표 발급시 혜택	법인사업자를 제외한 영수증 발급의무가 있는 개인사업자가 재화·용역의 공급시기에 신용카드매출전표 등을 발급하거나 전자화폐를 수취한 경우에는 신용카드매출전표 등 발급금액 또는 전자화폐 결제금액의 1000분의 13(연간 1,000만원 한도)을 납부세액에서 공제하며, 이를 '신용카드등 발급에 따른 세액공제'라고 한다. • 직전연도의 재화 또는 용역의 공급가액의 합계액이 사업장별 10억원을 초과하는 개인사업자는 제외 • 세액공제대상 신용카드: 신용카드매출전표, 직불카드영수증, 결제대행업체를 통한 신용카드매출전표, 선불카드영수증, 현금영수증, 전자금융거래법에 따른 직불(선불)전자지급수단영수증, 전자화폐등 • 결제대행업체 확인: 금융감독원(www.fss.or.kr) 민원신고/E금융민원센타/전자금융업 등록현황에서 확인가능(네이버, 우아한형제, 11번가, 쿠팡등)
신용카드매출전표 매입시 혜택	'신용카드등 사용에 따른 세액공제'로 세금계산서 발급이 불가능한 목욕. 이발. 미용업, 여객운송업, 입장권발행사업 등을 제외한 모든 일반과세자(제조, 도매 등 세금계산서 발급의무자를 포함)로부터 공급시기에 부가가치세액이 별도 구분 기재된 신용카드매출전표 등을 수취한 경우 사업과 관련 있으며, 공제불가능분이 아닌 경우에는 그 부가가치세액은 납부세액 계산시 공제되는 매입세액으로 본다.
신용카드매출전표와 세금계산서 중복 발급 금지	세금계산서 발급의무가 있는 사업자가 공급당시에 신용카드매출전표 등을 발급한 경우 원칙적으로 추후 세금계산서를 중복 발급할 수 없다. 만일 공급당시 세금계산서를 발급하였으나 그 대가를 추후 신용카드 등으로 지급받은 경우 신용카드매출전표 등의 여백에 당초 세금계산서에 의한 거래분임을 명기하여야 한다.

8 과세표준 및 매출세액

(1) 과세표준의 일반원칙

재화의 과세표준이란 부가가치세가 포함되지 않은 순수한 매출액을 말하는데, 일반과세자의 경우 매출세액의 산출기준인 재화 또는 용역의 공급가액이 부가가치세의 과세표준이 된다. 공급가액은 부가가치세가 포함되지 않은 금액을 의미하며, 공급가액에 부가가치세액을 포함하여 공급대가라고 한다. (공급대가=공급가액+세액)

공급가액을 계산함에 있어서 금전으로 대가를 받는 경우에는 그 대가를 공급가액으로 하고, 기타의 경우에는 시가를 공급가액으로 하는 것이 원칙이며, 감가상각자산의 자가공급 등 특수한 거래에 대하여는 예외적인 규정을 두고 있다.

구 분	과세표준
금전으로 대가를 받은 경우	그 금전가액
금전이외의 물건 등으로 받은 경우	자신이 공급한 재화 등의 시가
부당하게 낮은 대가를 받은 경우	자신이 공급한 재화 등의 시가
자가공급(판매목적 타사업장 반출은 제외) 개인적공급, 사업상 증여 및 폐업시 잔존재화의 경우	당해 재화의 시가
판매목적 타사업장의 반출의 경우	당해 재화의 취득가액(다만, 취득가액에 일정액을 가산하여 공급하는 경우에는 그 공급가액)
용역의 공급에 대하여 부당하게 낮은 대가를 받은 경우	자기가 공급한 용역의 시가
대가를 외국통화 기타 외국환으로 받은경우	• 공급시기 도래 전에 원화로 한 경우 : 그 환가한 금액 • 공급시기 이후에 외국통화 기타 외국환 상태로 보유하거나 지급받은 경우 : 공급시기의 기준환율 또는 재정환율에 의하여 계산한금액
재화의 수입에 대한 과세표준	관세의 과세가격과 관세, 개별소비세, 주세, 교통·에너지·환경세 및 교육세·농어촌특별세의 합계액

① 과세표준에 포함되는 것과 포함되지 않는 것

과세표준에 포함하지 않는 항목	과세표준에 포함하는 항목 (즉, 과세표준에서 공제하지 않는 것)
• 부가가치세, 매출에누리액, 매출환입액, 매출할인 • 계약 등으로 인하여 확정된 대가의 지급지연으로 인하여 지급받는 연체이자(소비대차 불문) → 이자(면세용역임)로 본다 • 국고(정부)보조금과 공공보조금 • 공급받는 자에게 도달하기 전에 파손·훼손, 또는 멸실된 재화의 가액 • 반환조건부 용기대금 및 포장비용 • 대가와 구분하여 기재한 종업원 봉사료 • 공급받는자가 부담하는 원재료 등의 가액 • 임차인이 부담하여야 할 보험료·수도료·공공요금 등을 임대료와 구분하여 징수하는 경우	• 할부판매·장기할부판매의 경우 이자 상당액 • 대가의 일부로 받는 운송비, 포장비, 하역비, 운송보험료, 산재보험료 등 • 개별소비세, 주세, 교통세, 에너지세, 환경세, 교육세 및 농어촌특별세 상당액 • 하자보증금, 대손금 • 판매장려금 지급액* * 별도의 비용으로 처리

※ 판매장려금 지급액

구분	소득세	부가가치세
판매장려금	지급액 : 필요경비 수입액 : 총수입금액	지급액 : 과세표준에서 차감 안함 수입액 : 과세표준에 포함 안함
판매장려금품	-	지급시 : 간주공급(사업상 증여)

② 금전 이외의 공급

자기가 공급한 재화나 용역의 시가

③ 과세표준 : 외국통화로 대가를 받는 경우

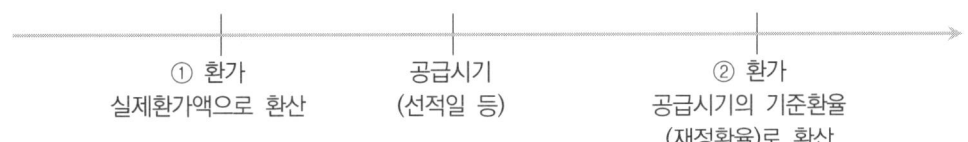

④ 저가양도

구분	과세표준	비고
재화의 저가양도	사업자와 특수 관계있는 자로부터 시가보다 부당하게 낮은 대가를 받거나 대가를 받지 않은 경우(무상양도) 시가를 공급가액으로 본다.	-
용역의 저가양도	사업자와 특수 관계있는 자로부터 시가보다 부당하게 낮은 대가를 받은 경우 시가를 공급가액으로 본다.	대가를 받지 않은 경우(무상양도) : 부가가치세 과세대상이 아니다.

⑤ 수입재화의 과세표준

> 관세의 과세가격 + 관세·개별소비세·주세·교육세·농어촌특별세 및 교통·에너지·환경세

(2) 간주공급의 과세표준

① 감가상각 이외의 자산 : 시가
② 판매목적 타사업장 반출의 경우 취득가액을 과세표준으로 한다.
③ 감가상각자산

구 분	시 가
건물·구축물	취득가액×(1 - 5%×경과된 과세기간의 수)
기타의 감가상각자산	취득가액×(1 - 25%×경과된 과세기간의 수)

→ 건물과 구축물은 내용연수를 5년(10과세기간)으로 보고, 기타의 자산은 내용연수를 2년(4과세기간)으로 보는 것이다.

(3) 공급가액의 계산특례

구 분	내 용
공급가액 안분계산(공통사용재화 공급)	과세사업과 면세사업 및 부가가치세가 과세되지 아니하는 재화 또는 용역을 공급하는 사업(이하 이 책에서 "면세사업 등"이라 한다)을 겸영하고 있는 사업자가 공통으로 사용하던 재화를 공급하는 경우에는 해당 대가로서 받는 금액 중 얼마만큼이 과세 또는 면세사업과 관련된 재화의 공급분인지 불분명하므로 이를 일정한 방법에 따라 안분하여, 면세사업과 관련된 재화의 공급가액의 부분에 대하여는 부가가치세를 면제하고, 부가가치세 과세대상인 과세사업과 관련된 부분만 부가가치세를 거래징수하여야 한다.
토지와 건물공급시 공급가액 안분계산	사업자가 토지와 그 토지에 정착된 건물·기타 구축물을 함께 공급하는 경우에 토지의 공급에 대하여는 면세하고 나머지 건물 등의 공급가액에 대하여만 과세하며, 토지와 건물가액의 구분이 불분명한 경우 기준시가(기준시가가 없는 경우 감정평가액)로 안분계산한다.
부동산임대용역에 대한 공급가액 계산 특례	부동산 임대용역을 공급하는 경우의 공급가액은 임대료와 간주임대료의 합계액으로 한다. ■ 간주임대료 = 해당 기간의 전세금(보증금) × 일수/365(윤년366) × 이자율

(5) 부가가치세 신고서의 과세표준(과세·영세 적용)

			① 신 고 내 용		
	구 분		금 액	세율	세 액
과세표준 및 매출세액	과세	세금계산서 발급분 (1)		10 / 100	
		매입자발행 세금계산서 (2)		10 / 100	
		신용카드·현금영수증 발행분 (3)		10 / 100	
		기타(정규영수증 외 매출분) (4)		10 / 100	
	영세율	세금계산서 발급분 (5)		0 / 100	
		기 타 (6)		0 / 100	
	예 정 신 고 누 락 분 (7)				
	대 손 세 액 가 감 (8)				
	합 계 (9)			㉮	

⑤ 과 세 표 준 명 세				
업 태	종목	생산요소	업종 코드	금 액
(28)				
(29)				
(30)				
(31)수입금액 제외				
(32)합 계				

「부가가치세법」 제48조·제49조 또는 제59조와 「국세기본법」 제45조의3에 따라 위의 내용을 신고하며, 위 내용을 충분히 검토하였고 신고인이 알고 있는 사실 그대로를 정확하게 적었음을 확인합니다.

년 월 일

신고인 : (서명 또는 인)

세무대리인은 조세전문자격자로서 위 신고서를 성실하고 공정하게 작성하였음을 확인합니다.

세무대리인 : (서명 또는 인)

세무서장 귀하

첨부서류   뒤쪽 참조

(6) 부가가치세신고서의 면세 적용

		업 태	종 목	코 드 번 호	금 액
면세사업 수입금액	(80)				
	(81)				
	(82)	수입금액 제외			
				(83)합 계	

9 부가가치세의 납부세액

```
      과세표준        재화·용역의 공급가액
  (×) 세    율      10% (영세율 : 0%)
      ─────────
      매출세액        대손세액가감
  (−) 매입세액      세금계산서상의 매입세액+그밖의공제매입세액−공제받지못할매입세액
      ─────────
      납부세액
  (−) 공제세액      신용카드매출전표발행세액공제+예정신고미환급세액+예정신고기간고지
  (+) 가 산 세      세액
      ─────────
      차감납부세액    (△)환급세액
```

(1) 매출세액

매출세액은 일정기간의 재화 또는 용역의 공급에 대한 가액의 합계액 즉, 그 기간의 과세표준에 세율을 적용하여 계산한다.

$$매출세액 = (과세표준 \times 세율) \pm 대손세액가감$$

1) 공급가액과 부가가치세액이 구분표시 되지 않은 경우

- 100/110 : 과세표준
- 10/110 : 부가가치세 매출세액

2) 부동산임대용역의 매출세액

$$\text{부동산 임대용역의 매출세액} = (\text{임대료} + \text{간주임대료}) \times 10\%$$

$$\text{간주임대료} = \frac{\text{임대보증금(전세금)} \times \text{대상기간의 일수}}{365(\text{윤년의 경우 } 366)} \times \left\{ \begin{array}{l} \text{과세기간 종료일 현재} \\ \text{계약기간 1년 만기} \\ \text{정기예금 이자율 } 1.2\% \end{array} \right\}$$

3) 대손세액가감

사업자가 부가가치세가 과세되는 재화 또는 용역을 공급하는 경우 공급을 받는 자의 파산·강제집행 등의 사유로 인하여 당해 재화 또는 용역의 공급에 대한 외상매출금 기타 매출채권(부가가치세 포함)의 전부 또는 일부가 대손되어 회수할 수 없는 경우에는 대손세액을 그 대손의 확정이 된 날이 속하는 과세기간의 매출세액에서 차감할 수 있다.

$$\text{대손세액} = \text{대손금액} \times \frac{10}{110}$$

(2) 매입세액

$$\text{공제받을 수 있는 매입세액} = \text{총매입세액} - \text{불공제 매입세액}$$

1) 공제대상 매입세액

① 세금계산서에 의한 매입세액 ② 신용카드매출전표등에 의한 매입세액
③ 의제매입세액 ④ 재활용폐자원등 매입세액
⑤ 과세사업전환 매입세액 ⑥ 재고매입세액

2) 매입세액불공제

① 매입처별 세금계산서합계표의 미제출 및 부실, 허위기재한 경우의 매입세액
② 세금계산서의 미수취 및 부실, 허위기재한 경우의 매입세액
③ 업무와 관련없는 지출에 대한 매입세액
④ 개별소비세가 과세되는 자동차(영업용 제외)의 구입·임차·유지에 대한 매입세액
   * 공제대상 차량 : 경차(1,000cc미만), 화물차, 8인승초과(밴) 등
   * 불공제대상 차량 : 1,000cc초과하는 8인승이하 승용차 등
⑤ 면세관련 매입세액 ⑥ 접대비관련 매입세액
⑦ 공통매입세액 면세사업분 ⑧ 사업자 등록전 매입세액
⑨ 대손처분 받은 세액

(3) 납부할세액

> 납부할세액 = 매출세액 − 매입세액 − 공제세액 + 가산세

1) 공제세액

공제세액	내 용
전자신고세액공제	**납세자가 직접 전자신고한 경우** • 전자신고세액공제=1만원 공제 또는 환급 • 확정신고에만 적용되고 예정신고에는 적용되지 않음 • 매출가액과 매입가액이 없는 일반과세자는 적용배제 **세무대리인이 전자신고한 경우** • 전자신고세액공제=납세자1인당 1만원공제 • 연간공제한도 : 200만원(세무법인 또는 회계법인은 500만원) • 연간공제한도액은 소득세 또는 법인세 공제액과 부가가치세공제액을 합한 금액임
택시운송사업자경감세액	여객자동차 운수사업법 시행령에 따른 일반택시 운송사업자에 대하여 부가가치세 납부세액의 99%(경감세액)를 경감한다. 일반택시 운송사업자는 경감세액 중 납부세액의 90%에 해당하는 금액을 일반택시 운수종사자에게 현금으로 지급하여야 한다.
신용카드매출전표등 발행공제	**신용카드매출전표등발급 공제세액** = (신용카드매출전표등 발급금액 + 전자화폐결제금액) × 공제율 • 공제율 − 음식점업 또는 숙박업 영위 간이과세자 : 1.3% − 그 외의 사업자 : 1.3% • 한도액 : 연간 1,000만원 • 공제세액이 그 금액을 차감하기 전의 납부할 세액(가산세 제외)을 초과하는 경우 그 초과액은 없는 것으로 본다. • 법인사업자와 직전 연도의 재화 또는 용역의 공급가액의 합계액이 사업장을 기준으로 10억원을 초과하는 개인사업자는 제외한다.
예정신고미환급세액	• 납세지 관할 세무서장은 각 과세기간별로 그 과세기간에 대한 환급세액을 확정신고한 사업자에게 신고기한 후 30일 이내에 환급해야 하는데, 예정신고시 재고과다등으로 일반환급을 신청한 경우에 환급하지 않으며, 이를 확정신고시 반영해야 한다. • 고정자산취득 또는 영세율등 조기환급으로 신고한 경우에는 조기환급기간에 대한 환급세액을 신고기한 후 15일 이내에 환급한다.
예정고지세액	개인사업자와 직전 과세기간 공급가액의 합계액이 1억5천만원 미만인 법인사업자에 대하여 각 예정신고기간마다 직전 과세기간에 대한 납부세액의 50%를 곱한 금액을 결정하여 해당신고기간이 끝난 후 25일까지 징수한다. • 예정고지 부과 제외: 납부할 세액이 50만원 미만, 재난등의 사유로 납부할수 없다고 인정되는 경우 • 개인사업자 중 휴업 또는 사업부진 등으로 예정신고기간의 공급가액 또는 납부세액이 직전 과세기간의 공급가액 또는 납부세액의 3분의 1에 미달하거나 조기 환급을 받고자 하는 경우 예정신고할 수 있다.

2) 가산세

가산세명	가산세액 계산
무신고	• 부당 무신고납부세액×40% or 일반 무신고납부세액×20%
과소신고·초과환급신고	• 부당과소신고 납부세액 등×40% + 일반과소신고 납부세액 등×10%
납부불성실·환급불성실	• 미납세액(초과환급세액)×경과일수×이자율(1일 22/100,000)
영세율과세표준 신고불성실	• 무·과소신고 영세율 과세표준×0.5%
미등록	• 공급가액×1%(간이과세자는 공급대가×0.5%)
명의위장 등록	• 공급가액×1%(간이과세자는 공급대가×0.5%)
세금계산서 발급 및 전송불성실	• 세금계산서의 지연발급 : 공급가액×1% • 세금계산서 미발급가산세 : 공급가액×2% • 종이세금계산서 발급가산세 : 공급가액×1% • 둘 이상의 사업장을 가진 사업자가 다른 사업장 명의로 발급 : 공급가액×1% • 전자세금계산서 발급명세서 지연전송 가산세 : 공급가액×0.3% • 전자세금계산서 발급명세서 미전송 가산세 : 공급가액×0.5% • 세금계산서 기재불성실가산세 : 공급가액×1%
세금계산서 등 부정수수 (간이과세자의 경우 발급만 적용)	• 세금계산서등 가공 발급(수취)가산세 : 공급가액×3% • 세금계산서등 위장 발급(수취)가산세 : 공급가액×2% • 세금계산서등 공급가액 과다기재 발급(수취)가산세 : 과다기재 공급가액×2%
자료상이 수수한 세금계산서 (간이과세자의 경우 발급만 적용)	• 자료상이 수수한 세금계산서가산세 : 공급가액×3%
경정에 따른 매입세액공제 불성실	• 경정등에 따라 공제되는 신용카드수취 매입세액공제 : 공급가액×0.5%
매출처별세금계산서 합계표불성실	• 미제출·기재내용 누락 및 부실기재 : 공급가액×0.5% • 지연제출(예정분 → 확정분) : 공급가액×0.3%
매입처별세금계산서 합계표불성실(미제출(경정 공제분) 가산세를 제외한 나머지는 일반과세자만 적용)	• 세금계산서의 지연수취 : 공급가액×0.5% • 미제출(경정 공제분)·기재내용 누락 및 부실기재·과다기재 : 공급가액×0.5%
현금매출명세서 등 제출불성실 (일반과세자만 적용)	• 미제출 또는 과소기재 수입금액×1%

※ 국세청. 2022년귀속 부가가치세 신고안내 매뉴얼
※ 간이과세자의 경우 '21.7.1.이후 재화 또는 용역을 공급하거나 공급받는 분부터 세금계산서등 발급관련 가산세(부가법§60②③1·3·5호)와 매출처별세금계산서합계표 관련 가산세(부가법§60⑥), 세금계산서 미수취 가산세((신설) 공급대가×0.5%)가 적용됨
 * 세금계산서 발급의무가 있는 간이과세자만 적용

(4) 부가가치세 신고

1) 일반과세자의 부가가치세신고

	매출세액	가 = (1) + (2) + (3) ± (4)
(1)	과세분	세금계산서 교부분 + 기타 매출분
(2)	영세율(수출)	세금계산서 교부분 + 기타 매출분
(3)	예정신고누락분	
(4)	대손세액 가감	
	매입세액	나 = (5) + (6) + (7) − (8)
(5)	세금계산서 수취분	일반 매입분 − 수출기업 수입부가세 납부유예분 + 고정자산 매입분
(6)	예정신고 누락분	
(7)	그 밖의 공제매입세액	신용카드매출전표 등 + 의제매입세액 + 재활용폐자원 등 매입세액 + 과세사업전환매입세액 + 재고매입세액 + 변제대손세액 + 외국인관광객에 대한 환급세액
(8)	공제받지 못할 매입세액	
	납부(환급)세액	다 = 가 − 나
	경감·공제세액	라 = (9) + (10) + (11)
(9)	신용카드 매출전표 발행공제 등	
(10)	그 밖의 경감·공제세액	전자신고세액공제 + 택시운송사업자 경감세액 + 현금영수증사업자 세액공제 + 전자세금계산서 발급세액공제 + 대리납부 세액공제
(11)	소규모 개인사업자 감면세액	'20.1기, '20.2기에 한시적으로 적용
	예정신고 미환급세액	마
	예정고지세액	바
	사업양수자의 대리납부 기납부세액	사
	매입자 납부특례 기납부세액	아
	신용카드업자의 대리납부 기납부세액	자
	가산세액	차
	차가감 납부(환급) 세액	다 − 라 − 마 − 바 − 사 − 아 − 자 + 차

2) 간이과세자의 부가가치세신고

```
         ┌─────────────────┐
         │    매출세액      │   가 = (1) + (2) + (3)
         └─────────────────┘
(1)      │    과세분        │   매출금액 × 업종별 부가가치율 × 세율
(2)      │   영세율 적용분   │
(3)      │   재고납부세액    │
         ┌─────────────────┐
         │    공제세액      │   나 = (4) + (5) + (6) + (7) + (8)
         └─────────────────┘
(4)  매입세금계산서 등 수취세액 공제   매입세액 × 업종별 부가가치율
                                   ('21.7.1. 이후 공급받은 분부터) 매입액(공급대가) × 0.5%
(5)    의제매입세액공제     면세농산물 등의 가액 × 공제율
                         * 음식업 8/108 또는 9/109, 과세유흥장소 2/102, 제조업 6/106
                           ('21.7.1.이후 공급받은 분부터) 적용 배제
(6)  매입자발행 세금계산서 세액공제
(7)    전자신고 세액공제
(8)  신용카드매출전표 등 발행세액 공제
     매입자 납부특례 기납부세액      다
     예정고지(신고) 세액            라
     가산세액                      마
     차가감 납부(환급) 세액          가 - 나 - 다 - 라 + 마
```

10 사업자유형별 신고·납부

신고일자	사업자유형	신고대상기간	신고납부기간	제출자료
4월 25일	법인사업자	1.1.-3.31	4.1-4.25	부가세신고관련자료
7월 25일	법인사업자	4.1-6.30	7.1-7.25	부가세신고관련자료
	개인(일반과세)사업자	1.1-6.30		부가세신고관련자료
	면세사업자 (법인,개인)	1.1-6.30		매입처별세금계산서합계표, 매출(매입)처별계산서합계표
10월 25일	법인사업자	7.1.-9.30	10.1.-10.25	부가세신고관련자료
다음해 1월25일	법인사업자	10.1-12.31	다음해 1.1.-1.25	부가세신고관련자료
	개인(일반과세) 사업자	7.1.-12.31		부가세신고관련자료
	면세사업자 (법인,개인)	7.1.-12.31		매입처별세금계산서합계표, 매출(매입)처별계산서합계표
	간이과세자	1.1.-12.31		부가세신고관련자료
다음해 2월10일	개인 면세사업자	1.1.-12.31	다음해 2.1-2.10	사업장현황신고

 부가가치세신고 시작부터 끝까지 전체보기

1. 부가가치세신고 전체 프로세스

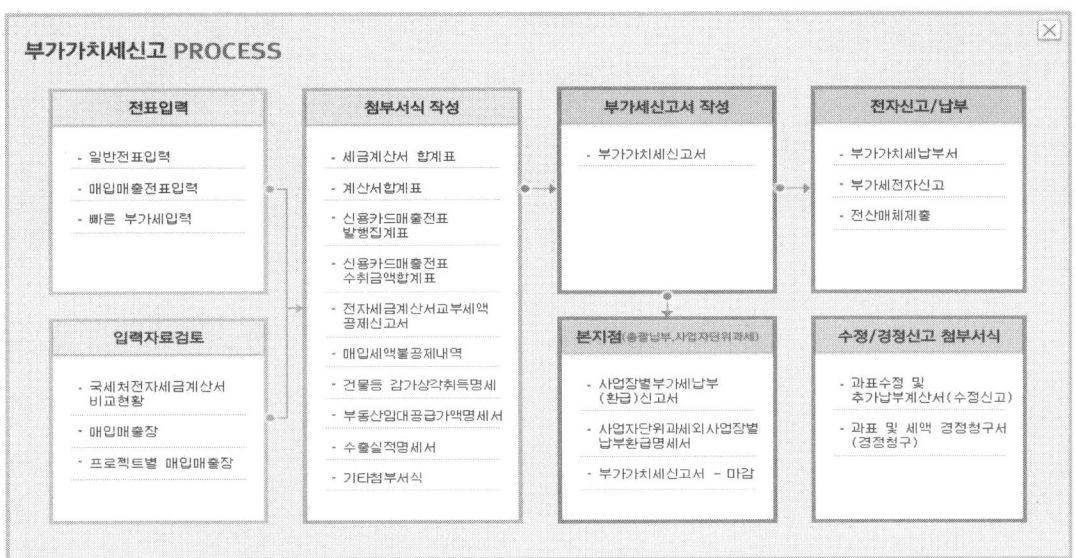

2. 부가가치세 관련 전체 프로그램

3 부가가치세 신고업무 전체프로세스

* 세무대리인은 신고대상 기업 명단 작성 후 다음의 순서대로 부가가치세를 전자신고하고, 납부서는 거래처에 전달한다.

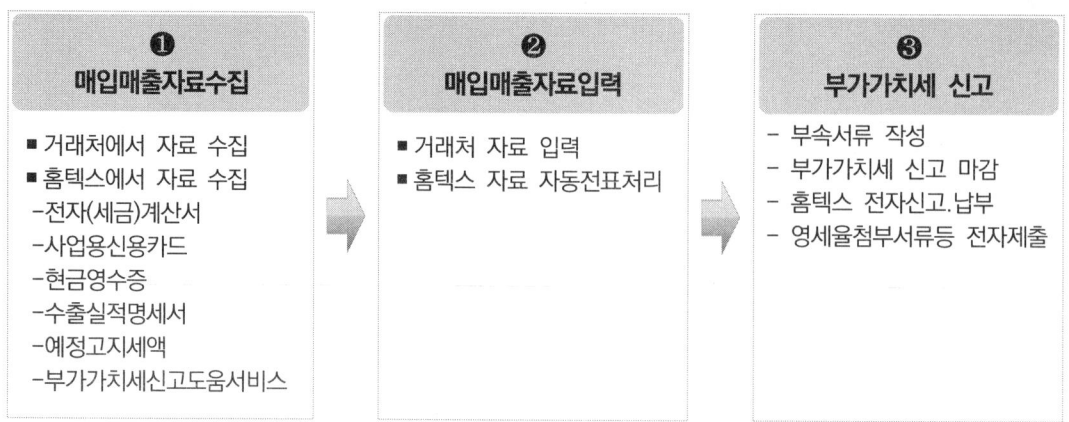

4 홈텍스 전자신고

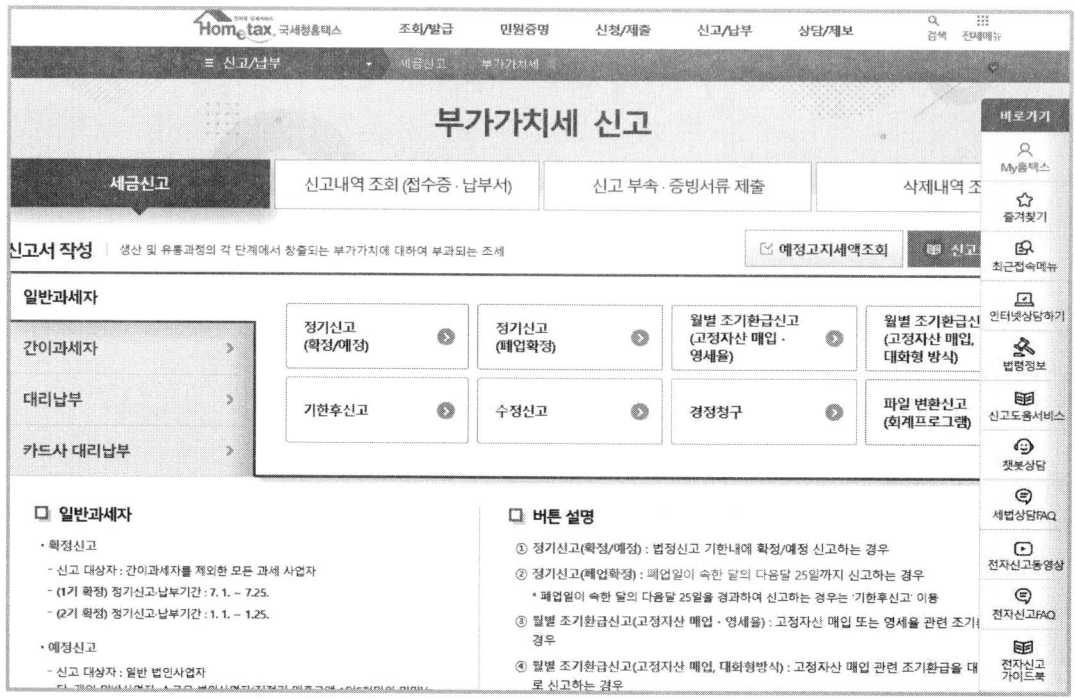

Point 03 홈텍스에서 부가가치세 신고도움서비스 검토하기

1. 부가가치세 신고자료 통합조회서비스

수임업체 사업자등록번호 입력 후 「조회하기」버튼을 누르면 신고에 필요한 매출·매입 자료를 일괄조회 할 수 있다.
- 수임업체 확인이 필요한 경우 「수임사업자 조회」버튼을 클릭하여 조회한다.
- 법인사업자 : 확정(예정) 조회
- 개인 일반 사업자 : 확정(6개월) 조회
- 개인 간이 사업자 : 확정(1년) 조회

구 분	내 용
제공시기	- 전자(세금)계산서 합계표 매출·매입 : 전송마감(영업일기준 매월 11일)다음날 직전분기 자료 제공 - 신용카드 매출, 사업용신용카드 : 분기 시작월의 15일경 부터 직전분기 자료 제공 - 현금영수증 매출·매입, 화물운전자복지카드 매입 : 분기 시작일(1일) 직전분기 자료 제공 - 매입자납부특례 기납부세액 : 분기 시작월의 15일경 부터 직전분기 최종자료 제공
참고사항	- 신용카드 매출자료는 부가세 포함한 금액이며, 판매대행 또는 결제대행업체를 통한 신용카드 결제금액은 제외되어 있다. * 사업용신용카드, 현금영수증, 화물운전자복지카드 매입내역은 공제대상 항목에 대한 금액만 제공하고 있다.

2 부가가치세 신고도움서비스

부가가치세 신고시에 이미 신고된 정보를 검토할 수 있는 자료이며, [개별분석자료]에서 업종별신고시 유의사항을 확인할 수 있고, [과거신고내용분석]에서 부가가치세 신고추이 및 부가율등을 검토할 수 있다.

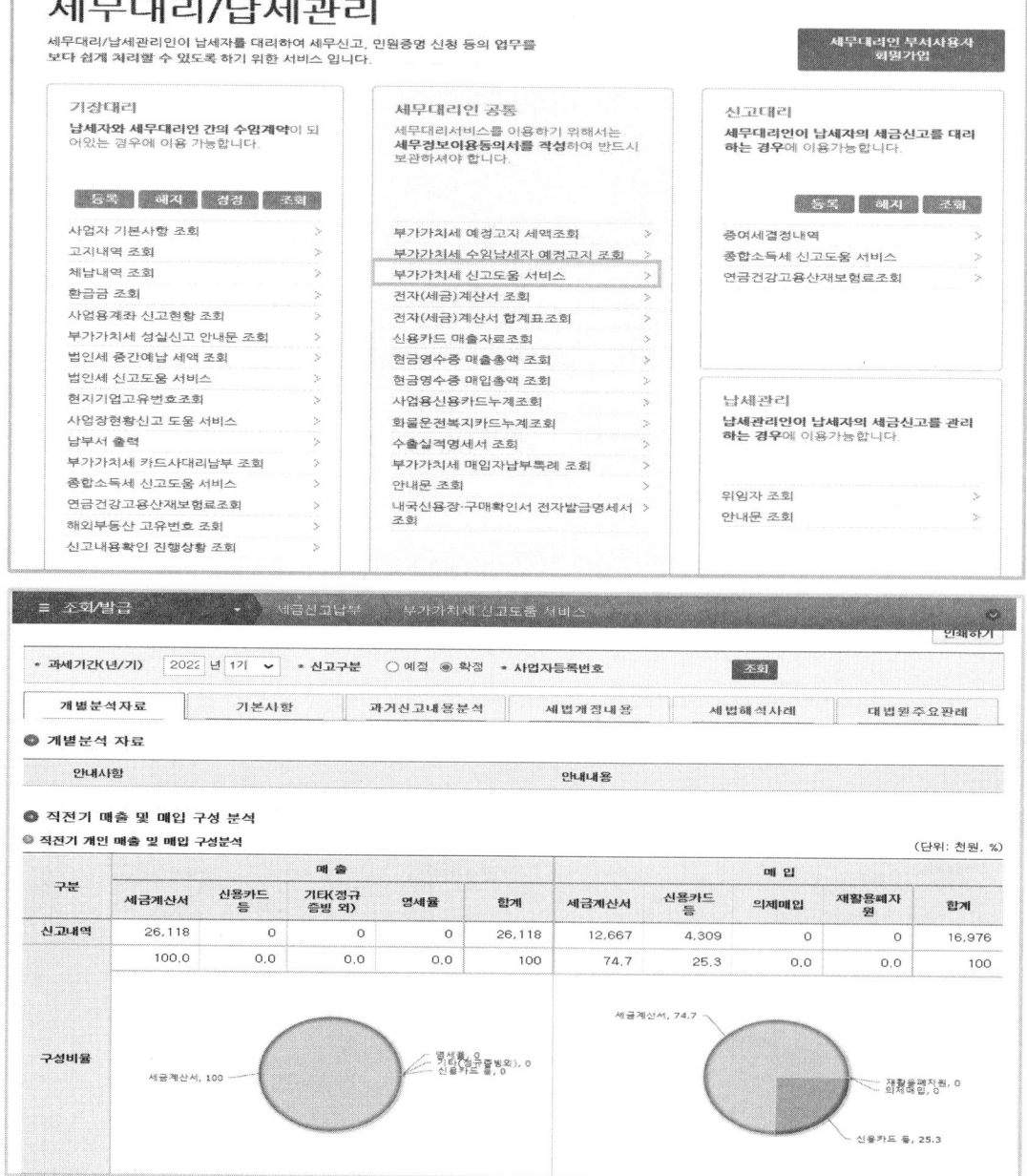

부가가치세 성실 신고를 도와 드리는 **부가가치세 신고 도움 서비스**

과세시간(년/기)	2022 년 1 기	신고구분	확정	사업자등록번호	220-81-03217

■ 기본사항

신고안내 자료에 대한 문의			
상호(법인명)	주식회사	성명(대표자)	
업 태	교육서비스업	종 목	그 외 기타 분류 안된 교육기관

■ 직전기 매출 및 매입 구성 분석

직전기 개인 매출 및 매입 구성 분석

구분	매출					매입				
	세금계산서	신용카드 등	기타(정규증빙 외)	영세율	합계	세금계산서	신용카드 등	의제매입	재활용폐자원	합계
신고내역	26,118	0	0	0	26,118	12,667	4,309	0	0	16,976
구성비율	100.0	0.0	0.0	0.0	100	74.7	25.3	0.0	0.0	100

직전기 업종평균 매출 및 매입 구성 분석(주업종기준)

구분	매출					매입				
	세금계산서	신용카드 등	기타(정규증빙 외)	영세율	합계	세금계산서	신용카드 등	의제매입	재활용폐자원	합계
구성비율	53.2	19.8	9.8	17.2	100	94.8	5.2	0.0	0.0	100

※ 상기 매출 및 매입 구성비에는 예정신고 누락분은 반영하지 않았습니다.

■ 업종별 신고시 유의 사항

안내사항	안내내용
22.7월 세법개정사항 안내 ①의제매입세액공제 적용한도 확대, ②수입미가공식료품, ③단순 가공식료품 부가가치세	○ 1.(22.7월 신고시적용) 식품제조 및 외식업계 재료비 부담 경감을 위해 면세농산물 등 의제매입세액 공제 적용한도를 10% 상향 ○ 2.(22.7.1이후) 수입 미가공식료품(커피, 코코아 원두)에 대한 부가가치세 면세 ○ 3.(22.7.1이후) 김치·단무지·장아찌·젓갈류·게장·고추장·두부·메주·간장·된장·데친 채소류는 포장 여부와 상관없이 부가가치세 면세 위 3가지 세법 개정 사항은 23.12.31.까지 적용

| 안내항목 |

NO	항목	업종	사전안내항목	자료수집처
1	매출	건설업	산재보험료 관련 건설공사 현황 자료	외부수집자료
2	매출	건설업	도시가스 안전검사 실적 자료	외부수집자료
3	매출	건설업	전기검사·점검 실적 자료	외부수집자료
4	매출	건설업	소방시설공사 착공 내역 안내	외부수집자료
5	매출	골프장	골프부킹앱 수수료 등 지급내역	과세인프라
6	매출	업종공통	전자세금계산서 발급금액과 신고금액 차이 분석 자료	과세인프라
7	매출	업종공통	면세·간이과세자로부터 전자세금계산서·현금영수증 수취 내역	과세인프라
8	매출	업종공통	위장가맹점 명의로 부당 발급한 매출 내역	과세인프라
9	매출	업종공통	사실과 다른 매입거래에 대한 불공제 내역	과세인프라
10	매출	업종공통	현금영수증 발급 위반 매출 내역	과세인프라
11	매출	업종공통	핀테크 결제내역 등 오픈마켓 실판매자 매출 내역	과세인프라
12	매출	업종공통	지역화폐 매출 자료 안내	외부수집자료
13	매출	업종공통	제로페이 매출 자료 안내	외부수집자료
14	매출	업종공통	세정지원 대상자 안내	과세인프라
15	매출	업종공통	직전기 매출이 증가한 사업자 성실신고 안내	과세인프라
16	매출	도소매	장애인보장구 보조금 관련 지급 자료	외부수집자료
17	매출	도소매	자동차 튜닝승인 내역 분석 자료	외부수집자료
18	매출	도소매	전자상거래 사업자 택배 매입액을 통한 매출신고 안내	과세인프라
19	매출	도소매	부탄, 프로판 등 LPG 가스 매입 내역	과세인프라
20	매출	도소매	약국사업자 매출 성실신고 안내	과세인프라
21	매출	도소매	영세율로 발행한 사후환급 대상 농업용 기계내역	과세인프라
22	매출	도소매	의료기기 판매업 영세율 매출 분석 안내	과세인프라
23	매출	도소매	자가진단키트 판매사업자 성실신고 안내	과세인프라
24	매출	도소매	전자상거래업체 지급수수료 자료	과세인프라
25	매출	도소매	주유(가스충전)소 자동세차장 현금매출 성실신고 안내	과세인프라
26	매출	도소매	주유소사업자 유종별 매입금액 안내	과세인프라
27	매출	도소매	화랑사업자의 아트포스터 등 복제품 판매 과세대상 안내	과세인프라
28	매출	부동산	부동산임대사업자 성실신고 안내	과세인프라
29	매출	부동산	빌딩임대업자 관리비 매출 성실신고 안내	과세인프라
30	매출	서비스	(이동통신사) 휴대폰단말기 할부채권 양수도 현황 자료	외부수집자료
31	매출	서비스	신종 업종(1인 미디어 창작자, SNS마켓, 공유숙박) 성실신고 안내	과세인프라
32	매출	서비스	해외 구매대행 사업자 성실신고 안내	과세인프라

NO	항목	업종	사전안내항목	자료수집처
33	매출	서비스	미용실 분리결제 등 매출누락 방지 및 성실신고 안내	과세인프라
34	매출	서비스	폐기물 처리업체 실적자료	외부수집자료
35	매출	서비스	미용실 봉사료 관련 매출액 성실신고 안내	과세인프라
36	매출	서비스	자동차 해체 활용업체 폐차 매입자료 수집 안내	외부수집자료
37	매출	서비스	낚시배 사업자 기타 현금매출 성실신고 안내	외부수집자료
38	매출	서비스	PC방 사업자 온라인 게임서비스 매입자료 환산 추정 매출액	과세인프라
39	매출	서비스	개별화물 등 운수업자 성실신고 안내	과세인프라
40	매출	서비스	게임앱 개발업체 영세율 매출 등 성실신고 안내	과세인프라
41	매출	서비스	공간대여플랫폼을 통한 기타매출 성실신고 안내	과세인프라
42	매출	서비스	공인중개사 부가가치세 과세대상 인적용역 소득 안내	과세인프라
43	매출	서비스	국세환급금 양도관련 수임료 세무대리인 매출 성실신고 안내	과세인프라
44	매출	서비스	동물병원 과면세매출 성실신고 안내	과세인프라
45	매출	서비스	미용.성형용역 의료사업자에 대한 부가세 신고안내	과세인프라
46	매출	서비스	반려동물 미용서비스 및 용품 비대면 매출액 신고안내	과세인프라
47	매출	서비스	배달대행업체 세금계산서 발급 등 성실신고 안내	과세인프라
48	매출	서비스	숲해설업·유아숲교육업 제공 용역 과세매출 안내	과세인프라
49	매출	서비스	스크린 골프장 운영 사업자 성실신고 안내	과세인프라
50	매출	서비스	유사투자자문업 사업자에 대한 성실신고 안내	과세인프라
51	매출	서비스	유투버의 ppl 및 간접광고 수익 성실신고 안내	과세인프라
52	매출	서비스	자동차운전전문학원 현금매출 누락 성실신고 안내	과세인프라
53	매출	서비스	코인노래방 현금매출 누락 성실신고 안내	과세인프라
54	매출	서비스	펜션운영사업자 현금매출 신고 안내	과세인프라
55	매출	숙박업	숙박앱 사용수수료 등 지급내역 안내	과세인프라
56	매출	업종공통	소규모 건설업자 아파트 시설공사 실적 자료	외부수집자료
57	매출	업종공통	온나라상품권 환전 내역	외부수집자료
58	매출	업종공통	매출증가 사업자 성실신고 안내(인프라)	과세인프라
59	매출	업종공통	고가 오토바이 매입세액 불공제 안내	과세인프라
60	매출	업종공통	농민에게 공급하는 농업용기자재 영세율 매출신고 안내	과세인프라
61	매출	업종공통	부동산 취득시 중개수수료 안분 안내	과세인프라
62	매출	업종공통	아파트 리모델링 공사 성실신고 안내	과세인프라
63	매출	업종공통	예정신고 누락분 매출내역 등 가산세 안내	과세인프라
64	매출	업종공통	중개수수료 매입세액 과·면세 안분계산 안내	과세인프라
65	매출	업종공통	캠핑장 예약앱 정보이용료 안내	과세인프라
66	매출	전문직	고소득·전문직 수입금액 성실신고 안내	과세인프라

NO	항목	업종	사전안내항목	자료수집처
67	매출	전문직	세무대리인 불복수임료 성실신고 안내	과세인프라
68	매출	전문직	피부과 과세매출 성실신고 안내	과세인프라
69	매출	도소매	철 스크랩 사업자 매출 성실신고 안내	과세인프라
70	매출	제조업	밀키트 제조, 도소매업의 공통매입세액 안분계산 안내	과세인프라
71	매출	제조업	제조업 중 부산물발생업종에 성실신고 안내	과세인프라
72	매입	도소매	재활용폐자원 부당공제 혐의 분석 자료	빅데이터
73	매입	도소매	일인으로부터 다수의 중고자동차 구입한 내역	과세인프라
74	매입	도소매	매입자납부특례 사업자 기납부세액 자료 안내	과세인프라
75	매입	부동산	부동산임대업자 부당환급 혐의 분석 자료	빅데이터
76	매입	업종공통	개별소비세 과세대상 자동차 구입 내역	과세인프라
77	매입	업종공통	개별소비세 과세대상 자동차 임차 내역	과세인프라
78	매입	업종공통	개인적 사용혐의가 있는 신용카드 수취 내역 안내	과세인프라
79	매입	업종공통	귀금속 등 기념품 취득 관련 매입세액 불공제 안내	과세인프라
80	매입	업종공통	그 밖의 신용카드 과다 매입 사업자의 사업용 신용카드 등록안내	과세인프라
81	매입	업종공통	금융자문수수료·감정평가수수료 관련 면세 매입 내역	과세인프라
82	매입	업종공통	면세·간이과세자로부터 수취한 신용카드 매입 내역	과세인프라
83	매입	업종공통	사업용 신용카드 미사용자 성실신고 안내	과세인프라
84	매입	업종공통	연속 3개 과세기간 일반환급 신고사업자 성실신고 안내	과세인프라
85	매입	업종공통	한국국토정보공사로부터 수취한 토지 관련 매입 내역	과세인프라
86	매입	업종공통	보트, 크루즈 등 사치성 취미활동 매입세액 불공제 안내	과세인프라
87	매입	업종공통	고정자산 취득 후 면세사용 사업자 성실신고 안내	과세인프라
88	매입	업종공통	과·면세 겸업사업자 매입세액 성실신고 안내	과세인프라
89	매입	업종공통	매입세금계산서 수취내역 성실신고 안내	과세인프라
90	매입	업종공통	오피스텔 주거전용 사용혐의 성실신고 안내	과세인프라
91	매입	업종공통	인터넷 쇼핑몰사업자에 수수료 지급내역 안내	과세인프라
92	매입	업종공통	주소지 사업장 임차료·관리비 매입세액 성실신고 안내	과세인프라
93	매입	업종공통	영수증 발급대상자로부터 수취한 세금계산서 불공제안내	과세인프라
94	매입	음식업	배달앱 매출 등 수입금액 성실신고 안내	과세인프라
95	매입	택배업	배달운송 사업자 매입세액 성실신고 안내	과세인프라
96	매입	업종공통	'22.7월 주요세법 개정사항 안내	과세인프라

※ 국세청. 2022년귀속 부가가치세 신고안내 매뉴얼

부가가치세 성실신고 체크리스트

구분	확인할 내용
매출	전자세금계산서 및 종이세금계산서 발행분 확인
	신용카드 및 현금영수증 발행분 확인
	(현금매출) 계좌이체, 핀테크 결제 등으로 받은 결제대금 확인
	(영세율) 수출통관내역.내국신용장 및 구매확인서 관련 매출 확인
	(첨부서류) 부가가치세법 및 조세특례제한법 상 영세율 적용 위한 필수서류 준비
	(겸업) 과.면세 겸업사업자 과세매출 적정 확인
매입	(세금계산서) 면세.간이.폐업 사업자로부터 매입액은 공제 제외
	(신용카드) 사업 무관.개인적 사용.접대비 목적 사용액은 공제 제외
	(비영업용 소형승용차) 구입.유지.임차 목적 매입액은 공제 제외
	(중복공제 검토) 매입세금계산서 대금결제를 신용카드로 한 경우
	(겸업) 과.면세 겸업사업자 공통매입세액 안분 적정 확인
	(공제 초과) 농.축.임.수산물 의제매입세액 공제한도 초과 여부 확인
	(매입처 확인) 일반과세자로부터 매입한 재활용.폐자원 관련 매입세액은 공제 제외
세액 공제 등	(가산세) 전자세금계산서 미전송(1%).지연전송(0.5%) 확인
	(공제 한도) 신용카드발행세액 연간 공제 한도 초과 여부 확인
	(신용카드발행세액 공제 배제) 법인 및 직전연도 공급가액 10억 초과 개인사업자

2022년 주요 세법령 개정사항

구 분	개정내용
선발급 세금계산서 공급시기 특례 요건 완화	동일 과세기간 내 공급시기 내에 공급시기 도래시 선발급세금계산서 대가 수령 요건 제외
특수관계인에게 무상·저가로 공급한 재화 또는 용역에 대한 시가 과세기준 보완	신탁관계에서 수탁자(신탁회사)가 위탁자의 특수관계인에게 재화 또는 용역을 공급하는 경우
일괄 공급된 토지·건물 등 가액의 안분계산 보완	토지·건물 일괄양도시 사업자가 구분한 실지거래가액에 대해 인정사유가 있는 경우 안분계산 제외
매입자발행 수정세금계산서 발급 사유 명확화	매입자발행 수정세금계산서 발급사유에 계약의 해제·변경 등을 추가
전자세금계산서 발급·전송에 대한 세액공제 재도입	직전연도 공급가액 합계액 3억원 미만 개인사업자의 전자발급 세액공제 재도입 · 발급건당 200원, 연간 100만원 한도('22.7.1~)
전자세금계산서 발급의무대상자 확대	전자세금계산서 발급의무 개인사업자 기준금액 확대('22.7.1.시행) · 직전연도 공급가액의 합계액 3억원 → 2억원
부가가치세 예정고지·예정부과 제도 개선	부가가치세 예정고지·부과 제외 사유 확대 · 30만원 → 50만원 미만 · 재난 등 사유로 납부할 수 없다고 인정되는 경우
신용카드매출전표등 수령명세서 과다신고에 대한 가산세 신설	신용카드매출전표등 수령명세서상 금액 과다기재시 가산세(0.5%)
판매·결제대행자료 제출시기 단축	판매·결제대행 자료 제출시기가 매 분기 말일의 다음 달 15일로 단축
면세농산물 등 의제매입세액공제 적용 한도 확대	면세농산물 등 의제매입세액 공제 적용한도를 10%상향 조정('23년말)
면세하는 미가공식료품의 범위 한시적 확대	데친 채소류·김치·단무지·장아찌·두부·메주·간장·등은 포장 여부와 상관없이 면제('23년말)
면세하지 아니하는 수입미가공식료품 한시적 적용배제	면세하지 아니하는 수입 미가공식료품의 범위에 별표 2의 적용을 배제('23년말) .커피와 코코아원두

■ 과거 신고내역 분석
부가가치세 신고상황

구분	2021년 2기		2021년 1기		2020년 2기		2020년 1기	
	확정	예정	확정	예정	확정	예정	확정	예정
매출액 (영세율)	20 (0)	6 (0)	0 (0)	0 (0)	0 (0)	0 (0)	0 (0)	0 (0)
매입액 (고정자산)	30 (11)	21 (9)	0 (0)	0 (0)	0 (0)	0 (0)	0 (0)	0 (0)
납부/환급세액	-2	-2	0	0	0	0	0	0
부가율	4.9	-91.0	0.0	0.0	0.0	0.0	0.0	0.0

※(참고) 부가율 = (매출액-매입액) ÷ 매출액
(매출액 : 신고서 상 과세표준 - 수입금액제외, 매입액 : 신고서상 매입금액 - 고정자산매입액)

신용카드 및 현금영수증 매출 비중

구분	2021년 2기		2021년 1기		2020년 2기		2020년 1기	
	확정	예정	확정	예정	확정	예정	확정	예정
과세 매출금액	20	6	0	0	0	0	0	0
신용카드 등 매출금액	0	0	0	0	0	0	0	0
신용카드 등 매출비율	0.0	0.0	0.0	0.0	0.0	0.0	0.0	0.0

※(참고) 과세매출금액 : 신고서 상 과세표준
신용카드 등 매출금액 : 신고서 상 신용카드·현금영수증 발행분
신용카드 등 매출비율 : 신용카드 등 매출금액 ÷ 과세 매출금액

면세매출 신고 비중

구분	2021년 2기		2021년 1기		2020년 2기		2020년 1기	
	확정	예정	확정	예정	확정	예정	확정	예정
과세 매출금액	20	6	0	0	0	0	0	0
면세 수입금액	0	0	0	0	0	0	0	0
면세 매출비율	0.0	0.0	0.0	0.0	0.0	0.0	0.0	0.0

※(참고) 과세매출금액 : 신고서 상 과세표준, 면세 수입금액 : 신고서 상 면세사업수입금액
전체 수입금액 : 과세매출금액 + 면세 수입금액
면세매출비율 : 면세 수입금액 ÷ 전체 매출금액

Point 04 홈택스에서 세금계산서 발급내역 확인하기

부가가치세 과세기간의 전자세금계산서 발급내역과 교부내역을 조회할 수 있다.

1 전자세금계산서 발급·교부내역확인

홈택스에 저장되어 있는 전자세금계산서 발급내역 또는 교부내역을 조회한다. 먼저 [분류]란에서 전자세금계산서를 선택하고 [구분]에서 매출 또는 매입을 선택한 다음 [작성일자]에서 분기별을 선택하고, [분기별]에서 조회하려고하는 기수를 클릭한 다음 [조회하기]를 클릭하고 [명세서조회]를 클릭해서 내역조회한 다음 [명세서출력]을 클릭하여 발급 또는 교부내역을 '매출처별세금계산서합계표' 또는 '매입처별세금계산서합계표' 내역으로 조회 및 인쇄한다.

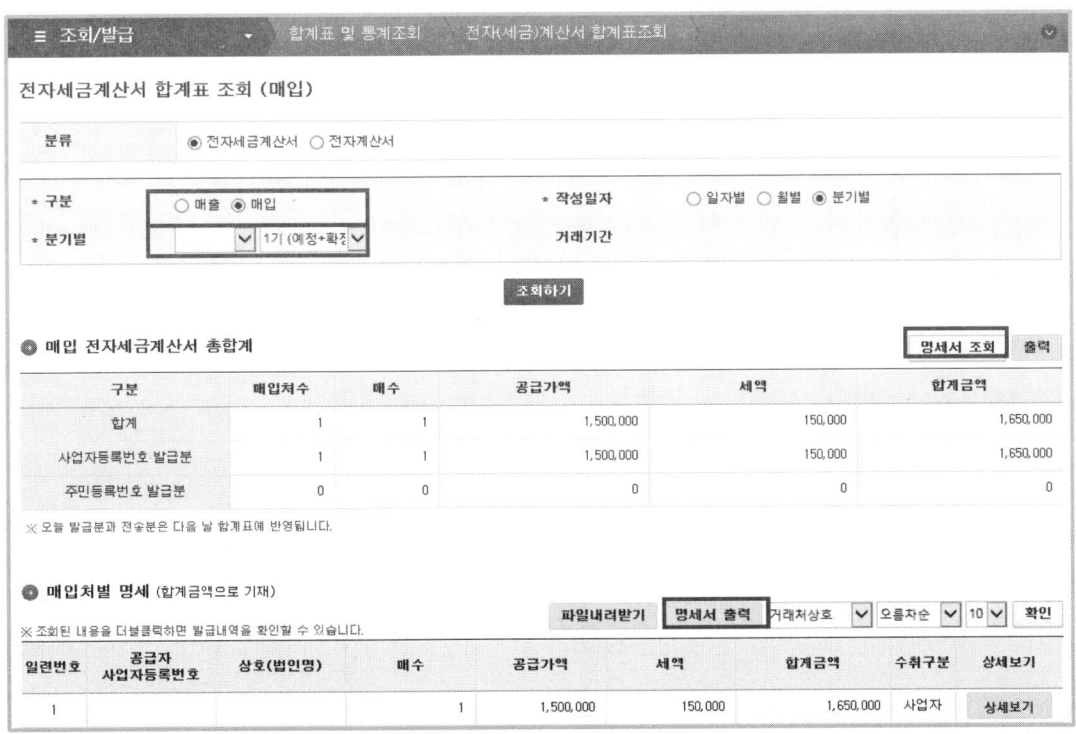

2 전자계산서 발급·교부내역확인

홈텍스에 저장되어 있는 전자계산서 발급내역 또는 교부내역을 조회한다. 먼저 [분류] 란에서 전자계산서를 선택하고 [구분]에서 매출 또는 매입을 선택한 다음 [작성일자]에서 분기별을 선택하고, [분기별]에서 조회하려고하는 기수를 클릭한 다음 [조회하기]를 클릭하고 [명세서조회]를 클릭해서 내역조회한 다음 [명세서출력]을 클릭하여 발급 또는 교부내역을 '매출처별계산서합계표' 또는 '매입처별계산서합계표' 내역으로 조회 및 인쇄한다.

Point 05 홈텍스에서 신용카드 매출과 매입내역 확인하기

부가가치세 과세기간의 신용카드 매출자료와 신용카드 매입자료를 조회할 수 있다.

1 신용카드 매출자료 조회

신용카드매출자료와 판매(결제)대행 매출자료를 조회할 수 있다. 수임납세자정보조회에서 사업자등록번호와 결제년도의 조회기간을 선택한 다음 [조회하기]를 클릭하여 조회할 수 있다.

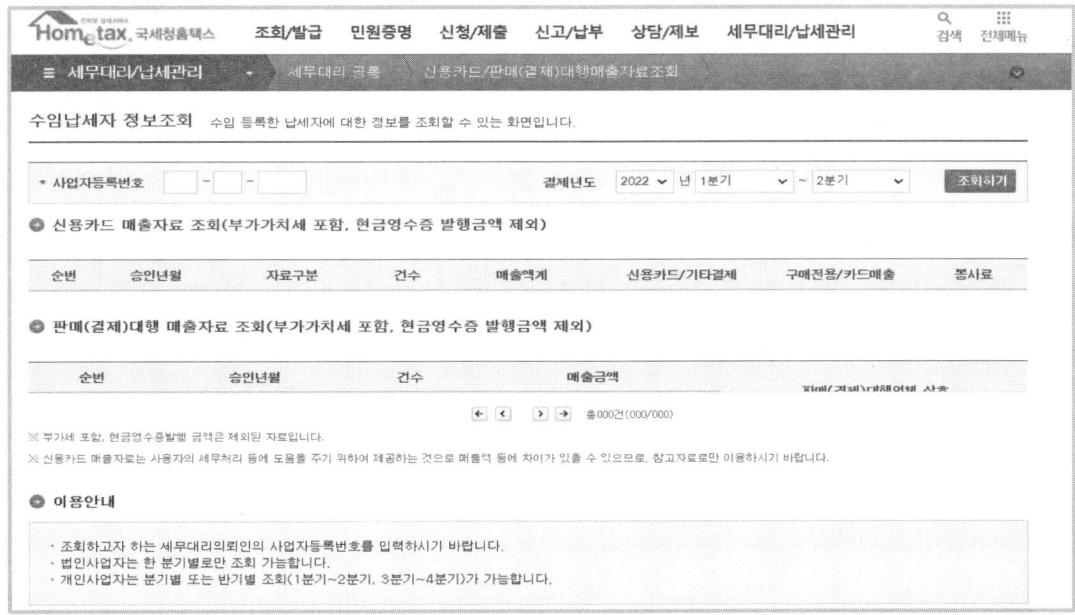

2 신용카드 매입자료 조회

사업용신용카드는 매입세액공제대상자료를 확인할 수 있어야 하며, [공제여부결정]에 표기된 공제자료를 검토해서 선택불공제된 업종을 검토하여 업무에 사용된 경우 '공제'로 변경하여 적용한다.

(1) 사업용신용카드 매입세액 공제 확인/변경

회사에서 사용한 사업용신용카드 내역을 조회할 수 있으며 [공제여부결정]의 구분을 변경하고자 하는 경우 해당 항목을 클릭하고 [변경하기]키를 클릭하여 공제여부를 수정할 수 있다.

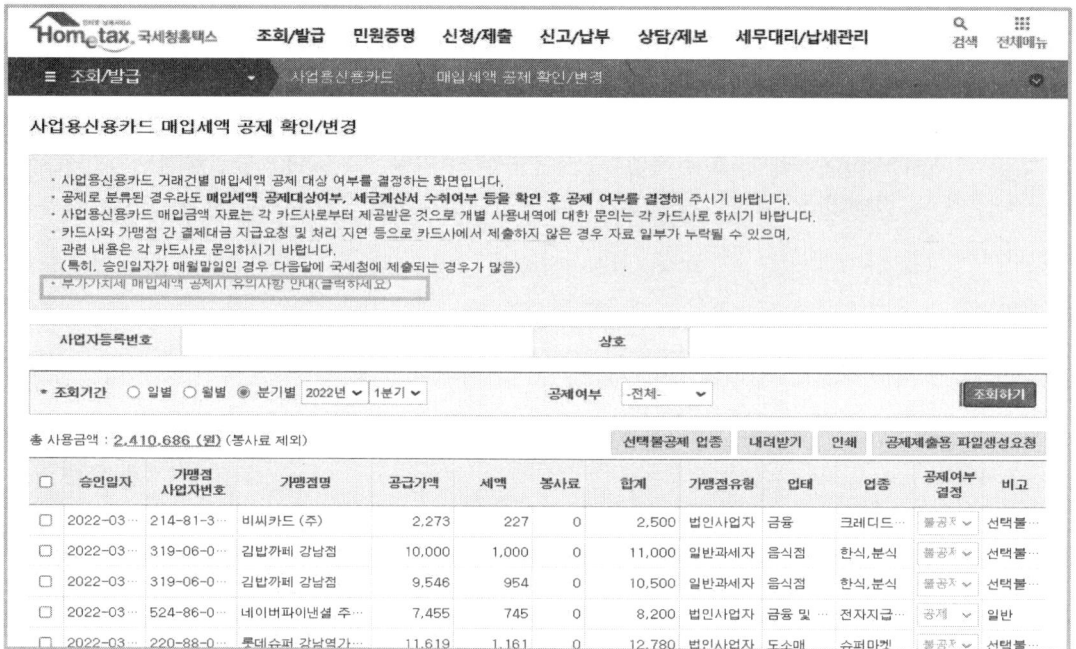

(2) 부가가치세 매입세액 공제시 유의사항

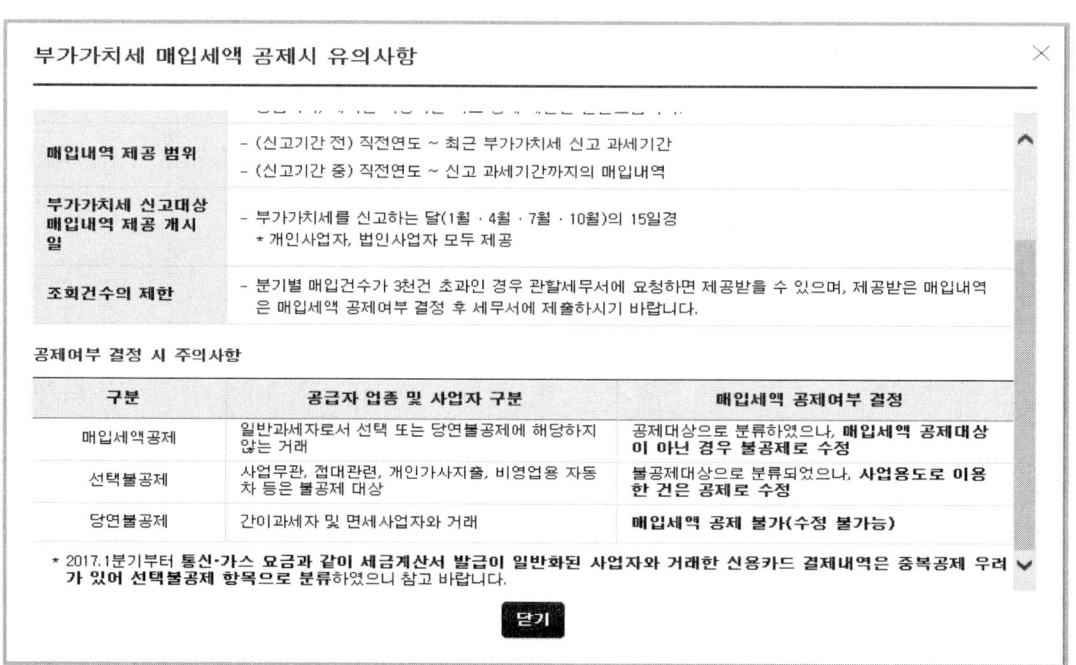

(3) 사업용신용카드 및 현금영수증 선택불공제 업종코드

[선택불공제 업종]을 클릭하면 '선택불공제'로 표시되는 신용카드매입내역에서 해당 사업장의 업종코드에 따라 불공제되는 분류사유를 조회할 수 있다.

사업용신용카드 및 현금영수증 선택불공제 업종코드

업종코드	종목명	분류사유
341001	자동차 제조업	비영업용 승용자동차의 구입 관련 등
341003	자동차용 엔진 제조업	비영업용 승용자동차의 구입 관련 등
341004	자동차 제조업	비영업용 승용자동차의 구입 관련 등
401000	발전업	세금계산서 발행 사업자
402001	연료용 가스 제조 및 배관공급업	세금계산서 발행 사업자
402002	가스 제조 및 배관공급업	세금계산서 발행 사업자
501101	자동차 신품 판매업	비영업용 승용자동차의 구입 관련 등
501103	중고 자동차 판매업	비영업용 승용자동차의 구입 관련 등
501201	자동차 신품 판매업	비영업용 승용자동차의 구입 관련 등
501202	중고 자동차 판매업	비영업용 승용자동차의 구입 관련 등
501301	자동차 신품 판매업	비영업용 승용자동차의 구입 관련 등
501302	자동차 신품 판매업	비영업용 승용자동차의 구입 관련 등
503001	자동차 신품 부품 및 내장품 판매업	비영업용 승용자동차의 구입 관련 등

홈텍스에서 현금영수증매출·매입내역 확인하기

부가가치세 과세기간의 현금영수증 매출자료와 현금영수증 매입자료를 조회할 수 있다.

1 현금영수증 매출자료 조회

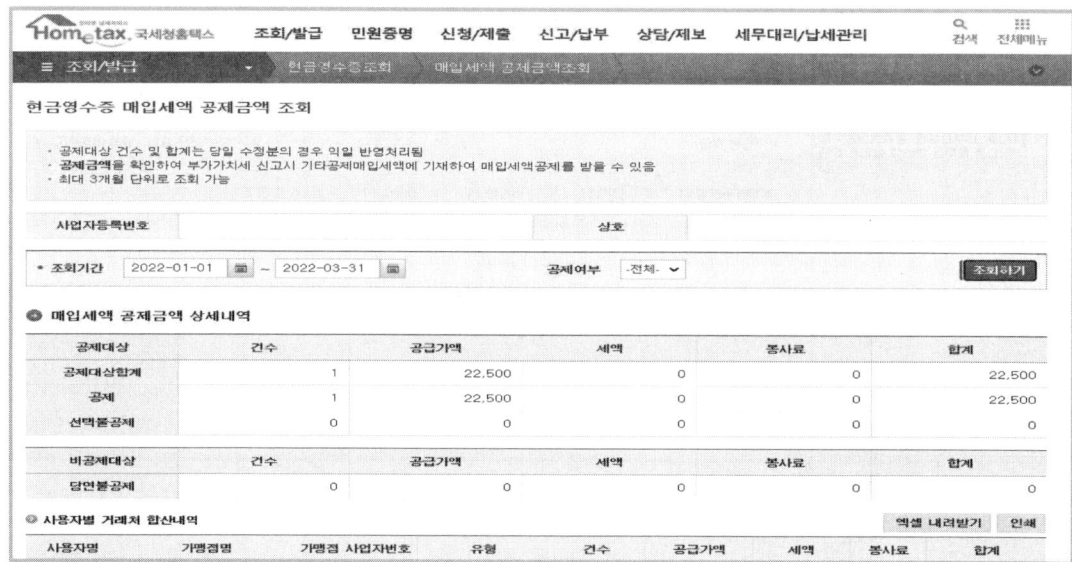

2 현금영수증 매입자료 조회

 # 홈텍스에서 영세율매출 내역확인하기

1. 수출실적명세서 조회

수출신고거래가 있는 기업의 관세청에 등록된 수출실적내역을 홈텍스에서 수집하여 조회할 수 있다. [파일생성]키로 엑셀로 다운받아 SmartA [수출실적명세서]에서 업로드할 수 있다.

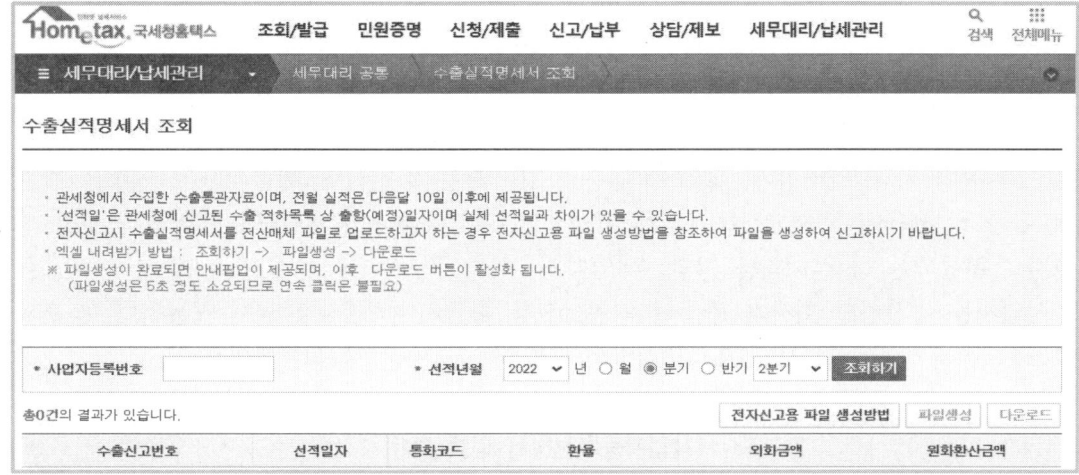

2. 내국신용장·구매확인서 전자발급명세서 목록 조회

내국신용장과 구매확인서에 의한 영세율자료를 홈텍스에서 수집하여 조회할 수 있다. [파일생성]키로 엑셀로 다운받아 SmartA [내국신용장·구매확인서전자발급]에서 업로드할 수 있다.

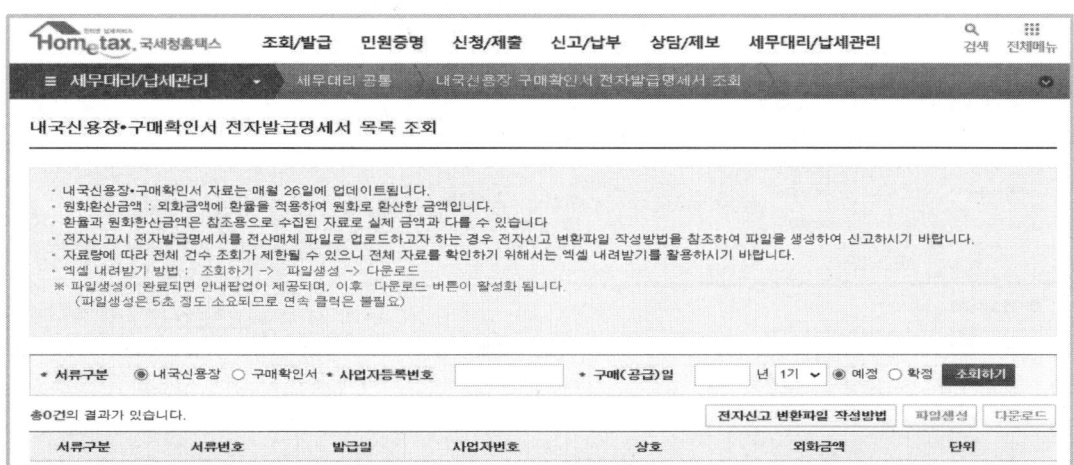

Point 08. 업종코드가 부가세신고에 미치는 영향

1. 업종코드

업종코드란 건설업, 제조업, 서비스업등 다양한 사업들을 국세청이 관리하기 위해 업종별로 부여한 코드를 의미한다. 국세청의 조세행정을 위한 분류로 한국표준산업분류코드에 대응되는 것이 업종코드이다. 업종코드는 주업종과 부업종으로 나누어지며 사업자등록을 할 때에는 주업종은 반듸 선택해야 하며, 사업목적이 무엇이든 간에 본인이 등록한 업종코드가 실제 영위 중인 종목으로 판단되므로 매우 중요한 항목이다.

회사나 기업은 소득이 발생하면 국가에 세금을 납부해야 하는데 주업종코드에 따라 경비율이 달라지며, 세액감면이나 세액공제, 기장의무, 세금계산서 교부의무, 장부비치의무 등도 업종에 따라 달라진다. 따라서 업종코드를 잘못 선택하면 세금계산이 영향을 받으며 부가가치세율이나 신고소득비율이 비정상적으로 나타나 과세당국으로부터 불성실 신고자로 분류되는 등 불이익을 당할 수 있다.

사업자등록 신청시 회사가 등록한 업종코드를 확인하여 [회사등록]시 적용하며, 등록된 코드는 '부가가치세신고서', '조정후수입금액명세서'등 관련 서식에 반영한다.

[사업자등록신청시 업종선택]

선택	업종구분	업종코드	업태명	업종명	산업분류코드	제출서류	수정
☐	주	503001	도매 및 소매업	자동차 신품 타이어 및 튜브…	(45211) 자동차 신품 타이어…	[확인하기]	수정
☐	부	251102	제조업	타이어 재생업	(22112) 타이어 재생업	[확인하기]	수정

2 회사등록

프로그램을 운용하여 작업할 기본회사를 등록하는 메뉴로 프로그램운영상 가장 먼저 등록되어야 한다. 【회사등록】에 등록된 사항은 프로그램 운용전반에 영향을 미치므로 정확히 입력해야 한다. 업종코드는 매출액이 가장 많은 주업종코드를 등록하며, 부가가치세 신고서의 [과세표준명세]에 자동반영한다.

실습예제

(주)나눔상사의 사업자등록증이다.

사업자등록증을 참고하여 회사코드 3000으로 등록하시오.
(회계기간 10기, 2022.01.01.~ 2022.12.31. 업종코드 503001)

사 업 자 등 록 증
(법인사업자)
등록번호 : 220-81-03217

상　　　　호 : (주)나눔상사
대　　표　　자 : 서승희
개 업 년 월 일 : 2013년 3월 2일
법 인 등 록 번 호 : 110111-1020314
사업장 소재지 : 서울특별시 강남구 강남대로 252
　　　　　　　　(도곡동)

사 업 의 종 류 : 업태 도소매업외 종목 타이어외

교 부 사 유 : 정정교부

사업자단위과세 적용사업자여부 : 여(　) 부(√)
전자세금계산서 전용 메일주소 : nanum@bill36524.com

2022년 1월 2일

역삼 세무서장

프로세스입력

재무회계 > 기초정보관리 > 회사등록

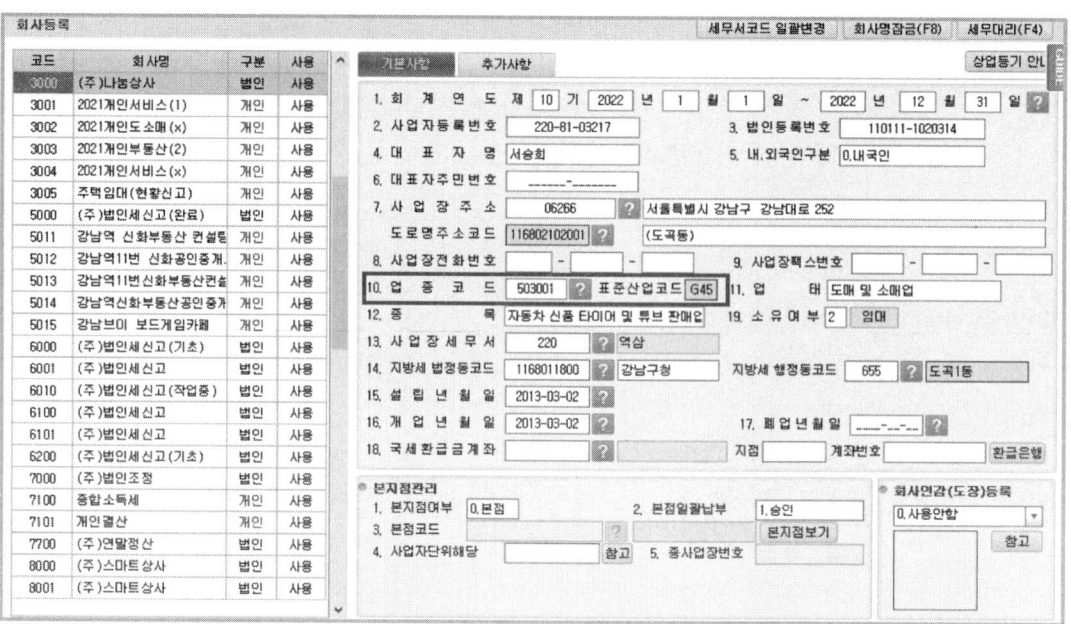

→ 부가가치세과세표준명세의 업종코드 반영

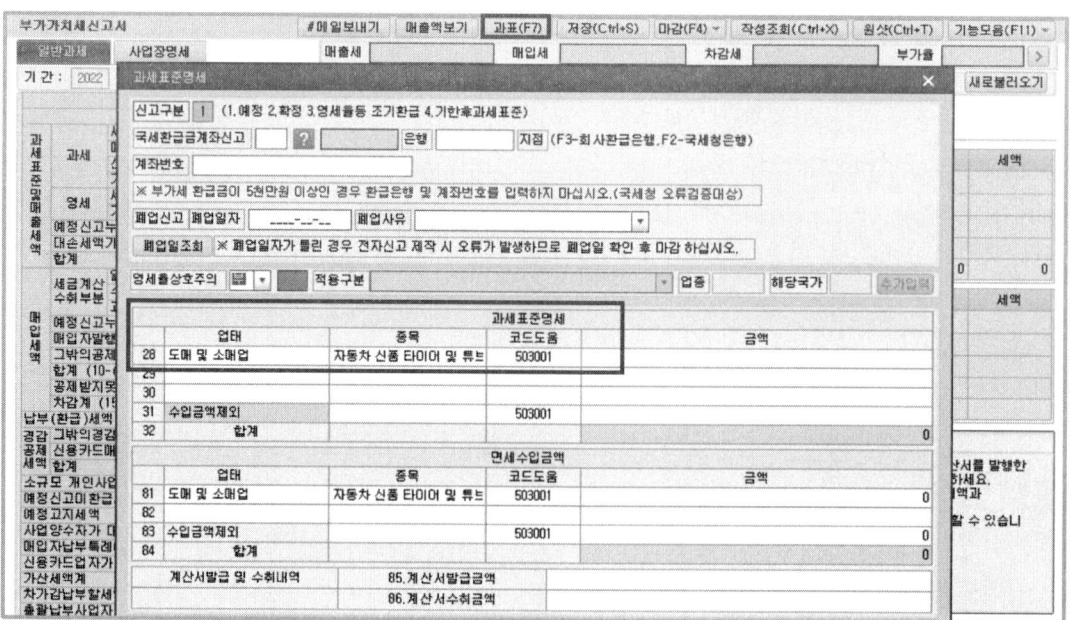

 업종에 맞는 매출·매입 계정과목설정하기

1 환경설정

자동전표처리시 반영할 매출·매입 관련 기본계정과목을 업종별로 설정한다.

업 종	매출계정과목	매입계정과목
도소매업	상품매출	상품
제조업	제품매출	원재료
건설업	공사수입금	원재료(도급), 원재료(분양)
음식업	음식매출	음식재료

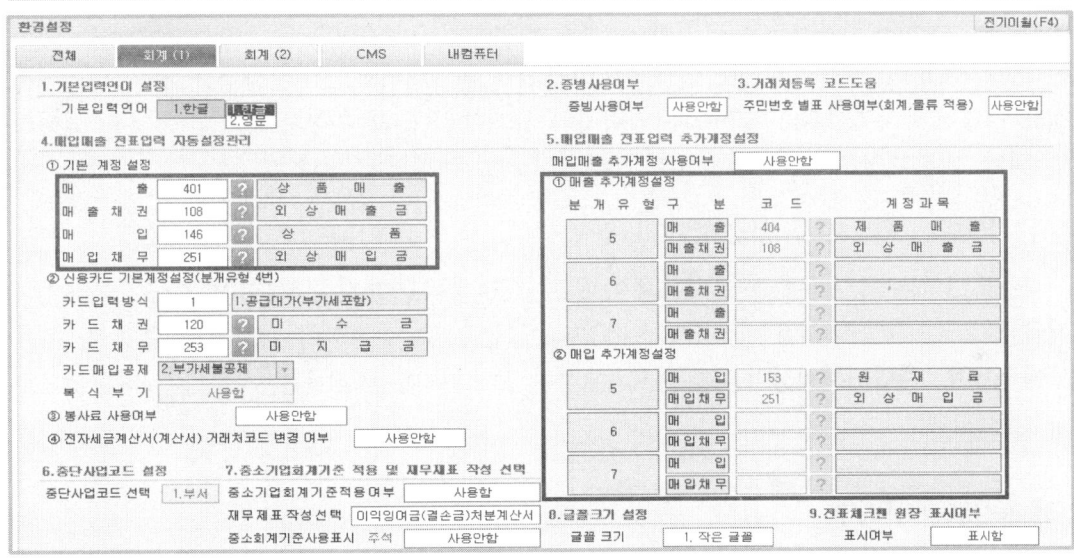

(1) 기본입력언어 설정

모든 회계메뉴에서 입력시 기본적으로 적용될 언어를 설정하며, 기본값은 "1.한글"로 설정되어 있다.

(2) 매입매출전표입력 자동설정관리

1) 기본계정설정

① 구분 : 매출, 매입

매입매출전표 입력시 자동분개되는 매출, 매입계정코드이며 기본값이 "401(상품매출)",

"146(상품)" 또는 "40100(상품매출)", "14600(상품)"으로 설정되어 있으므로 주 매입계정이 상품 또는 주 매출계정이 상품매출(40100)이 아닌 경우는 사용자가 해당코드로 수정·입력한다.

② 구분 : 매출채권, 매입채무

매입매출전표 입력시 자동분개되는 매출채권, 매입채무 코드이며 기본값이 "108(외상매출금)", "251(외상매입금)" 또는 "10800(외상매출금)", "25100(외상매입금)"으로 설정되어 있으므로 주 매출채권계정이 외상매출금, 주 매입채무계정이 외상매입금이 아닌 경우는 사용자가 해당코드로 수정·입력한다.

2) 신용카드 기본계정설정

① 카드입력방식

"1.공급대가(부가세포함)"로 설정된 경우 매입매출전표에서 유형 17.카과, 57.카과 입력시 공급가액란에 부가세를 포함한 금액을 입력하면 그 입력한 금액에서 부가세를 제외한 금액(100/110)이 자동 산출된다. "2.공급가액(부가세제외)"으로 설정된 경우 매입매출전표에서 유형 17.카과, 57.카과 입력시 공급가액란에 부가세를 제외한 금액을 입력하면 되며, 기본계정은 "1.공급대가(부가세포함)"으로 설정되어 있다.

② 카드채권, 카드채무 매입매출전표 입력방식

자동분개되는 카드매출채권, 카드매입채무 코드이며, 기본값이 "(120)미수금", "(253)미지급금" 또는 "(12000)미수금", "(25300)미지급금"으로 설정되어 있으므로 주채권, 주카드매출채권, 매입채무계정이 기본으로 설정된 코드가 아닌 경우는 사용자가 해당코드로 수정입력한다.

3) 봉사료 사용여부

"2.부"으로 설정하면 매입매출전표입력메뉴의 카드 관련 매출 거래에서 봉사료(구분기재분)을 사용할 수 없고, "1.여"는 사용할 수 있다. "여"로 설정시 매입매출전표입력의 카드 관련 매출전표에서 구분 기재한 봉사료는 "부가가치세1-신용카드매출전표발행집계표"에 반영된다.

4) 매입매출 전표입력 추가계정설정

사용여부 : "1.여"로 설정된 경우 매입·매출계정에서 세가지 과목을 추가 설정할 수 있으며, 매입매출전표 입력시 자동분개되는 매입, 매출계정을 추가 설정된 계정코드로 사용할 수 있다.

PART 02

부가가치세 대상자료 정리

Point 10. 세금계산서를 발행하는 방법 2가지

1. 세금계산서

(1) 전자세금계산서
부가가치세법 시행령 제68조 제5항에서 정한 전자적 방법으로 발급하는 세금계산서를 말한다.

(2) 전자계산서
부가가치세 면세거래에 대하여 발급하는 계산서를 종이 발급 대신 법령에 규정된 전자적 방법으로 발급하는 계산서를 말한다.

(3) 전자세금계산서의 발급과 전송
전자세금계산서란 인증시스템을 거쳐 인터넷에 의하여 세금계산서의 기재사항을 전송하고 이를 전자적 형태로 보관하는 것을 말한다.

구 분	내 용
발급대상	• 법인 • 직전년도 사업장별 공급가액 합계액이 2억원 이상인 개인사업자
발급기한	거래시기가 속하는 달의 다음달 10일까지 발급
전송기한	발급일(전자서명일)의 다음날까지 국세청에 전송

(4) 전자세금계산서와 종이세금계산서

구 분	전자세금계산서	종이세금계산서
발급의무자	• 법인사업자 • 직전연도 공급가액(과·면세) 합계 2억원 이상 개인사업자	공급가액(과·면세) 2억원 미만 개인사업자
발급시기	• 부가가치세법 제15~17조(공급시기)에 발급 • 월합계 세금계산서 등 특례의 경우 익월 10일까지 발급	좌동
발급및보관형태	• 전자적 방법으로 발급 • 보관의무 없음	종이로 발급 종이로 보관
발급방법	• 국세청 홈택스를 이용하여 발급 • 발급대행시스템(ERP, ASP)을 이용하여 발급	수동
수신방법	이메일(E-mail) 등으로 수신	직접 또는 우편수신

구 분	전자세금계산서	종이세금계산서
전송의무	발급일 다음날까지 전송	신고시 합계표 제출
혜택	합계표 개별 명세 작성의무 면제	-
불이익	미(지연)발급 : 공급가액의 2%(1%) 미(지연)전송 : 공급가액의 0.5%(0.3%)	좌동
서명	공인인증서 또는 보안카드로 전자서명	실제인감 (필수요건 아님)

※ 출처 : 국세청 홈텍스

(5) 전자세금계산서 관련 가산세

구분	가산세 항목	부과사유	가산세율 발급자	가산세율 수취자
발급	미발급가산세	전자세금계산서를 발급하지 않은 경우	2.0%	매입세액 불공제
발급	지연발급(수취) 가산세	당월 발급세금계산서를 다음 달 10일 이후에 발급하는 경우	1.0%	0.5%
발급	종이발급가산세	발급시기에 전자세금계산서외의 세금계산서 발급	1.0%	해당없음
전송	미전송가산세	공급시기가 속하는 과세기간말의 다음달 11일까지 전자세금계산서발급현황을 전송하지 않은 경우	0.5%	해당없음
전송	지연전송가산세	발급일이 속하는 달의 다음달 11일이 경과한 후 공급시기가 속하는 과세기간말의 다음달 11일까지 전송하는 경우	0.3%	해당없음

2 홈텍스에서 전자세금계산서 발급

전자(세금)계산서 발급을 위해 공인인증서를 발급받아 홈텍스로 로그인한 다음, 조회/발급 코너의 전자세금계산서 일반(사업자) 메뉴에서 건별 또는 일괄로 전자세금계산서를 발급과 전송한다. 홈텍스에서 발급하는 경우 발급 즉시 자동으로 매입자에게 이메일발송 및 국세청에 전송되므로 별도의 전송절차가 없다.

3 더존 SmartA에서 세금계산서 발급

(1) 과세 매출거래 전자세금계산서 발급 및 전송

일반과세사업자가 재화나 용역을 공급하고 세금계산서를 발급하면서 부가가치세액을 징수하는 경우 11.과세매출을 입력하며, 입력된 정보는 세금계산서합계표, 매입매출장, 부가가치세신고서 등에 반영되고 회계정보는 제 장부 및 재무제표에 반영된다.

전자세금계산서발급 메뉴에서 발행한 자료는 전자세금 란에 '전자발행'으로 표시되고, 전자세금계산서 발급절차없이 타기관을 통해서 발급된 전자세금계산서는 [전자세금]란에 '전자입력'을 선택하여 입력하면 세금계산서합계표에 '전자세금계산서'란으로 자동 집계된다.

전자세금계산서발급 프로세스

실습예제

다음의 거래를 회계처리하고 bill36524사이트를 통하여 전자세금계산서를 발급하며 부가가치세신고서와 부속서류를 작성하시오.

❶ 4월 1일 강남상사에 상품을 판매하다.

거 래 명 세 서
(공급자 보관용)

공급받는자	등록번호	113-38-79354			공급자	등록번호	220-81-03217		
	상호(법인명)	강남상사	성명	이희경		상호(법인명)	(주)나눔상사	성명	서승희
	사업장주소	서울시 구로구 도림로 72				사업장주소	서울시 강남구 강남대로 252		
	업태	도,소매	종목	타이어류		업태	도소매업외	종목	타이어외
	E-Mail	kangnam@bill36524.com				E-Mail	nanum@bill36524.com		

거래일자	공급가액	세액	비고	합계금액(VAT 포함)
2022-4-1	₩ 15,000,000	₩ 1,500,000		₩ 16,500,000

년	월	일	품목	규격	수량	단가	금액
2022	4	1	타이어		50	₩ 300,000	₩ 15,000,000
			계				₩15,000,000
특기사항							

프로세스입력

재무회계 > 전표관리 > 매입매출전표입력

❶ 매입매출전표입력 4월 1일

거래유형	품명	공급가액	부가세	거래처	전자세금
11.과세	타이어	15,000,000원	1,500,000원	00101.강남상사	
분개유형	(차) 외상매출금	16,500,000원	(대) 상품매출		15,000,000원
2.외상			부가세예수금		1,500,000원

☞ 거래처코드 입력시 신규거래처이므로 거래처코드란에서 '+' 또는 '00000'를 입력하면 표시되는 보조화면에서 거래처명, 사업자번호등 정보를 입력하고 등록한다.

❷ 수기세금계산서 발급

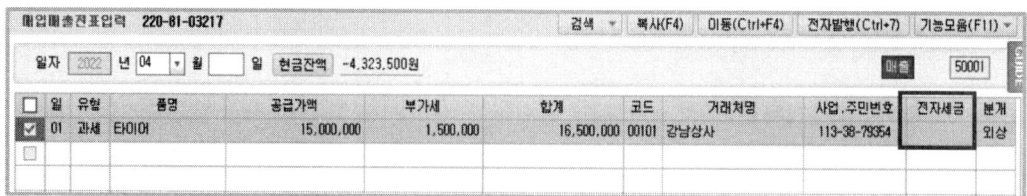

과세매출거래를 입력하되, [전자세금]란을 빈칸으로 둔 다음 [기능모음]에서 '세금계산서인쇄' 키를 이용하여 수기세금계산서를 발급한다.

(별지 제11호 서식)

세금계산서 (공급자 보관용)

책번호	권	호
일련번호	-	

공급자
- 등록번호: 220-81-03217
- 상호(법인명): (주)나눔상사 / 성명: 서승희
- 사업장주소: 서울특별시 강남구 강남대로252 (도곡동)
- 업태: 도매 및 소매업 / 종목: 자동차신품타이어및튜브 판매업

공급받는자
- 등록번호: 113-38-79354
- 상호(법인명): 강남상사 / 성명: 이희경
- 사업장주소: 서울특별시 구로구 도림로72 (구로동)
- 업태: 도소매 / 종목: 타이어류

작성			공급가액	세액	비고
년	월	일	공란수 백십억천백십만천백십일	십억천백십만천백십일	
2022	04	01	3 15 0 0 0 0 0 0	1 5 0 0 0 0 0	

월	일	품목	규격	수량	단가	공급가액	세액	비고
04	01	타이어				15,000,000	1,500,000	

합계금액	현금	수표	어음	외상미수금	이 금액을 (청구) 함.
16,500,000				16,500,000	

(별지 제11호 서식)

세금계산서 (공급받는자 보관용)

책번호	권	호
일련번호	-	

공급자
- 등록번호: 220-81-03217
- 상호(법인명): (주)나눔상사 / 성명: 서승희
- 사업장주소: 서울특별시 강남구 강남대로252 (도곡동)
- 업태: 도매 및 소매업 / 종목: 자동차신품타이어및튜브 판매업

공급받는자
- 등록번호: 113-38-79354
- 상호(법인명): 강남상사 / 성명: 이희경
- 사업장주소: 서울특별시 구로구 도림로72 (구로동)
- 업태: 도소매 / 종목: 타이어류

작성			공급가액	세액	비고
년	월	일	공란수 백십억천백십만천백십일	십억천백십만천백십일	
2022	04	01	3 15 0 0 0 0 0 0	1 5 0 0 0 0 0	

월	일	품목	규격	수량	단가	공급가액	세액	비고
04	01	타이어				15,000,000	1,500,000	

합계금액	현금	수표	어음	외상미수금	이 금액을 (청구) 함.
16,500,000				16,500,000	

3) 전자세금계산서 발급

전자세금계산서를 Bill36524사이트를 통해 직접 발급하면 [전자세금]란에 '전자발행'이 표시되고, 발급 절차 없이 타 기관(국세청 e세로사이트 등)을 통해서 발급된 전자세금계산서는 [전자세금]란에 '전자입력'을 선택하여 입력하면 세금계산서합계표 에 '전자세금계산서'란으로 자동 집계된다.

전자세금계산서를 발급하려면 먼저 매입매출전표입력 메뉴에 11.과세매출 또는 12.영세매출을 선택하여 [전자세금]란을 빈칸으로 하고 해당내역을 입력한 다음 전자세금계산서 발급 메뉴에서 '전자발행' 및 '전송'을 하면 매입매출전표입력메뉴의 [전자세금]란에 '전자발행'으로 자동표기 된다.

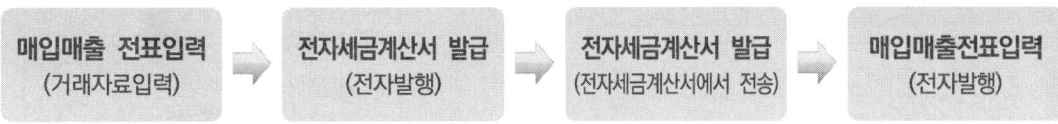

① 발급대상 자료선택

매입매출전표입력 에서 거래자료 입력 후 [전자발행]키를 클릭하거나 전자세금계산서발급의 [매출]Tab에서 대상 자료를 체크하고 [전자발행]을 클릭하여 표시되는 선택화면에서 [전자발행]을 클릭한다.

② 전자세금계산서 발행

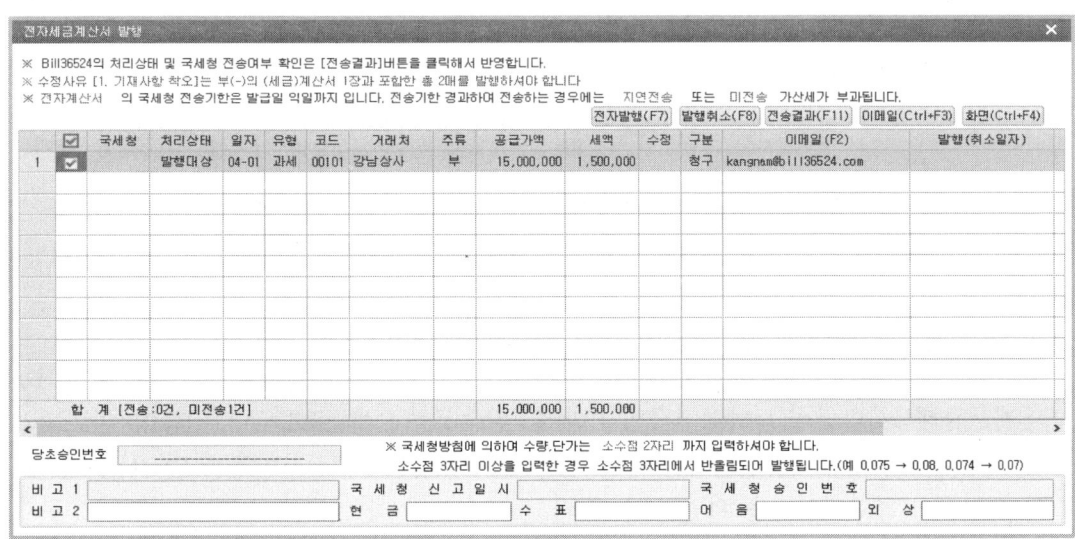

③ 공인인증확인

전자세금계산서 발급 시 공인인증기관인 Bill36524사이트에서 회원가입한 아이디와 비밀번호를 입력하고 [확인]키를 클릭하면 발행화면으로 이동한다.

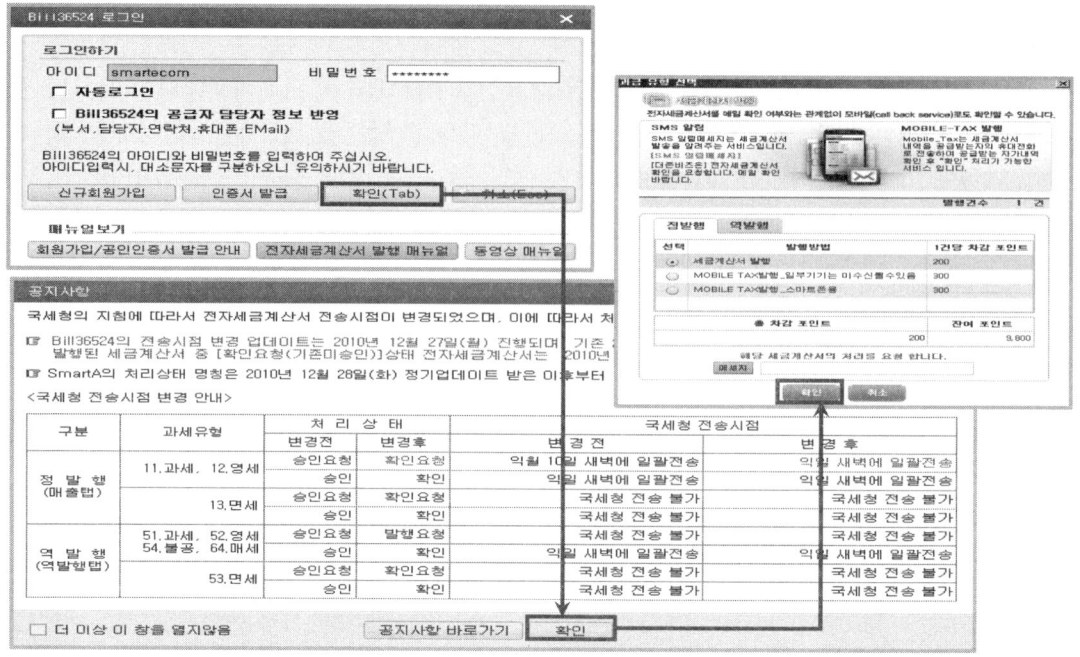

④ 발행 : 화면 하단의 [발행]키를 클릭하면 발행이 완료된다.

[발행]키를 클릭하면 [전자세금계산서 발행]화면의 해당 자료가 '국세청'란에 '발행대상'으로 표기된다.

⑤ 전송

전자세금계산서발급 메뉴에서 [국세청]란에 '발행대상'으로 표기된 자료를 클릭하여 선택한 다음 [전송결과]를 클릭하면 전송이 완료된다.

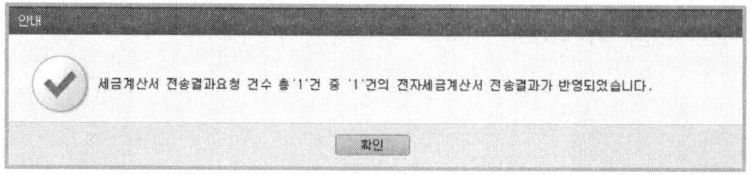

⑥ 전자세금계산서 발급 결과확인

전자세금계산서발급 메뉴에서 [국세청]란에 '전송성공'으로 표기되어 전송이 완료되었음을 확인하거나 매입매출전표입력 메뉴에서 [전자세금]란에 "전자발행'으로 자동으로 표기되어 전송이 완료되었음을 확인할 수 있다.

※ 본 서에서는 직접 전자세금계산서를 발행하지 않고 '1.전자입력'으로 입력하기로 한다.

3 세금계산서합계표 조회

> 부가가치세 > 주요신고서류 > 세금계산서합계표

11.과세매출로 입력된 자료는 [세금계산서합계표]에 '매출세금계산서'에 표시되며 '전자발행' 또는 '전자입력'으로 입력된 자료는 '전자'란에 자동반영된다.

4 부가가치세신고서 조회

> 부가가치세 > 주요신고서류 > 부가가치세신고서

11.과세매출로 입력된 자료는 [1란] 과세/세금계산서발급분에 반영되며, '금액'에 세율을 곱해서 '세액'이 계산되어 표시되므로 '부가세예수금'계정으로 입력된 금액과 단수차이가 발생할 수 있다.

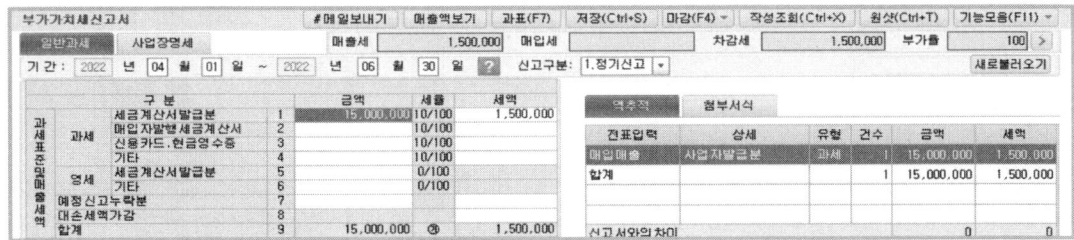

잘못 발행된 세금계산서는 어떻게 수정할까?

세금계산서 또는 전자세금계산서를 발급한 후 그 기재사항에 착오 또는 정정등의 사유가 발생한 경우에는 수정한 세금계산서 또는 수정한 전자세금계산서를 발급할 수 있다.

또한 '수정전자세금계산서'는 공급일이 속하는 과세기간의 확정신고 기한까지 발급해야 하며, 필요적기재사항의 잘못으로 수정세금계산서를 발급하는 경우 확정신고기한 다음날부터 1년까지 수정발급할 수 있다(2022년 2월 15일 이후 발급분부터 적용).

1. 수정전자세금계산서 발급사유 및 방법

구 분			작성·발급방법			발급기한
			방 법	작성연월	비고란	
당초 작성 일자	기재사항 등이 잘못 적힌 경우	착오	당초발급 건 음(-)의 세금계산서 1장과 정확한 세금계산서 1장 발급	당초 세금계산서 작성일자		착오사실을 인식한 날
		착오외				확정신고 기한까지 발급
	세율을 착오로 잘못 작성한 경우					착오사실을 인식한 날
	착오에 의한 이중발급		당초발급 건 음(-)의 세금계산서 1장 발급			착오사실을 인식한 날
	면세 등 발급 대상이 아닌 거래					착오사실을 인식한 날
	내국신용장 등 사후발급		음(-)의 세금계산서 1장과 영세율 세금계산서 1장 발급		내국신용장 개설일	내국신용장 개설일 다음달 10일까지 발급 (과세기간 종료 후 25일 이내에 개설된 경우 25일까지 발급)
새로운 작성일자 생성	공급가액 변동		증감되는 분에 대하여 정(+) 또는 음(-)의 세금계산서 1장 발급	변동사유 발생일	처음 세금계산서 작성일	변동사유 발생일 다음달 10일까지 발급
	계약의 해제		음(-)의 세금계산서 1장 발급	계약해제일	처음 세금계산서 작성일	계약해제일 다음달 10일까지 발급
	환입		환입 금액분에 대하여 음(-)의 세금계산서 1장 발급	환입된 날	처음 세금계산서 작성일	환입된 날 다음달 10일까지 발급

※ 출처 : 국세청 홈텍스

2. 수정세금계산서 발급에 따른 부가가치세 수정신고 대상여부

구 분	사 유	부가가치세 수정신고 대상 여부		
		작성연월	대 상	사 유
당초 작성일자	신고기한 내 수정사유 발생	당초 작성일자	대상 아님	신고기한 내 당초 및 수정세금계산서가 발급된 경우 합산신고
	신고기한 경과 후 수정사유 발생	당초 작성일자	대상	신고기한 경과 후 수정세금계산서 발급한 경우 합산 신고 불가로 수정신고 대상임
새로운 작성일자 생성	공급가액 변동	변동사유 발생일	대상 아님	환입 등 수정사유가 발생한 시기가 공급시기이므로 사유 발생한 과세기간에 신고대상임
	계약의 해제	계약해제일		
	환입	환입된 날		

※ 출처 : 국세청 홈텍스

3 수정전자세금계산서 발급

수정전자세금계산서와 관련된 수정분개를 매입매출전표에 입력하고, 수정사유에 따른 수정전자세금계산서를 발급한다.

(1) 수정사유 : 기재사항 착오정정

필요적 기재사항 등이 잘못 기재된 다음의 경우 부(-)의 세금계산서 1장과 추가하여 정확한 세금계산서 1장을 발급한다.
 ① 포괄적인 사업양수도에 대하여 세금계산서를 발급한 경우
 ② 공급시기에 세금계산서를 작성하였으나 작성연월일을 착오로 기재한 경우
 ③ 공급가액을 착오로 기재한 경우
 ④ 내국신용장에 의하여 영세율세금계산서를 발급하였으나 내국신용장이 무효 또는 취소된 경우
 ⑤ 과세표준에 포함되지 않은 대가를 과세표준에 산입한 경우
 ⑥ 면세사업인데 착오로 과세사업으로 세금계산서를 발급한 경우
 ⑦ 공급시기도래 전에 계약금등에 대해 세금계산서 발급하였으나 그 후 계약이 취소된 경우 또는 중간지급조건부 거래에 대해 계약금, 중도금에 대해 세금계산서 발급하였으나 그 계약이행이 불가하거나 취소된 경우

> * 수정세금계산서를 발급하지 못하는 경우
> ① 수정세금계산서 발급 사유가 발생한 때에 공급받는 자 또는 공급자가 폐업한 경우에는 수정세금계산서를 발급할 수 없다. 이 경우 이미 공제받은 매입세액 또는 납부한 매출세액에서 차가감하여야 한다.(부가가치세법 집행기준 16-59-2)
> ② 본점에 세금계산서를 발급한 후 지점을 공급받는 자로 수정하여 수정세금계산서를 발급할 수 없다. 이는 공급받는 자의 수정을 기재사항 착오로 볼 수 없으므로 수정세금계산서를 발급할 수 없다. (부가가치세법 제70조)

실습예제

4월 1일 강남상사에 발급된 전자세금계산서의 작성일자는 계약조건에 따라 4월10일자 발급되어야 하는 건으로 거래처의 요청에 의하여 수정전자세금계산서를 발급하기로 하다.

프로세스입력

재무회계 > 전표관리 > 매입매출전표입력

❶ [매입매출전표입력] → [4월 1일] 전표 선택 → [기능모음][수정세금계산서]클릭

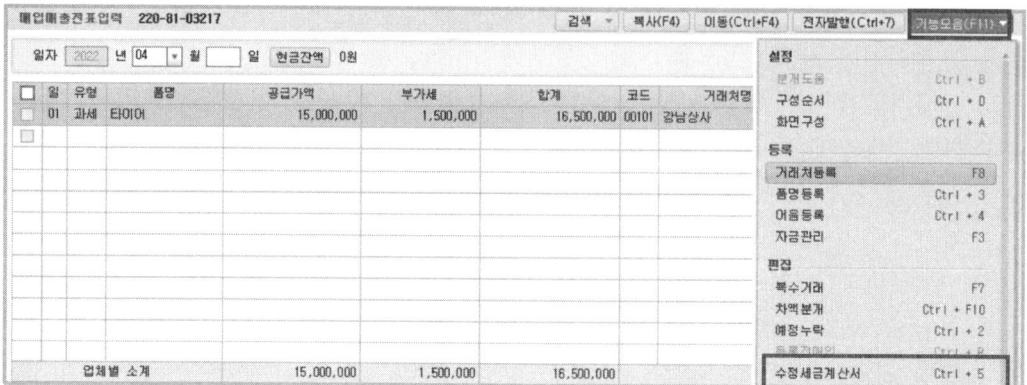

❷ [수정사유] 화면에서 다음사항을 입력
→ [확인 (Tab)] 클릭

- 수정사유 : 1. 기재사항 착오·정정
- 비고 : 기재사항착오항목 – 2.작성년월일 선택

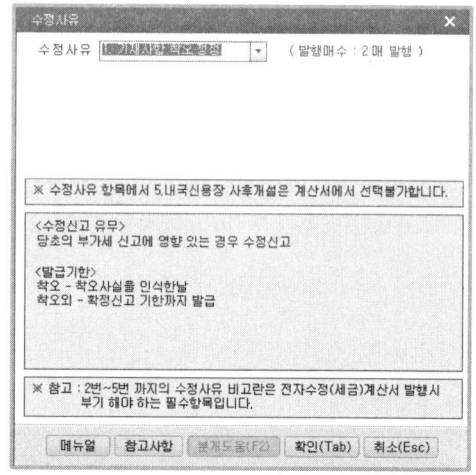

❸ [수정세금계산서(매출)] 화면이 나타난다.

수정 분 [수량 ▲50], [단가 300,000][공급가액 ▲15,000,000원], [세액 ▲1,500,000원] 자동반영 수정 분 [작성일자 4월 10일], [수량 50], [단가 300,000], [공급가액 15,000,000원], [세액 1,500,000원] 입력 → [확인 (Tab)] 클릭

❹ [매입매출전표입력] 화면에 수정분이 입력된다.

❺ 전자세금계산서발급 메뉴에서 2건을 발급 및 전송한다.

(2) 수정사유 : 내국신용장 사후개설

재화 또는 용역을 공급한 후 공급시기가 속하는 과세기간 종료 후 20일 이내에 내국신용장이 개설되었거나 구매확인서가 발급된 경우 내국신용장 등이 개설된 때에 그 작성일자는 당초 세금계산서 작성일자를 기재하고 비고란에 내국신용장 개설일 등을 부기하여 영세율 적용분은 세금계산서를 작성하여 발급하고, 추가하여 당초에 발급한 세금계산서의 내용대로 세금계산서를 부(-)의 표시로 작성하고 발급한다.

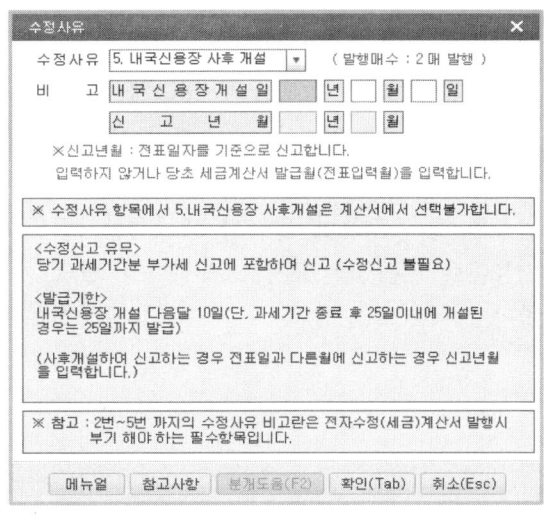

(3) 수정사유 : 환입

당초 공급한 재화가 환입된 경우 재화가 환입된 날을 작성일자로 기재하고 비고란에 당초 세금계산서 작성일자를 부기한 후 부(-)의 표시를 하여 발급한다.

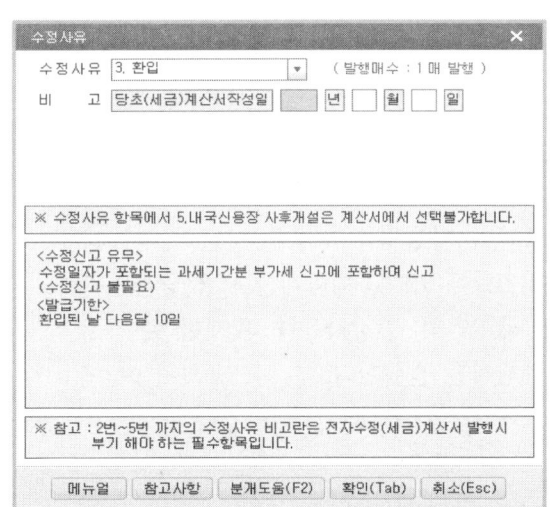

(4) 수정사유 : 계약의 해제

계약의 해제로 재화 또는 용역이 공급되지 아니한 경우 계약이 해제된 때에 그 작성일은 계약해제일로 적고 비고란에 처음 세금계산서 작성일자를 부기한 후 부(-)의 표시를 하여 작성하고 발급한다.

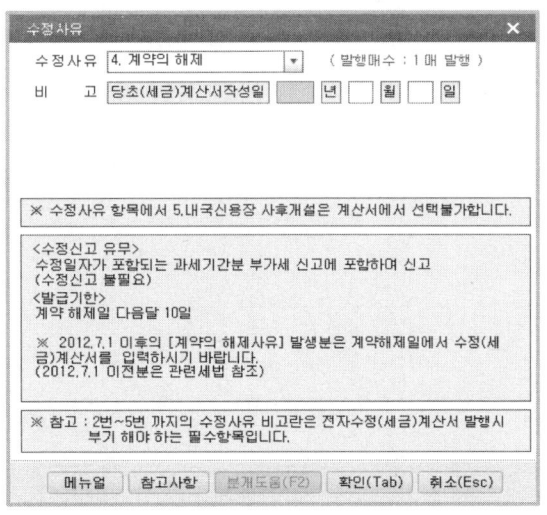

(5) 수정사유 : 이중발급

동일건에 대하여 착오로 세금계산서를 이중으로 발급하였거나, 공급자가 발급하였으나 매입자도 역 발급하여 이중으로 전송된 경우 당초에 발급한 세금계산서의 내용대로 부(-)의 표시로 작성하고 발급한다.

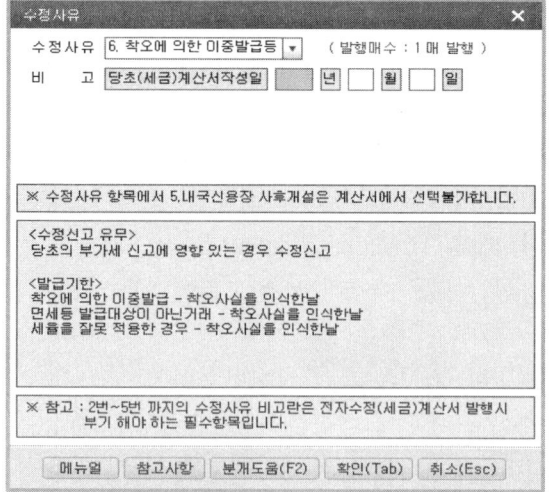

(6) 수정사유 : 공급가액 변동

공급가액 변동이란 판매실적에 따라 단가가 변동되거나, 잠정가액으로 공급한 다음 공급가액이 확정되는 경우, 공급계약 후 당사자 간의 합의에 의하여 가격의 증감이 발생되는 경우를 말한다. 이 경우 비고란에 당초 세금계산서의 발급일자와 공급가액의 증감사유를 기재한 수정세금계산서를 발급한다.

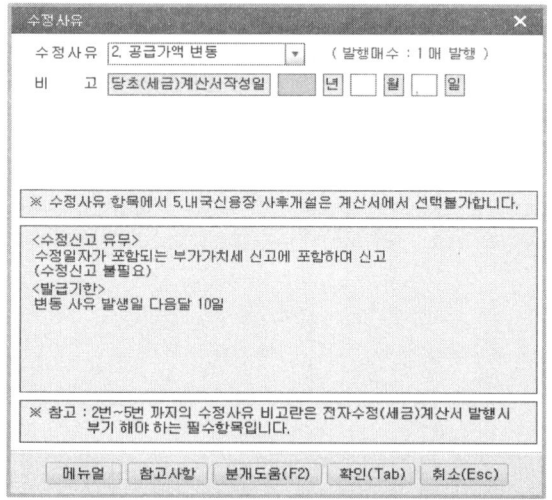

Point 12 위탁판매처에서 세금계산서를 대신 발행할 수 있을까?

전자세금계산서의 발급은 공급자(매출자)가 원칙적으로 발급하는 것이나 매출자의 세무 지식 부족으로 정확한 전자세금계산서 발급이 어려운 경우 또는 대기업 등의 매입자료 일원화를 목적으로 서로 협의에 의하여 공급받는 자(매입자)가 발급하는 전자세금계산서를 말한다.

1 전자세금계산서의 정발행과 역발행

정발행이란 매출자가 전자세금계산서 기재사항 및 매출자의 공인인증서에 의해 전자서명을 하고 매입자에게 발급하는 형태를 말하며, 역발행이란 매입자가 전자세금계산서 기재사항을 작성하여 매출자에게 보내주고, 매출자는 전자세금계산서 기재사항을 확인하여 매출자의 공인인증서에 의해 전자서명을 하고 매입자에게 교부하는 형태를 말한다.

구분	기재사항작성자	전자서명자	전자세금계산서 발급자
정발행	매출자	매출자	매출자
역발행	매입자	매출자	매출자

2 역발행 전자세금계산서의 처리

매입매출전표입력에 입력된 매입자료를 조회하여 전자세금계산서발급에서 발급하며, 이는 매입매출전표입력메뉴에 "역발행"으로 표기된다. 전자세금계산서에서 데이터를 불러올 때 매입매출전표입력의 51.과세 52.영세 53.면세 54.불공만 조회가 된다. 역발행시 전자세금계산서 및 내역관리에서 [처리상태]가 [발행요청]으로 표기되며, 매출자가 승인하여야만 국세청으로 전송 할 수 있으며 [확인]으로 변경된다.

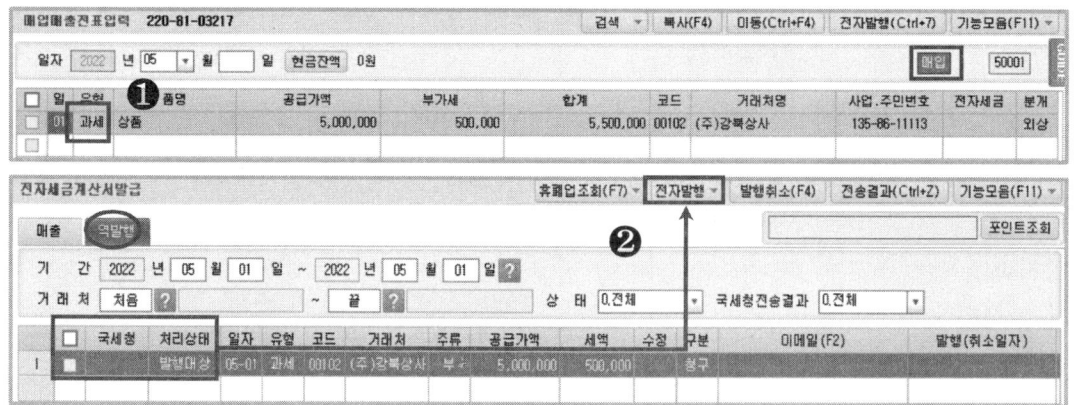

① 공급받는자가 과세매입(유형 : 51.과세 등)을 입력한다.
② 전자세금계산서발행 및 내역관리에서 [역발행]툴바를 클릭하여 기간을 입력하여 전표를 조회한 다음 전자발행을 통하여 전자세금계산서를 발급한다.
③ 역발행은 공급자의 확인이 되어야 발급되므로 전자세금계산서발행 및 내역관리 화면에 [발행요청]으로 표기된다.

※ 차후 공급자가 승인한 경우 [발행요청]이 [확인]으로 변경되어야 전자세금계산서가 발급되며, 국세청 홈텍스에 전송된다.

④ 매입매출전표에 전자세금란에 [역발행]으로 표기된다.

Point 13. 부가가치세 증빙자료를 입력하는 방법

부가가치세 관련 증빙서류는 [매입매출전표입력] 또는 [빠른부가세입력]메뉴에 입력하며, 입력된 자료에 의해서 관련된 서식에 자동 반영한다.

1 매입매출전표입력[빠른부가세입력]

매입매출전표입력메뉴는 부가가치세 신고와 관련된 매입·매출자료를 입력하며, 입력된 자료는 매입매출장과 부가가치세신고서 및 해당부속서류메뉴에 자동으로 반영된다.

화면구성은 매입·매출 거래내용을 입력하는 상단부와 분개를 입력하는 하단부로 구분되어 있다. 상단부의 거래내용은 부가가치세 관련 각 신고자료로(부가가치세신고서, 세금계산서합계표, 매입매출장 등) 활용되며, 하단부의 분개는 각 재무회계자료(계정별원장, 재무제표 등)에 반영된다.

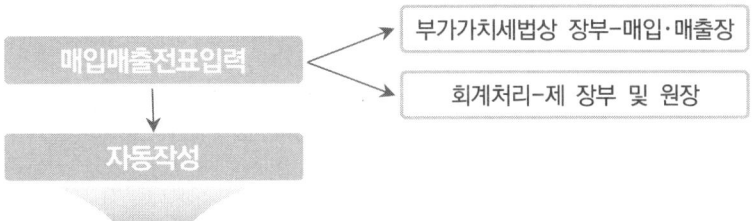

- 부가가치세신고서
- 계산서합계표
- 신용카드수령금액합계표
- 의제매입세액공제신고서
- 건물등감가상각자산취득명세서
- 신용카드매출전표발행현황

- 세금계산서합계표
- 신용카드매출전표발행집계표
- 매입세액불공제내역
- 재활용폐자원세액공제신고서
- 세금/계산서발급및수취현황
- 전자화폐결제명세서

매입매출전표입력 화면

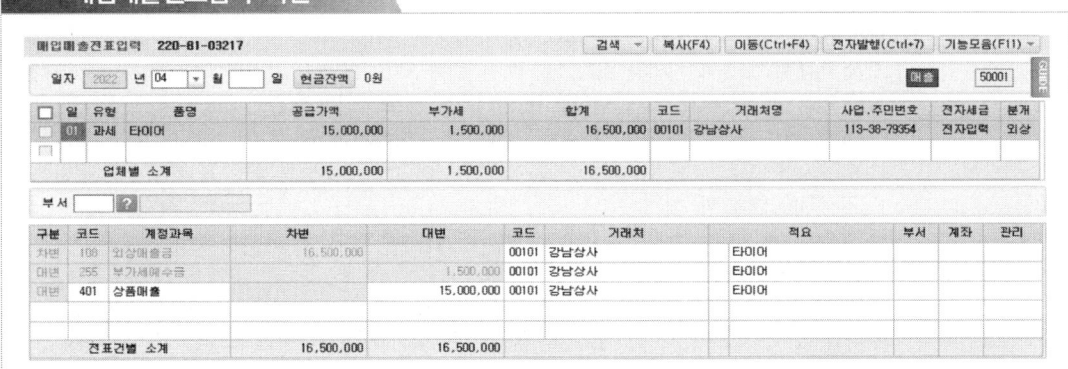

| 주요항목별 입력내용 및 방법 |

항목	입력내용 및 방법
일	전표의 해당일자 2자리를 입력한다.
유형	매입·매출 자료의 유형코드 2자리를 입력한다. 유형은 크게 매출과 매입으로 구분되어 있으며, 유형코드에 따라 부가가치세신고서 등의 각 부가가치세 관련 해당 자료에 자동 반영되므로 정확한 입력을 요한다.
수량	물품 수량을 입력한다. (해당사항이 없을 경우 [Enter]키를 누르면 단가로 커서가 이동된다.)
단가	물품 단가를 입력한다. (해당사항이 없을 경우 [Enter]키를 누르면 공급가액으로 커서가 이동된다.)
공급가액 및 부가가치세	수량, 단가를 입력한 경우는 공급가액, 부가가치세 모두 자동으로 입력되며, 공급가액 직접 입력시는 금액을 입력 후 [Enter]키를 치면 부가가치세(공급가액의 10%)가 자동으로 표시되며 환경설정에 따라 공급가액의 절사방법(절사, 올림, 반올림)을 선택할 수 있다.
거 래 처	해당 거래처코드 5자리를 입력한다. 거래처코드를 입력하지 않을 경우, 매출·매입처별 세금계산서 합계표 등의 집계표에 반영이 되지 않는다. ① 거래처코드 등록방법

	거래처코드를 모를 경우	커서를 거래처코드 입력란에 위치시킨 후, "F2"키 또는 툴바의 "코드도움" 아이콘을 이용하여 "거래처코드도움" 박스를 띄운다. • 키보드의 PageUp, PageDown, 화살표키 또는 도움박스의 스크롤바를 이용하여 거래처를 검색, 해당 거래처에 커서를 위치시킨 후 [Enter]키를 누르거나, 도움박스 하단 "확인"버튼을 클릭하여 입력한다. • 도움화면 하단 "입력"란에 해당 거래처명 앞 두 글자 이상을 입력하거나 "빠른이동"으로 직접 코드를 선택하거나 [Enter]키를 누르면, 입력된 단어를 포함하는 거래처명이 조회되므로 해당거래처를 선택 입력한다.
	정확한 상호를 알고 있는 경우	커서를 거래처코드란에 위치하고 "+"키를 누른 후(코드란은 "00000"이 자동 표기되며 커서는 거래처명란에 위치함) 해당 거래처명을 정확히 입력 후 [Enter]키를 누른다. 도움화면은 따로 나타나지 않으며 해당코드가 자동 표기된다.
	정확한 상호를 모르는 경우	앞 두글자 거래처명을 입력하고 F2 키를 누르면 입력된 단어를 포함하는 거래처명들이 조회된다. 해당거래처에 커서를 위치시킨 후 [Enter]키를 누르거나, 하단 "입력"란에 직접 해당거래처 코드를 입력한 후 [Enter]키를 눌러 입력한다.
	사업자등록번호를 사용할 경우 (동명의 상호 사용)	"거래처코드 도움 박스"가 나오면 해당 사업자등록번호를 입력한다. 예): 120-81-31242를 입력한다.

② 매입매출전표입력 거래처코드란에서의 신규거래처 등록
현재 거래처코드란에 커서가 위치했을 때 "+"키를 치면 "00000"이 입력되며, 커서는 거래처란으로 이동된다. 거래처명을 입력하고 [Enter]키를 누르면 다음과 같은 메시지 박스가 나타난다.
  • 등록(Tab) : 자동 부여되는 번호로 거래처코드 등록시 선택
  • 수정(Ctrl +D) : 자동 부여되는 번호가 아닌 다른 코드로의 등록 및 기타 해당 거래처 인적사항기재를 원할 때 선택
  • 취소(Esc) : 해당 거래처의 등록을 원하지 않을 때 선택
③ 주민등록기재분 세금계산서의 입력
주민등록기재분 해당 거래처일 경우는 거래처 내용수정 입력사항 "주민등록번호"란에 입력 후 우측의 해당번호인 숫자 1.주민등록번호를 선택하면 세금계산서합계표에 자동 반영된다.

항목	입력내용 및 방법
전자세금	전자세금 0.삭제, 1.전자입력(외부전자세금계산서(Bill36524외에서 발급)인 경우), Bill36524로 발급하면 입력하지 않는다.
분 개	매입매출거래의 회계처리를 위한 입력란이다. 분개의 번호를 선택하면 해당 거래 유형에 따라 자동 분개되어 입력된다.(기본계정의 입력은 환경설정에서 등록함)
	0.분개없음: 부가가치세 신고기간이 임박하여 자료가 취합된 경우, 모든 거래를 분개까지 하려면 많은 시간이 소요되므로 분개를 생략하고자 할 때 선택한다. (부가세신고관련 제반사항은 분개와 상관없이 작성된다. 부가세신고서, 세금계산서합계표 등)
	1.현금: 전액 현금거래일 경우 선택 • 매출-부가세예수금과 기본계정으로 자동 분개된다. (부가세예수금을 제외한 계정과목 수정 및 추가입력 가능) • 매입-부가세대급금과 기본계정으로 자동 분개된다. (부가세대급금을 제외한 계정과목 수정 및 추가분개 가능)
	2.외상: 전액 외상거래(외상매출·매입금)일 경우 선택 단, 외상거래일지라도 미수금, 미지급금의 경우는 "3.혼합"을 선택한다. • 매출 : 차변계정은 외상매출금으로, 대변계정은 부가세예수금과 기본계정으로 자동 분개된다. (외상매출금, 부가세예수금은 수정 불가능하며, 기본계정의 경우는 수정 및 추가입력이 가능하다.) • 매입 : 대변계정은 외상매입금으로, 차변계정은 부가세대급금과 기본계정으로 자동 분개된다. (외상매입금, 부가세대급금은 수정 불가능하며, 기본계정은 수정 및 추가입력이 가능하다.) • 5.외상추가~7.외상추가계정 설정가능
	3.혼합: 상기 이외의 거래로서 기타 다른 계정과목을 사용하고자 할 때 선택 • 매출 : 대변계정은 부가세예수금과 기본계정으로 자동 분개되어 표기되며, 차변계정은 비워져 있으므로 사용자가 직접 입력한다.(예 : 받을어음, 미수금, 보통예금 등 대체계정과목) • 매입 : 차변계정은 부가세대급금과 기본계정으로 자동 분개되어 나타나며, 대변계정은 사용자가 직접 입력한다. (예 : 지급어음, 미지급금 등 기타 대체계정과목)
	4.카드: 과세나 면세 매출분에서 (외상매출금이나 미수금 등)으로 분개한 다음 신용카드매출전표로 결제한 경우 추가입력시 신용카드매출전표발행집계표에 반영된다. 환경설정에서 외상매출금, 미수금 등 계정과목은 신용카드기본계정인 카드채권으로 설정되어 있어야 한다.
적 요	별도의 적요를 입력하지 않으면 상단 품명란의 적요가 자동으로 입력된다.
자금항목	본란은 자금관리의 [자금일월보]에 실적데이터로 반영하기 위함이며, 이는 자금계획입력의 계정설정에 먼저 등록되어 있어야 한다. "자금항목"에서 F2 키를 눌러 선택하며, 기본으로는 환경설정에서 '사용함'으로 설정되어 있어야 한다.
관리항목	계정과목등록에 현재 입력하는 계정의 관리항목으로 지정된 항목만 조회가 가능하다.
데이터정렬	매입매출전표입력 화면상에서 마우스 오른쪽 버튼을 클릭하면 우측의 단축메뉴가 나타난다. • 입력순 : 사용자가 입력한 전표순으로 데이터 정렬을 한다. • 날짜순 : 전표일자순으로 데이터 정렬을 한다. • 거래처코드순 : 거래처코드별로 데이터 정렬을 한다. • 데이터 정렬은 날짜순으로 되어 있으며, 사용자 필요에 따라 수시로 변경할 수 있다.

| 기능모음(F11) 설명 |

기능모음	입력내용 및 방법
복수거래	품명, 수량, 단가 등이 2개 이상인 경우를 클릭하거나 F7을 눌러 나타나는 보조화면에서 입력한다. 규격세금계산서 양식처럼 4개의 항목을 입력할 수 있고, 첫번째 입력된 내용이 품목란에 ○○○외 로 표시된다. 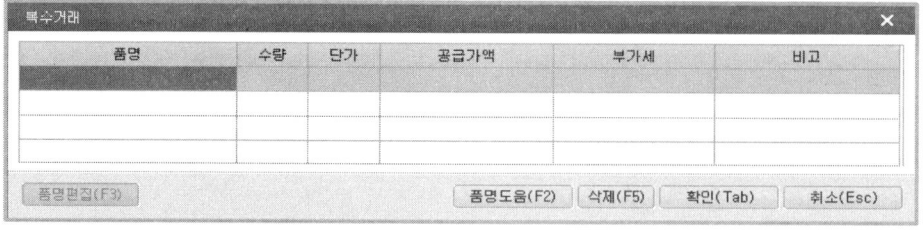
예정누락	부가세 관련하여 예정신고시 누락된 전표를 표시할 때 사용하는 메뉴이다. 이는 부가가치세신고서 예정신고누락분에 데이터가 반영된다. ※ 전표복사시에 예정신고누락분의 설정내용은 복사되지 않음을 유의한다. 
자금관리	자금관리는 계정과목등록에서 관리항목으로 설정해준 항목(받을어음, 지급어음, 차입금, 당좌예금 등)에 대한 추가자료 입력시 선택하며, 받을어음현황, 지급어음현황, 차입금현황, 당좌수표현황 등에 반영되어 "자금관리"자료로 활용된다. ※ 받을어음 입력시 은행조회는 거래처등록 기능모음인 은행등록이 선행되어야 한다. 　지급어음 입력시 어음당좌관리의 [어음집계표]메뉴에 어음등록이 선행되어야 한다. 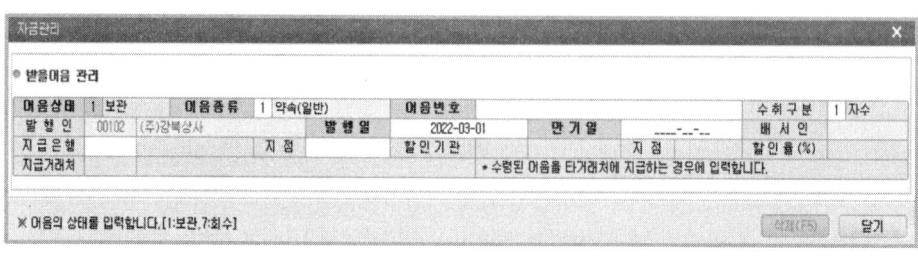

2 매출 유형

(1) 매출 유형별 입력자료와 특성

코드	유형	입력자료	자동 작성되는 자료
11	과세매출	부가가치세가 10%인 매출세금계산서	매출처별세금계산서합계표, 매입매출장, 부가가치세신고서
12	영세매출	부가가치세가 "0"인 영세율세금계산서(간접수출)	매출처별세금계산서합계표, 매입매출장, 부가가치세신고서
13	면세매출	면세분 매출계산서	매출처별계산서합계표, 매입매출장, 부가가치세신고서의 과세표준 면세수입금액란과 계산서발급금액란
14	건별매출	• 세금계산서가 발행되지 않는 과세매출(영수증) • 간주공급의 입력시 사용	매입매출장, 부가가치세신고서 과세매출의 기타란과 과세표준명세서
15	종합매출	간이과세자의 매출	부가가치세신고서
16	수출매출	직수출	매입매출장, 부가가치세신고서
17	카과매출	과세대상거래의 신용카드매출전표 발급분	매입매출장, 신용카드매출전표발행집계표, 부가가치세신고서의 과세 신용카드·현금영수증란
18	카면매출	면세대상거래의 신용카드매출전표 발급분	매입매출장, 신용카드매출전표발행집계표, 부가가치세신고서 과세표준의 면세수입금액란
19	카영매출	영세율대상거래의 신용카드매출전표 발급분	매입매출장, 신용카드매출전표발행집계표, 부가가치세신고서의 영세 기타란
20	면건매출	계산서가 발급되지 않은 면세 매출	매입매출장, 부가가치세신고서의 과세표준 면세수입금액란
21	전자매출	전자결제수단으로서 매출	
22	현과매출	현금영수증에 의한 과세매출	매입매출장, 신용카드매출전표발행집계표, 부가가치세신고서의 과세 신용카드·현금영수증란
23	현면매출	현금영수증에 의한 면세매출	매입매출장, 신용카드매출전표발행집계표, 부가가치세신고서의 과세표준 면세수입금액란
24	현영매출	현금영수증에 의한 영세매출	매입매출장, 신용카드매출전표발행집계표, 부가가치세신고서의 영세 기타란
25	매세매출	매입자발행세금계산서의 매출거래분 [환경설정]메뉴에서 25.매입자발행세금계산서의 사용여부를 사용함으로 선택하여야 "25.매세"유형이 추가되어 조회된다. 기타과세유형추가 사용설정 구분 유형 사용여부 매출 25 매입자발행세금계산서 사용함 매입 64 매입자발행세금계산서 사용함 매입 63 복지카드사용여부 사용함 매입 현금영수증승인번호사용 사용함	

(2) 부가가치세 신고서의 과세표준 부분에 반영되는 유형

		① 신 고 내 용			
	구 분		금 액	세율	세 액
과세표준 및 매출세액	과세	세금계산서 발급분 (1)	11.과세	10/100	
		매입자발행 세금계산서 (2)		10/100	
		신용카드·현금영수증 발행분 (3)	17.카과, 21.전자, 22.현과	10/100	
		기타(정규영수증 외 매출분) (4)	14.건별	10/100	
	영세율	세금계산서 발급분 (5)	12.영세	0/100	
		기 타 (6)	16.수출, 19.카영, 24.현영	0/100	
	예 정 신 고 누 락 분 (7)				
	대 손 세 액 가 감 (8)				
	합 계 (9)			㉮	

(3) 부가가치세 신고서의 면세수입금액 부분에 반영되는 유형

		업 태	종 목	코 드 번 호	금 액
면세사업 수입금액	(80)				13.면세, 18.카면, 23.현면
	(81)				
	(82)	수입금액 제외			
				(83)합 계	
계산서 발급 및 수취 명세	(84) 계산서 발급금액	13.면세			
	(85) 계산서 수취금액	53.면세			

3 매입 유형

(1) 매입 유형별 입력자료와 특성

코드	유형	입 력 자 료	자동 작성되는 자료
51	과세매입	부가가치세가 10%인 매입세금계산서	매입처별세금계산서합계표, 매입매출장, 부가가치신고서
52	영세매입	부가가치세가 0%인 영세율세금계산서	매입처별세금계산서합계표, 매입매출장, 부가가치신고서
53	면세매입	면세분 매입계산서	매입처별계산서합계표, 매입매출장, 부가가치신고서
54	불공매입	부가가치세가 10%인 매입세금계산서 중 매입세액불공제분	매입처별세금계산서합계표, 매입매출장, 부가가치신고서, 공제받지 못할 매입세액명세서
55	수입매입	세관장이 발행한 수입세금계산서	매입처별세금계산서합계표, 매입매출장, 부가가치신고서
56	금전매입	1999년 이후 사용안함	
57	카과매입	매입세액공제가 가능한 신용카드매출전표(구분기재분)	매입매출장, 신용카드수령금액합계표, 부가가치세신고서의 기타공제·매입세액란

코드	유형	입력자료	자동 작성되는 자료
58	카면매입	신용카드에 의한 면세 매입분	매입매출장
59	카영매입	신용카드에 의한 영세 매입분	매입매출장
60	면건매입	계산서가 발급되지 않은 면세적용 매입분	매입매출장
61	현과매입	현금영수증에 의한 과세 매입분	매입매출장, 신용카드수령금액합계표, 부가가치세신고서의 그 밖의 공제매입세액
62	현면매입	현금영수증에 의한 면세 매입분	매입매출장
63	복지매입	복지카드 사용 매입분 [환경설정]메뉴에서 63.복지카드사용여부의 사용여부를 사용함으로 선택하여야 "63.복지"유형이 추가되어 조회된다.	
64	매세매입	매입자발행세금계산서 매입분 [환경설정]메뉴에서 64.매입자발행세금계산서의 사용여부를 사용함으로 선택하여야 "64.매세"유형이 추가되어 조회된다.	

(2) 부가가치세신고서의 매입부분에 반영되는 유형

	① 신 고 내 용				
	구 분		금 액	세율	세 액
매입세액	세금계산서 수 취 분	일 반 매 입 (10)	51.과세,52.영세,54.불공,55.수입		
		수출기업 수입분 납부유예 (10-1)			
		고정자산 매입 (11)	51.과세,52.영세,54.불공,55.수입		
	예 정 신 고 누 락 분 (12)				
	매입자발행 세금계산서 (13)				
	그 밖의 공제매입세액 (14)		57.카과, 61.현과		
	합 계 (10)-(10-1)+(11)+(12)+(13)+(14) (15)				
	공제받지 못할 매입세액 (16)		54.불공		
	차 감 계 (15)-(16) (17)			④	

자료수집을 위해 가장 먼저 해야할 일

국세청홈텍스 사이트에서 전자세금계산서를 발행하거나, 다른 사이트를 통해서 전자세금계산서가 발행된 자료를 Smart A 프로그램에 다운받아 부가가치세 신고를 할 수 있다.
[기초정보등록]에서 인증서등록을 한 다음 [자료수집및자동분개]에서 기간별로 자료를 수집하고 [전자세금계산서] 등의 메뉴에서 해당 전표를 [자료전송]하면, [일반전표입력] 또는 [매입매출전표] 메뉴에 자동으로 반영될 수 있다.

실무 프로세스

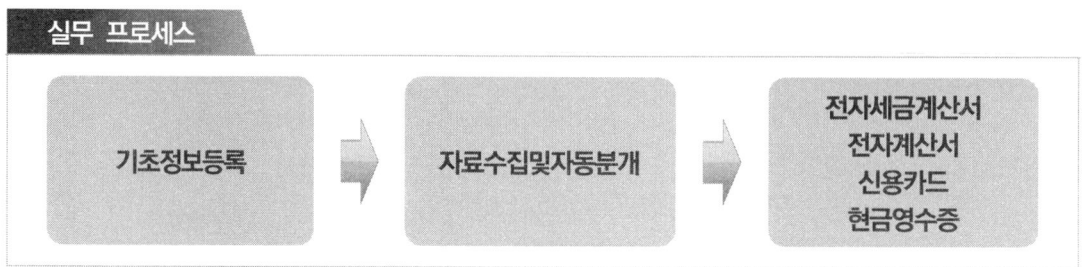

[기능모음]의 [전자(세금)계산서 인증서등록]에서 세무대리인의 공인인증서를 등록한 다음 '인증서 적용가능회사'를 선택하여 추가 를 클릭하는 방법으로 우측 [인증서 적용된 회사]에 반영되어야 한다.

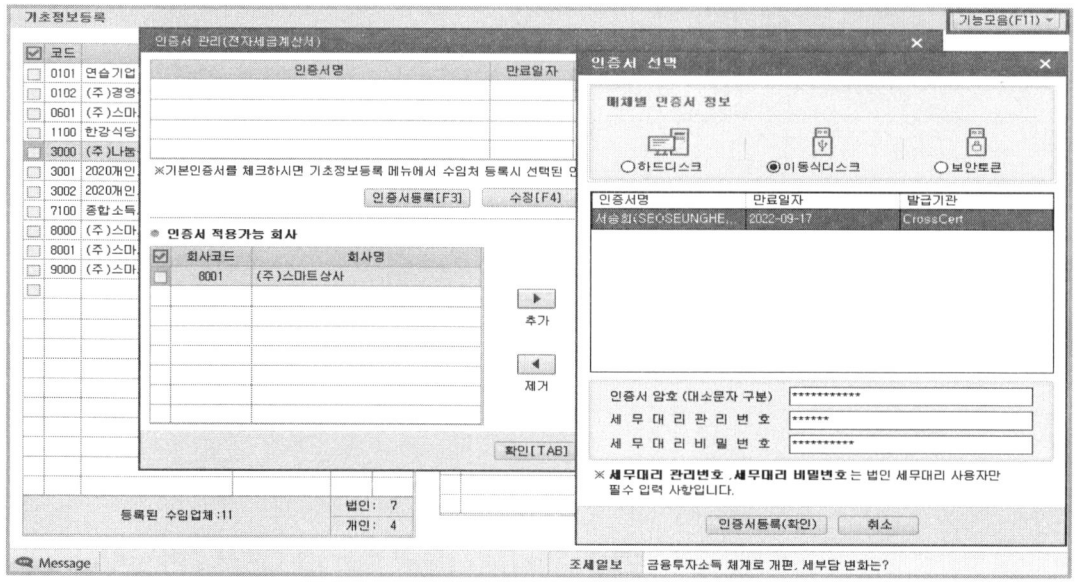

2 기초정보등록에서 홈텍스 아이디, 비밀번호등록

자료수집 하려고하는 회사를 선택하고 화면 우측에서 홈텍스와 여신금융협회의 아이디와 비밀번호를 입력한 다음 [저장]키를 클릭하여 '인증성공'으로 표기되어야 자료를 수집할 수 있는 준비가 된 것이다.

매출관련 증빙서류를 수집하는 방법

일반과세자는 매출시 세금계산서를 발행하여야 하며, 일정규모이상의 기업은 공인인증센타를 통한 전자세금계산서를 발행하고 국세청에 정보를 전송해야 한다. 또한 최종소비자를 대상으로 하는 소매업등은 신용카드·현금영수증·포인트(마일리지)를 통하여 매출할 수 있으며, 이는 카드사와 국세청에 정보를 전송한다. 홈택스에 모아진 정보는 SmartA를 통해 자료수집할 수 있으며, 수기세금계산서와 기타현금매출은 SmartA에 직접 입력하여 매출정보를 제공할 수 있다.

| 매출형태별 자료수집 프로세스 |

매출형태	카드사 [단말기회사]	국세청 [홈택스]	SmartA 자동전표	SmartA직접 입력	매입매출유형
수기세금계산서				OK	11.과세매출 12.영세매출
전자세금계산서		OK	OK		11.과세매출 12.영세매출
신용카드매출전표 (대행회사포함)	OK	OK	OK		17.카과매출
현금영수증매출	OK	OK	OK		22.현과매출
포인트매출	OK	OK	OK		14.건별매출
기타현금매출				OK	14.건별매출

Point 16 매입관련 증빙서류를 수집하는 방법

사업자는 매출자가 발행한 세금계산서, 신용카드, 현금영수증 자료를 교부받아 사업과 관련이 없거나 불공제사유에 해당하는 자료는 구분하고, 사업과 관련이 있는 자료는 매입세액으로 공제받는다. 매출시 발행된 전자세금계산서등은 국세청에 정보가 전송되어 있다. 홈텍스에 모아진 정보는 SmartA를 통해 자료수집할 수 있으며, 수기세금계산서등은 SmartA에 직접 입력하여 매입정보를 제공할 수 있다.

| 매입형태별 자료수집 프로세스 |

매입형태	적격증빙 여부	카드사 [단말기 회사]	국세청 [홈텍스]	SmartA 자료수집 자동전표	SmartA 직접입력	매입매출유형
수기세금계산서	OK				OK	공제가능 : 51.매입 공제불공 : 54.불공 영세율 : 52.영세
전자세금계산서	OK		OK	OK 공제가능 : 매입 공제불공 : 불공		공제가능 : 51.매입 공제불공 : 54.불공 영세율 : 52.영세
수기계산서	OK				OK	53.면세매입
전자계산서	OK		OK	OK		53.면세매입
신용카드전표	OK	OK	OK	OK 공제가능 : 매입 공제불공 : 일반		57.카과매입 일반전표입력
현금영수증매입	OK	OK	OK	OK 공제가능 : 매입 공제불공 : 일반		61.현과매입 일반전표입력

Point 17. 매출세금계산서 발행 자료 정리하기

1 과세매출세금계산서

일반과세사업자가 재화나 용역을 공급하고 세금계산서를 발급하면서 부가가치세액을 징수하는 경우 11.과세매출을 입력하며, 입력된 정보는 세금계산서합계표, 매입매출장, 부가가치세신고서 등에 반영되고 회계정보는 제 장부 및 재무제표에 반영된다.

SmartA에서 전자세금계산서 발급절차 없이 타기관을 통해서 발급된 전자세금계산서는 [전자세금]란에 '전자입력'을 선택하여 입력하면 세금계산서합계표에 '전자세금계산서'란 으로 자동 집계된다.

(1) 매출내역별 입력방법

구분	내 용
업종관련 매출자료	유형을 11.과세매출로 입력하고, 분개란에서 업종관련 매출계정을 입력한다.
매출자료의 반품	유형을 11.과세매출로 입력하고, 공급가액과 세액을 (-)금액으로 입력한 다음, 분개란의 금액을 (-)로 입력한다.
고정자산매각	유형을 11.과세매출로 입력하고, 매각액에 대하여 공급가액과 세액을 입력한다음 분개란에서 매각자산의 계정과목과 자산취득가액, 감가상각누계액을 반영하여 유형자산처분손실(이익)계정금액을 적용한다.
비사업자에게 세금계산서 발행	유형을 11.과세매출로 입력하고, 거래처등록시 1.주민기재분으로 입력하고 관련 회계처리는 업종관련 매출계정으로 입력한다.

(2) 세금계산서 발급관련 가산세

구분	내 용	가산세
세금계산서지연발급	세금계산서의 발급시기가 지난 후 해당 재화 또는 용역의 공급시기가 속하는 과세기간에 대한 확정신고 기한까지 세금계산서를 발급하는 경우	공급가액의 1%
세금계산서미발급 (종이발급)	세금계산서의 발급시기가 지난 후 해당 재화 또는 용역의 공급시기가 속하는 과세기간에 대한 확정신고 기한까지 세금계산서를 발급하지 아니한 경우	공급가액의 1%
전자세금계산서 발급명세서 지연전송	전자세금계산서를 발급한 사업자가 세금계산서 발급일의 다음 날(전송기한)이 지난 후 재화 또는 용역의 공급시기가 속하는 과세기간에 대한 확정신고기한까지 국세청장에게 전자세금계산서 발급명세를 전송하는 경우	공급가액의 0.3%

구분	내 용	가산세
전자세금계산서 발급명세서 미전송	전자세금계산서를 발급한 사업자가 세금계산서 발급일의 다음 날(전송기한)이 지난 후 재화 또는 용역의 공급시기가 속하는 과세기간에 대한 확정신고기한까지 국세청장에게 전자세금계산서 발급명세를 전송하지 아니한 경우	공급가액의 0.5%
세금계산서 불성실기재	세금계산서의 필요적 기재사항의 전부 또는 일부가 착오 또는 과실로 적혀 있지 아니하거나 사실과 다른 경우	공급가액의 1%
가공발급	재화 또는 용역을 공급하지 아니하고 세금계산서 또는 신용카드매출전표등(세금계산서등)을 발급한 경우	공급가액의 3%
위장발급	재화 또는 용역을 공급하고 실제로 재화 또는 용역을 공급하는 자가 아닌 자 또는 실제로 재화 또는 용역을 공급받는 자가 아닌 자의 명의로 세금계산서등을 발급한 경우	공급가액의 2%
공급가액 과다기재 발급	재화 또는 용역을 공급하고 세금계산서등의 공급가액을 과다하게 기재한 경우	과다기재분 공급가액의 2%
자료상발급	사업자가 아닌 자가 재화 또는 용역을 공급하지 아니하고 세금계산서를 발급한 경우	공급가액의 3%

2 전자세금계산서 자료 수집 및 전표처리

(1) 자료수집및자동분개

[자료수집및자동분개]에서 수집 시작일자와 수집 종료일자를 입력한 다음 하단의 [자료수집 및 자동분개] 키를 이용하여 기간별로 자료를 수집한다.

(2) 전자세금계산서

업로드된 자료 중 [유형]과 하단의 분개를 검토한 다음 전표상태가 '전송가능'이 되면 [전표전송(F3)]하여 [매입매출전표입력] 메뉴에 전표를 전송한다. 전송이 완료되면 '전표상태'가 '전송완료'로 변경되며, '전송완료'된 전표는 바로 수정할 수 없고, [매입매출전표입력]에서 해당자료를 삭제한 다음 본 화면에서 '삭제전표'를 '전송가능'으로 변경하고 다시 '전표전송'할 수 있다. 세금계산서는 유형에서 11.과세, 12.영세 중 선택할 수 있으며, 전송된 자료는 [매입매출전표입력]에 유형이 11.과세매출, 12.영세매출로 표시된다.

3 세금계산서 발행자료의 실무프로세스

국세청 자료를 SmartA에서 [자료수집]을 통해 수집하고 [전자세금계산서]에서 과세유형과 분개를 검토해서 자료전송하면 [매입매출전표입력]에 반영되므로 추가로 입력할 필요는 없으나, 부동산임대업등 직접 종이세금계산서를 발행하는 경우도 있으므로 [실습자료]를 직접 입력해서 유형별로 진행되는 프로세스를 설명하기로 한다.

실습예제

다음의 거래를 '전자입력'으로 입력하고 부가가치세신고서와 부속서류를 작성하시오.

❶ 상품판매

전자세금계산서			(공급자 보관용)		승인번호		
공급자	등록번호	220-81-03217		공급받는자	등록번호	135-86-11113	
	상호	(주)나눔상사	성명(대표자) 서승희		상호	(주)강북상사	성명(대표자) 김기원
	사업장주소	서울특별시 강남구 강남대로 252 (도곡동)			사업장주소	경기도 수원시 팔달로 4	
	업태	도소매업	종사업장번호		업태	도소매업	종사업장번호
	종목	타이어 외			종목	타이어 외	
	E-Mail	nanum@bill36524.com			E-Mail	kangbuk@bill35624.com	

작성일자	2022.4.2.	공급가액	8,000,000	세 액	800,000
비고					

월	일	품목명	규격	수량	단가	공급가액	세액	비고
4	2	타이어				8,000,000	800,000	

합계금액	현금	수표	어음	외상미수금	이 금액을	○ 영수 / ● 청구	함
8,800,000				8,800,000			

❷ 상품판매분 반품(환입)

수정전자세금계산서			(공급자 보관용)		승인번호		
공급자	등록번호	220-81-03217		공급받는자	등록번호	113-3879354	
	상호	(주)나눔상사	성명(대표자) 서승희		상호	강남상사	성명(대표자) 이희경
	사업장주소	서울특별시 강남구 강남대로 252 (도곡동)			사업장주소	서울특별시 구로구 도림로 72	
	업태	도소매업	종사업장번호		업태	도소매업	종사업장번호
	종목	타이어 외			종목	타이어외	
	E-Mail	nanum@bill36524.com			E-Mail	kangnam@bill36524.com	

작성일자	2022.4.3.	공급가액	-500,000	세 액	-50,000
비고					

월	일	품목명	규격	수량	단가	공급가액	세액	비고
4	3	타이어				-500,000	-50,000	

합계금액	현금	수표	어음	외상미수금	이 금액을	○ 영수 / ● 청구	함
-550,000				-550,000			

❸ 사무용자산 매각

수정전자세금계산서					(공급자 보관용)		승인번호			
공급자	등록번호	220-81-03217			공급받는자	등록번호	113-3879354			
	상호	(주)나눔상사	성명(대표자)	서승희		상호	강남상사	성명(대표자)	이희경	
	사업장주소	서울특별시 강남구 강남대로 252 (도곡동)				사업장주소	서울특별시 구로구 도림로 72			
	업태	도소매업	종사업장번호			업태	도소매업	종사업장번호		
	종목	타이어 외				종목	타이어외			
	E-Mail	nanum@bill36524.com				E-Mail	kangnam@bill36524.com			
작성일자		2022.4.4.	공급가액		1,000,000		세 액		100,000	
월	일	품목명	규격	수량	단가		공급가액	세액		비고
4	4	컴퓨터					1,000,000	100,000		
합계금액		현금	수표		어음	외상미수금	이 금액을	○ 영수	함	
1,100,000						1,100,000		● 청구		

[처분전 고정자산등록내역]

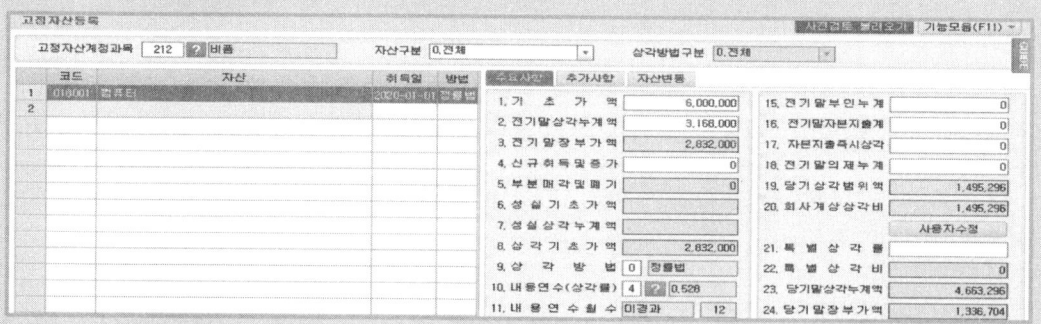

❹ 비사업자에게 상품판매

전자세금계산서					(공급자 보관용)		승인번호			
공급자	등록번호	220-81-03217			공급받는자	등록번호				
	상호	(주)나눔상사	성명(대표자)	서승희		상호	이지현	성명(대표자)		
	사업장주소	서울특별시 강남구 강남대로 252 (도곡동)				사업장주소	서울특별시 구로구 도림로 48			
	업태	도소매업	종사업장번호			업태		종사업장번호		
	종목	타이어 외				종목	타이어외			
	E-Mail	nanum@bill36524.com				E-Mail	jihyun@naver.com			
작성일자		2022.4.5.	공급가액		1,200,000		세 액		120,000	
월	일	품목명	규격	수량	단가		공급가액	세액		비고
4	5	타이어					1,200,000	120,000		
합계금액		현금	수표		어음	외상미수금	이 금액을	○ 영수	함	
1,320,000						1,320,000		● 청구		

프로세스입력

① 매입매출전표입력

[1] 4월 2일

거래유형	품명	공급가액	부가세	거래처	전자세금
11.과세	타이어	8,000,000원	800,000원	102.(주)강북상사	전자입력

분개유형					
2.외상	(차) 외상매출금	8,800,000원	(대) 상품매출 부가세예수금		8,000,000원 800,000원

[2] 4월 3일 [수정전자세금계산서 발행: 환입]

거래유형	품명	공급가액	부가세	거래처	전자세금
11.과세	타이어	-500,000원	-50,000원	101.강남상사	전자입력

분개유형					
2.외상	(차) 외상매출금	-550,000원	(대) 상품매출 부가세예수금		-500,000원 -50,000원

[3] 4월 4일

거래유형	품명	공급가액	부가세	거래처	전자세금
11.과세	컴퓨터	1,000,000원	100,000원	101.강남상사	전자입력

분개유형					
3. 혼합	(차) 미수금 감가상각누계액(213) 유형자산처분손실	1,100,000원 3,168,000원 1,832,000원	(대) 비품 부가세예수금		6,000,000원 100,000원

[매각 후 고정자산등록수정]

3.전체양도일자에 매각일자를 입력하고 [사용자수정]키를 클릭하여 20.회사계상상각비 금액을 0원으로 수정한다.

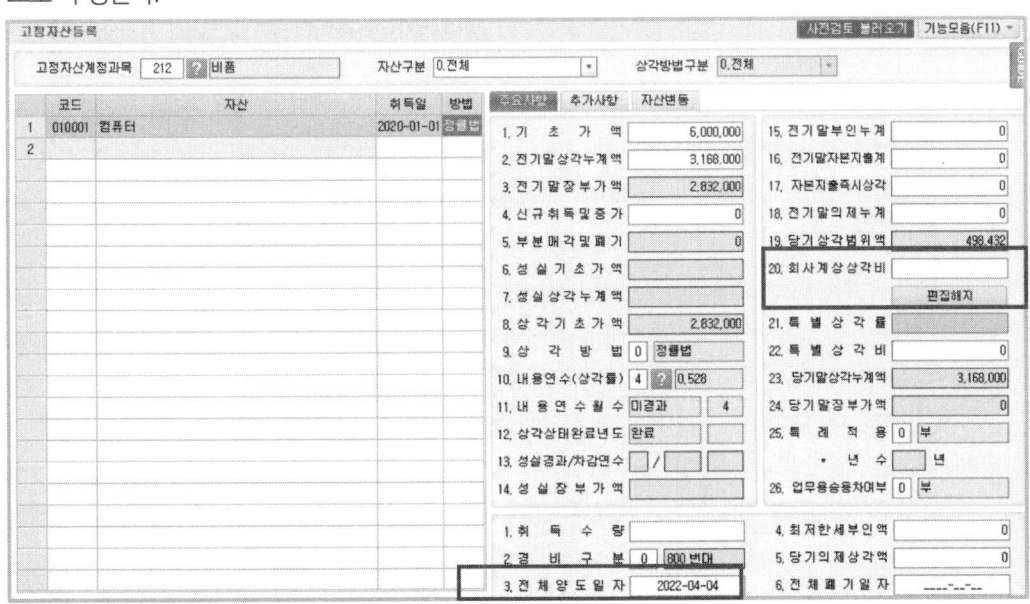

[4] 4월 5일

거래유형	품명	공급가액	부가세	거래처	전자세금
11.과세	타이어	1,200,000원	120,000원	103.이지현	전자입력
분개유형 2.외상	(차) 외상매출금		1,320,000원	(대) 상품매출 부가세예수금	1,200,000원 120,000원

* 거래처등록시 구분 1.주민기재분으로 선택

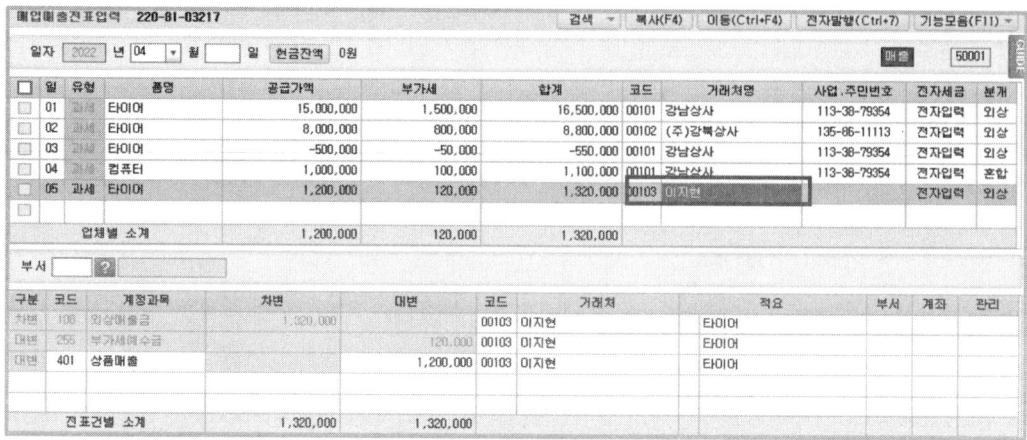

❷ 세금계산서합계표 조회

11.과세매출로 입력된 자료는 [세금계산서합계표]에 '매출세금계산서'에 표시되며 '전자발행' 또는 '전자입력'으로 입력된 자료는 '전자'란에 자동반영된다.

③ 부가가치세신고서 조회

> 부가가치세 > 주요신고서류 > 부가가치세신고서

11. 과세매출로 입력된 자료는 [1란] 과세/세금계산서발급분에 반영되며, '금액'에 세율을 곱해서 '세액'이 계산되어 표시되므로 '부가세예수금'계정으로 입력된 금액과 단수차이가 발생할 수 있다. 또한 우측 [역추적]에 사업자발급분과 개인발급분으로 구분하여 표시되며, [역추적]의 조회내역에 커서를 두고 더블클릭하면 맨 하단에 해당 항목별로 전표입력내역을 조회할 수 있다.

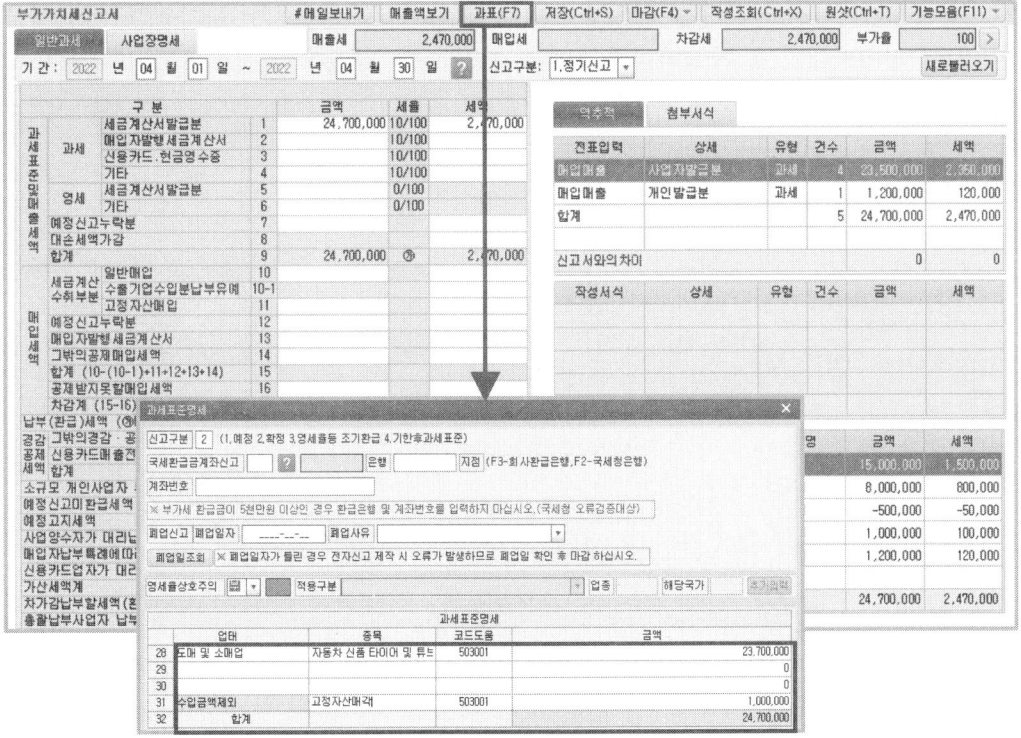

Point 18 매입세금계산서 받은 자료 정리하기

1. 매입세금계산서

재화 및 용역을 공급받고 10%의 부가가치세가 별도로 징수된 매입세금계산서를 발급받으면 [세금계산서합계표]가 작성되어야 하고, 매입세액공제가 불가능한 세금계산서는 [매입세액불공제내역]을 작성하여야 하며, 고정자산을 취득한 세금계산서는 [건물등감가상각자산취득명세서]를 작성하여야 한다.

(1) 매입내역별 입력방법

구분	내 용
업종관련 매입자료	유형을 51.과세매입으로 입력하고, 분개란에서 업종관련 매입계정을 입력한다.
매입자료의 반품	유형을 51.과세매입으로 입력하고, 공급가액과 세액을 (-)금액으로 입력한 다음, 분개란의 금액을 (-)로 입력한다.
고정자산구입	유형을 51.과세매입으로 입력하고, 구입자산에 대하여 공급가액과 세액을 입력한다음 분개란에서 구입자산의 계정과목과 자산취득가액을 입력한다.

(2) 매입세금계산서 교부관련 가산세

구분	내 용	가산세
가공수취	재화 또는 용역을 공급받지 아니하고 세금계산서등을 발급받은 경우	공급가액의 3%
위장수취	재화 또는 용역을 공급받고 실제로 재화 또는 용역을 공급하는 자가 아닌 자의 명의로 세금계산서등을 발급받은 경우	공급가액의 2%
공급가액 과다기재 수취	재화 또는 용역을 공급받고 세금계산서등의 공급가액을 과다하게 기재한 세금계산서를 발급받은 경우	과다기재분 공급가액의 2%
자료상수취	사업자가 아닌 자가 재화 또는 용역을 공급받지 아니하고 세금계산서를 수취한 경우	공급가액의 3%

2. 전자세금계산서 자료 수집 및 전표처리

(1) 자료수집 및 자동분개

[자료수집및자동분개]에서 수집 시작일자와 수집 종료일자를 입력한 다음 하단의 [자료수집 및 자동분개] 키를 이용하여 기간별로 자료를 수집한다.

(2) 전자세금계산서

업로드된 자료 중 [유형]과 하단의 분개를 검토한 다음 전표상태가 '전송가능'이 되면 [전표전송(F3)]하여 [매입매출전표입력] 메뉴에 전표를 전송한다. 전송이 완료되면 '전표상태'가 '전송완료'로 변경되며, '전송완료'된 전표는 바로 수정할 수 없고, [매입매출전표입력]에서 해당자료를 삭제한 다음 본 화면에서 '삭제전표'를 '전송가능'으로 변경하고 다시 '전표전송'할 수 있다. 유형란에서 거래내역에 따라 51.과세, 52.영세, 54.불공을 선택할 수 있으며, 54.불공의 경우 불공제사유를 선택한 다음 [전표전송]하면, [매입매출전표입력]또는 [빠른부가세입력]에 선택된 유형으로 전송된다.

3 과세매입 실무프로세스

국세청 자료를 SmartA에서 [자료수집]을 통해 수집하고 [전자세금계산서]에서 과세유형과 분개를 검토해서 자료전송하면 [매입매출전표입력]에 반영되므로 추가로 입력할 필요는 없으나, 임차료등 직접 종이세금계산서를 발급받는 경우도 있으므로 [실습자료]를 직접 입력해서 유형별로 진행되는 프로세스를 설명하기로 한다.

과세매입 실무프로세스

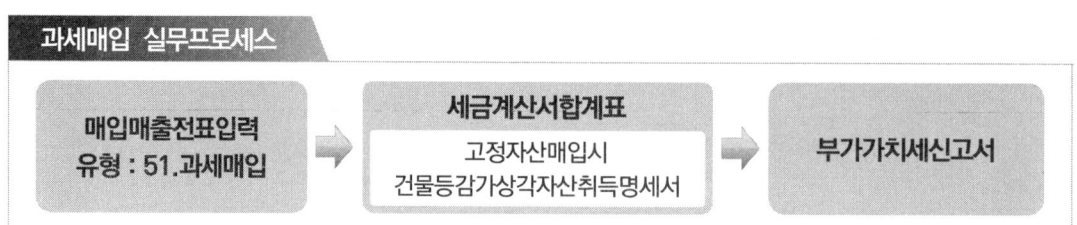

실습예제

다음 거래 자료를 '전자입력'으로 입력하고 부가가치세신고서와 부속서류를 작성하시오.

❶ 상품매입

(청 색)

전자 세금계산서	(공급받는자보관용)			승인번호		
공급자	등록번호	133-81-62697		공급받는자	등록번호	220-81-03217
	상호	(주)강동산업	성명(대표자) 노영지		상호	(주)나눔상사	성명(대표자) 서승희
	사업장주소	서울 은평구 은평로 205-5			사업장주소	서울 강남구 강남대로 252
	업태	제조업	종사업장번호		업태	도소매업	종사업장번호
	종목	타이어부품			종목	타이어	
	E-Mail	kangdong@bill36524.com			E-Mail	nanum@bill36524.com

작성일자			공란수	공급가액	세액
2022	4	11	5	10,000,000	1,000,000
비고					

월	일	품목명	규격	수량	단가	공급가액	세액	비고
4	11	타이어				10,000,000	1,000,000	

합계금액	현금	수표	어음	외상미수금	이 금액을	○ 영수 함
11,000,000				11,000,000		⦿ 청구

❷ 상품매입 반품

(청 색)

전자 수정세금계산서 (공급받는자보관용)				승인번호			
공급자	등록번호	133-81-62697		공급받는자	등록번호	220-81-03217	
	상호	(주)강동산업	성명(대표자) 노영지		상호	(주)나눔상사	성명(대표자) 서승희
	사업장주소	서울 은평구 은평로 205-5			사업장주소	서울 강남구 강남대로 252	
	업태	제조업	종사업장번호		업태	도소매업	종사업장번호
	종목	타이어부품			종목	타이어	
	E-Mail	kangdong@bill36524.com			E-Mail	nanum@bill36524.com	

작성일자		공란수	공급가액	세액
2022	4	12	5	-600,000	-60,000
비고	당초세금계산서발급일 : 4월 11일			

월	일	품목명	규격	수량	단가	공급가액	세액	비고
4	12	타이어				-600,000	-60,000	

합계금액	현금	수표	어음	외상미수금	이 금액을	○ 영수 / ● 청구	함
-660,000				-660,000			

❸ 고정자산매입(상품포장용 비품) 구입

(청 색)

전자 세금계산서 (공급받는자보관용)				승인번호			
공급자	등록번호	110-28-33122		공급받는자	등록번호	220-81-03217	
	상호	강남포장	성명(대표자) 장선수		상호	(주)나눔상사	성명(대표자) 서승희
	사업장주소	서울 강남구 강남대로 596 (논현동, 극동빌딩)			사업장주소	서울 강남구 강남대로 252	
	업태	제조업	종사업장번호		업태	도소매업	종사업장번호
	종목	기계			종목	타이어	
	E-Mail	knpj@bill36524.com			E-Mail	nanum@bill36524.com	

작성일자		공란수	공급가액	세액
2022	4	13	6	5,000,000	500,000
비고				

월	일	품목명	규격	수량	단가	공급가액	세액	비고
4	13	자동포장기				5,000,000	500,000	

합계금액	현금	수표	어음	외상미수금	이 금액을	○ 영수 / ● 청구	함
5,500,000				5,500,000			

프로세스입력

❶ 매입매출전표입력

1) 4월 11일

거래유형	품명	공급가액	부가세	거래처	전자세금
51.과세	타이어	10,000,000원	1,000,000원	00104.(주)강동산업	전자입력
분개유형	(차) 상품	10,000,000원	(대) 외상매입금		11,000,000원
2.외상	부가세대급금	1,000,000원			

2) 4월 12일

거래유형	품명	공급가액	부가세	거래처	전자세금
51.과세	타이어	-600,000원	-60,000원	00104.(주)강동산업	전자입력
분개유형	(차) 상품	-600,000원	(대) 외상매입금		-660,000원
2.외상	부가세대급금	-60,000원			

3) 4월 13일

거래유형	품명	공급가액	부가세	거래처	전자세금
51.과세	자동포장기	5,000,000원	500,000원	00105.강남포장	전자입력
분개유형	(차) 비품	5,000,000원	(대) 미지급금		5,500,000원
3.혼합	부가세대급금	500,000원			

※ 고정자산 매입시 세금계산서를 수취한 경우 51.과세를 선택하여 입력하면 하단의 분개는 고정자산으로 표시되지 않으므로 반드시 해당계정과목(건물, 기계장치 등)으로 수정하여야 부속서류인 [건물등감가상각자산취득명세서]에 자동으로 반영할 수 있다.

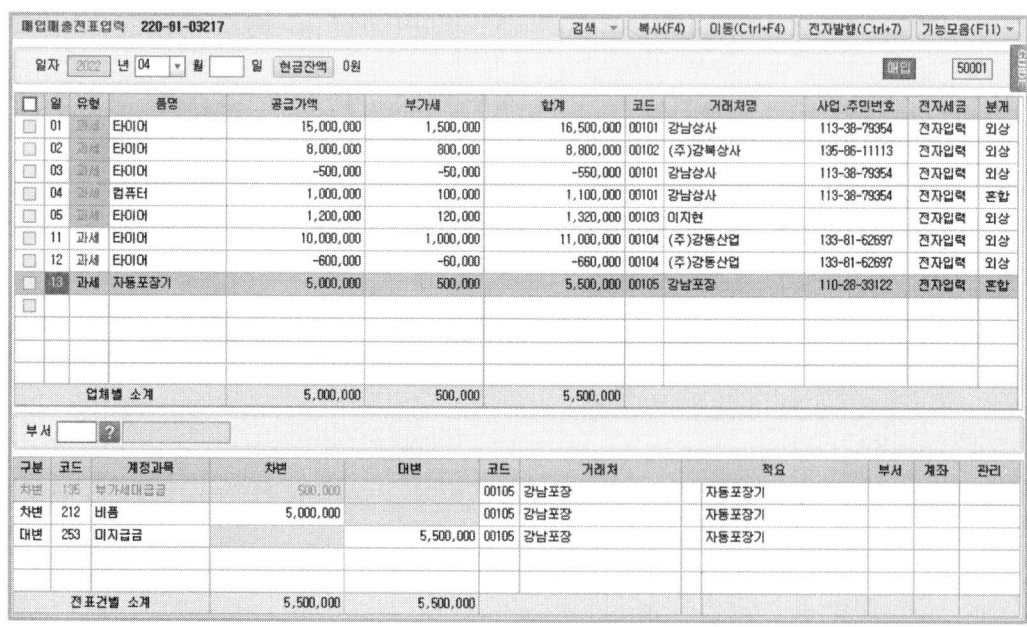

❷ 세금계산서합계표

51.과세매입으로 입력된 자료는 [매입세금계산서]로 반영되며, '전자세금'란에 '전자입력'으로 입력된 자료는 [세금계산서합계표]의 '전자'란으로 반영된다.

❸ 건물등감가상각자산취득명세서

> 부가가치세 > 첨부서류 > 건물등감가상각자산취득명세서

고정자산 매입시 세금계산서를 수취한 경우 51.과세를 선택하여 입력하며, 하단의 분개에 고정자산 해당계정과목(건물, 기계장치 등)으로 입력된 자료는 부속서류인 [건물등감가상각자산취득명세서]에 자동으로 반영할 수 있다.

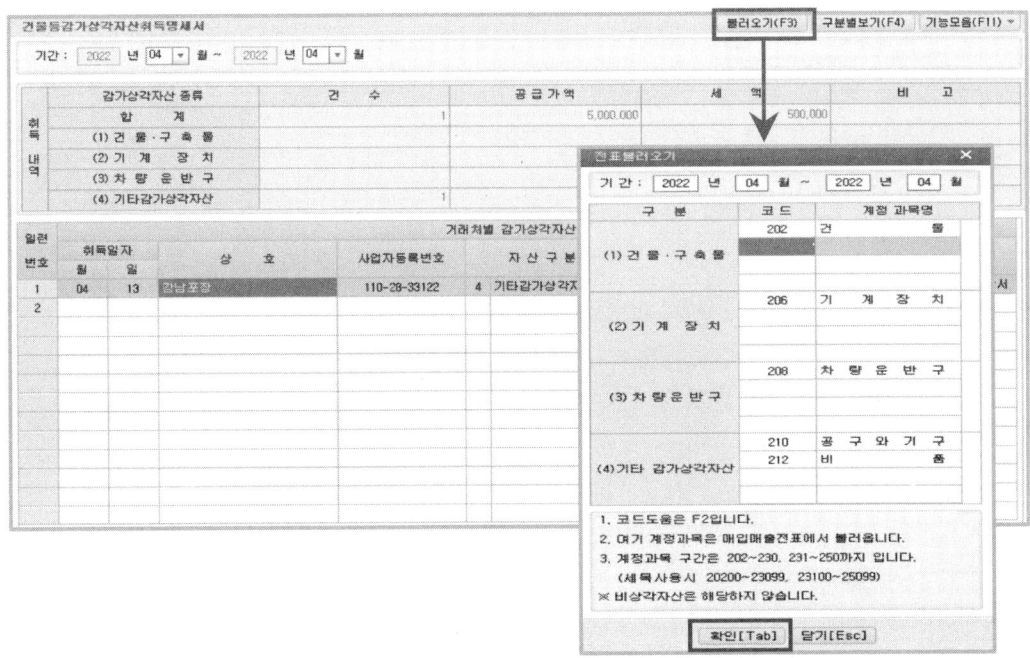

④ 부가가치세신고서

51. 과세매입으로 입력된 자료는 [10란]일반매입과 [11란]고정자산매입 중 해당 란에 자동으로 반영되며, [11란]고정자산매입의 금액은 [건물등감가상각자산취득명세서]의 해당 금액과 일치되어야 한다.

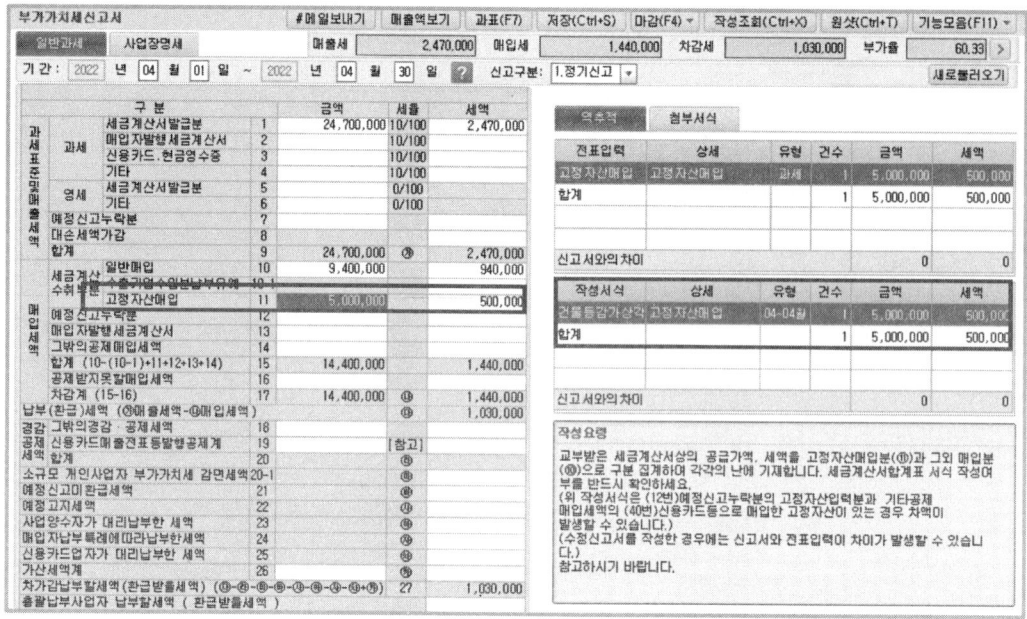

Point 19. 매출계산서 발행 자료 정리하기

1. 면세매출거래

부가가치세가 면제되는 품목을 공급하는 사업자는 계산서를 발행하여야 하며, 기초생활필수품 등 부가가치세가 면제되는 품목은 다음과 같다.

구 분	내 용
기초생활필수품 및 용역	① 미가공식료품 및 농·축·수·임산물 ② 수도물 ③ 연탄과 무연탄 ④ 여객운송용역 ⑤ 여성용 생리처리 위생용품
국민후생용역	① 의료보건용역과 혈액 ② 교육용역 ③ 주택과 이에 부수되는 토지의 임대용역 ④ 우표·인지·증지, 복권, 공중전화 ⑤ 제조담배 ⑥ 공동주택 어린이집의 임대용역
문화관련 재화용역	① 도서·신문·잡지·관보·통신(광고는 제외) ② 예술창작품·예술행사·문화행사와 비직업운동경기 ③ 도서관·과학관·박물관·미술관·동물원·식물원에의 입장
부가가치 생산요소인 재화·용역	① 토지의 공급 ② 인적용역 ③ 금융보험용역
조세특례제한법상 면세	① 주택법에 의한 국민주택(85㎡이하주택)과 국민주택건설용역 ② 정부업무대행단체가 공급하는 재화 또는 용역 등

2. 전자계산서 자료 수집 및 전표처리

(1) 자료수집 및 자동분개

[자료수집및자동분개]에서 수집 시작일자와 수집 종료일자를 입력한 다음 하단의 [자료수집 및 자동분개] 키를 이용하여 기간별로 자료를 수집한다.

(2) 전자계산서

업로드된 자료 중 분개를 검토한 다음 전표상태가 '전송가능'이 되면 [전표전송]하여 [매입매출전표입력] 메뉴에 전표를 전송한다. 전송된 자료는 [매입매출전표입력]에 유형이 13.면세매출로 표시된다.

3 계산서 발행자료의 전표입력

면세매출거래 실무 프로세스

매입매출전표입력
유형 : 13.면세매출 ⇒ 계산서합계표 ⇒ 부가가치세신고서

실습예제

다음 거래 자료(상품)를 '전자입력'으로 입력하고 부가가치세신고서와 부속서류를 작성하시오.

(적 색)

전자계산서 (공급자보관용) 승인번호

공급자	등록번호	220-81-03217			공급받는자	등록번호	113-38-79354		
	상호	(주)나눔상사	성명	서승희		상호	강남상사	성명	이희경
	사업장주소	서울시 강남구 강남대로 52				사업장주소	서울특별시 구로구 도림로 72 (구로동)		
	업태	도소매업	종목	타이어외		업태	도소매업	종목	타이어외
	E-Mail	nanum@bill36524.com				E-Mail	kangnam@bill36524.com		

작성일자			공란수	공급가액	비고
2022	4	21	6	18,000,000	

월	일	품목명	규격	수량	단가	공급가액	비고
4	21	자동차 튜닝 입문서		1,000	18,000	18,000,000	

합계금액	현금	수표	어음	외상미수금	이 금액을	○ 영수 함
18,000,000				18,000,000		⦿ 청구

프로세스입력

① 매입매출전표입력(4월 21일)

거래유형	품명	공급가액	부가세	거래처	전자세금
13.면세	자동차튜닝입문서	18,000,000원		101.강남상사	전자입력
분개유형	(차) 외상매출금		18,000,000원	(대) 상품매출	18,000,000원
2.외상					

❷ 계산서합계표 작성

③ 부가가치세 신고서 적용

부가가치세 ▶ 주요신고서류 ▶ 부가가치세신고서

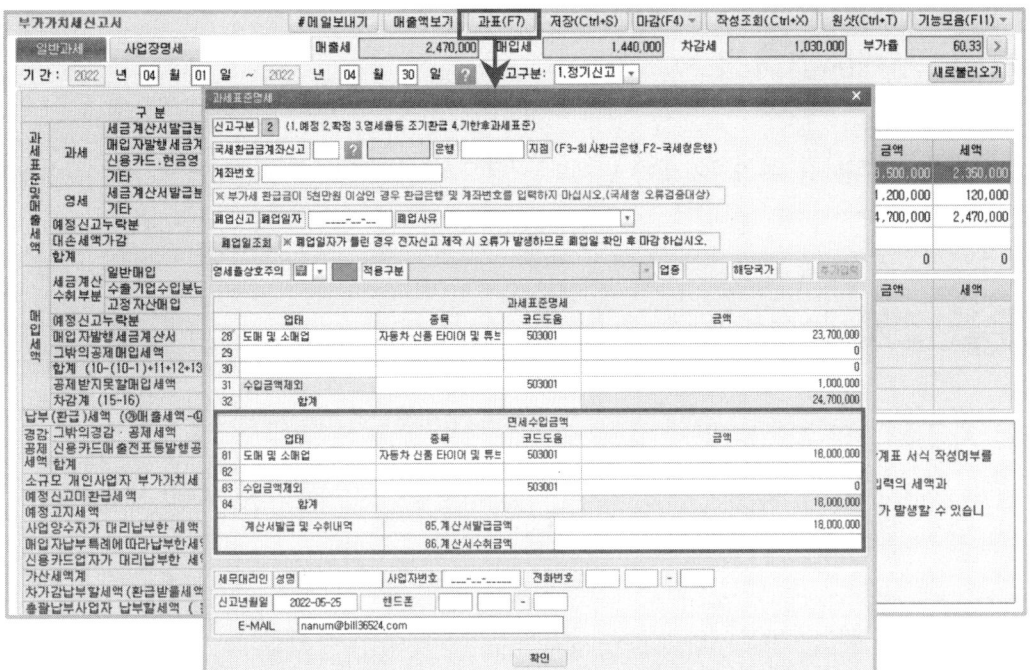

 매입계산서 받은 자료 정리하기

1 면세매입거래

기초생활필수품 등 부가가치세가 면제되는 품목을 공급받으면 계산서를 발급받아야 한다.

2 전자계산서 자료 수집 및 전표처리

(1) 자료수집 및 자동분개

[자료수집및자동분개]에서 수집 시작일자와 수집 종료일자를 입력한 다음 하단의 [자료수집 및 자동분개] 키를 이용하여 기간별로 자료를 수집한다.

(2) 전자계산서

업로드된 자료 중 분개를 검토한 다음 전표상태가 '전송가능'이 되면 [전표전송]하여 [매입매출전표입력] 메뉴에 전표를 전송한다. 전송된 자료는 [매입매출전표입력]에 유형이 53.면세매입으로 표시된다.

3 면세매입 실무프로세스

면세매입거래 실무 프로세스

매입매출전표입력
유형 : 53.면세매입 ➡ 계산서합계표 ➡ 부가가치세신고서

실습예제

다음 거래 자료를 입력하고 부가가치세신고서와 부속서류를 작성하시오.

-경리부 사원이 교육을 받고 발급받은 계산서이다.

[별지 제28호서식] (청 색)

계 산 서(공급받는자 보관용)

| 책 번 호 | 권 | 호 |
| 일련번호 | - | |

공급자	등록번호	108-91-51403			공급받는자	등록번호	220-81-03217		
	상호(법인명)	실무아카데미	성 명	한실무		상호(법인명)	(주)나눔상사	성 명	서승희
	사업장주소	서울 마포구 마포대로 15				사업장주소	서울 강남구 강남대로 252		
	업 태	교육서비스업	종 목	회계학원		업 태	도소매업	종 목	타이어

작 성			공 급 가 액									비 고
년	월	일	공란수	십	억	천	백	십	만	천	백	십	일	
22	04	22	4					3	6	0	0	0	0	

월	일	품 목	규 격	수 량	단 가	공 급 가 액	비 고
04	22	지출증빙실무교육				360,000	

합 계 금 액	현 금	수 표	어 음	외상미수금	금액을	영수 함
360,000	360,000					청구

프로세스입력

❶ 매입매출전표입력(4월 22일)

거래유형	품명	공급가액	부가세	거래처	전자세금
53.면세	증빙실무교육	360,000원		30003.실무아카데미	
분개유형 1.현금	(차) 교육훈련비(판)	360,000원	(대) 현금		360,000원

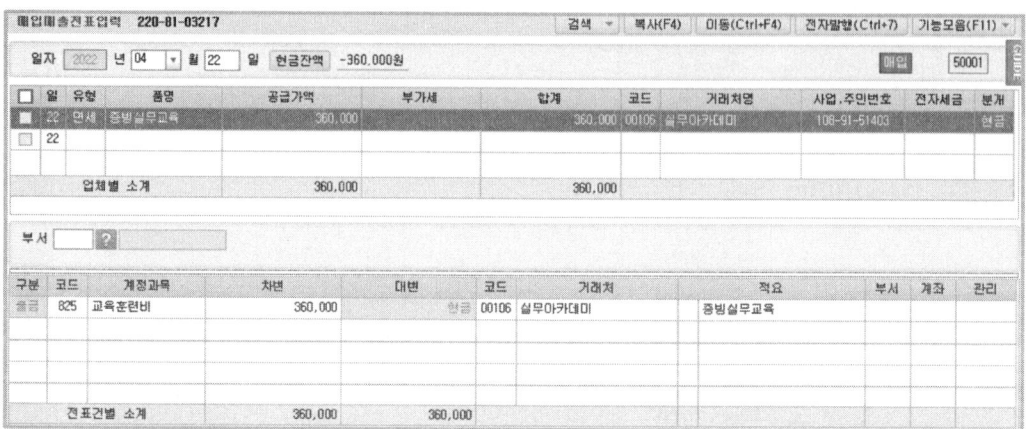

❷ 계산서합계표

❸ 부가가치세신고서

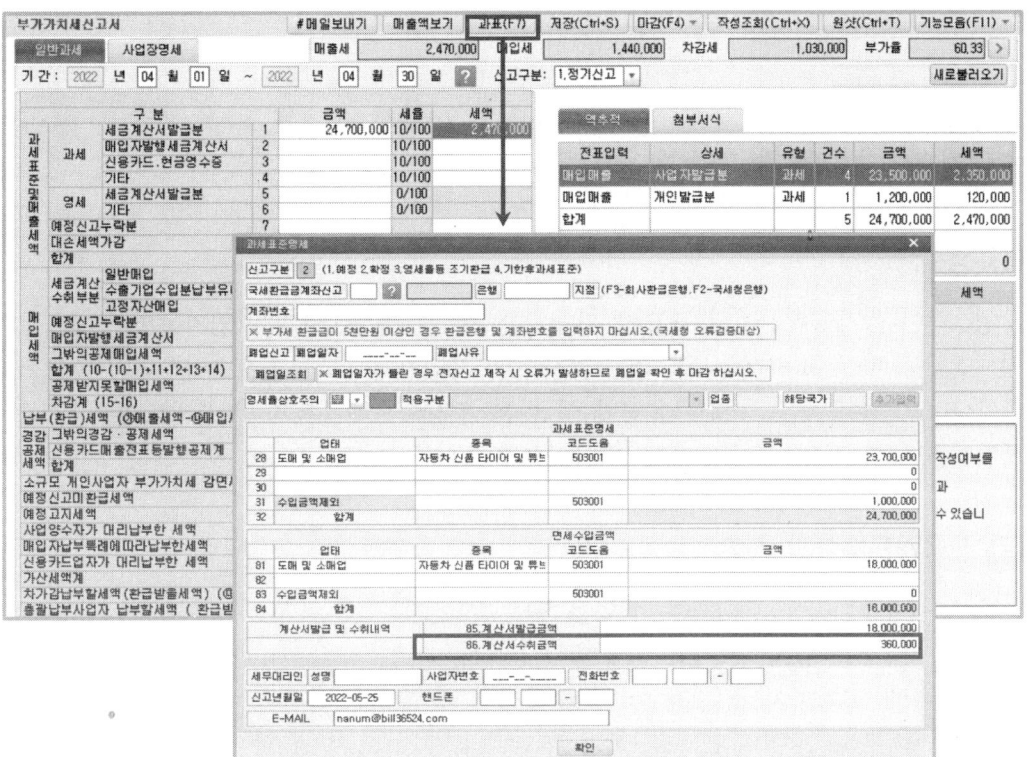

Point 21 신용카드 매출자료 정리하기

1 신용카드매출

(1) 영수증

영수증이란 세금계산서의 필요적 기재사항 중 공급받는 자의 사업자등록번호와 부가가치세액등을 따로 적지 아니한 약식 계산서로 사업자가 아닌 최종소비자와의 소액거래에 나타난다. 영수증에는 「여신금융업법」에 따른 신용카드매출전표, 직불카드영수증, 결제대행업체를 통한 신용카드매출전표, 현금영수증, 선불카드영수증등이 포함된다.

(2) 신용카드매출과 신고

주로 최종소비자를 대상으로 영업을 하는 사업자는 신용카드나 현금영수증 단말기를 설치하고 대금을 결제 받는다. 이렇게 신용카드 등으로 결제된 내역은 국세청에 통보가 되기 때문에 부가가치세신고시 이를 누락해서 신고하게 되면 세무서에서 매출과소신고 혐의로 안내문을 받게 되고, 가산세가 부과된다. 따라서 당해 과세기간의 매출액을 정확히 신고하는 것이 중요하다.

신용카드 등으로 결제된 내역은 부가가치세신고 전에 반드시 카드회사 등으로부터 국세청에 통보된 내역을 확인한 후에 부가가치세신고를 하여야 한다.

(3) 부가가치세액 구분표시

일반과세자로서 영수증 발급대상 사업을 하는 자 중 영수증을 신용카드기 또는 판매시점 정보관리시스템(POS)에 의하여 교부하는 사업자는 공급가액과 부가가치세액이 구분표시된 영수증을 발행하여야 한다.

(4) 신용카드매출전표 발급의 유형

1) 영수증 발급가능 사업자가 발급하는 신용카드매출전표

최종소비자를 주로 대상으로 하는 영업을 하는 사업자는 세금계산서를 발급하는 대신에 영수증을 발급할 수 있으며, 이때 영수증의 종류 중 신용카드매출전표를 발급하므로 매출증빙 및 부가가치세 세액의 징수를 판단할 수 있다. 17.카과(18.카면, 19.카영 등)을 선택하여 입력하며 부가가치세신고시 신용카드매출전표발행집계표를 작성하여 제출한다.

2) 일반과세사업자가 세금계산서를 발급하고 결제수단으로 발급하는 신용카드매출전표

일반과세사업자는 세금계산서를 발급하여야 하는 의무가 있으나, 결제수단으로 신용카드매출전표를 발급한 경우 기본매출인 세금계산서가 우선이므로 매입매출전표입력시 11. 과세매출로 입력하고 분개시 외상매출금계정에 결제수단으로 사용된 신용카드사를 입력한다. 이는 세금계산서합계표와 부가가치세신고서에 세금계산서 발급분으로 표시되고 신용카드매출전표발행집계표에는 별도로 "세금계산서발급분"으로 표시하여 매출이 이중으로 계상되지는 않는다.

2 신용카드 매출 자료수집 및 전표처리

(1) 자료수집 및 자동분개

[자료수집및자동분개]에서 수집 시작일자와 수집 종료일자를 입력한 다음 하단의 [자료수집 및 자동분개] 키를 이용하여 기간별로 자료를 수집한다.

(2) 신용카드

업로드된 자료 중 분개를 검토한 다음 전표상태가 '전송가능'이 되면 [전표전송]하여 [매입매출전표입력] 메뉴에 전표를 전송한다.

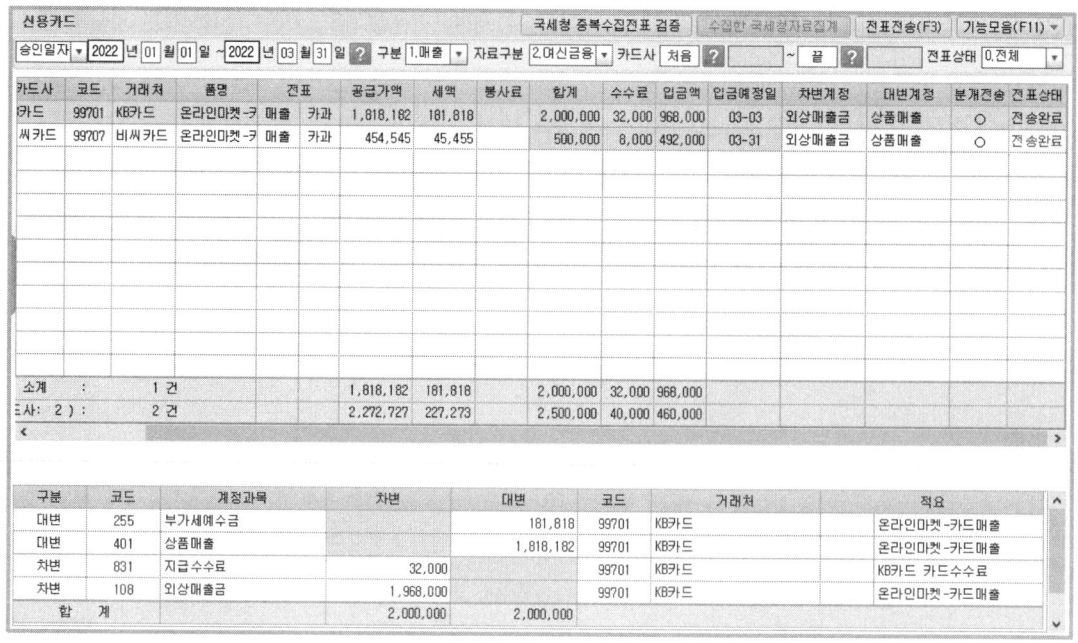

3. 신용카드매출자료 입력

(1) 홈텍스 자료 검토 및 입력

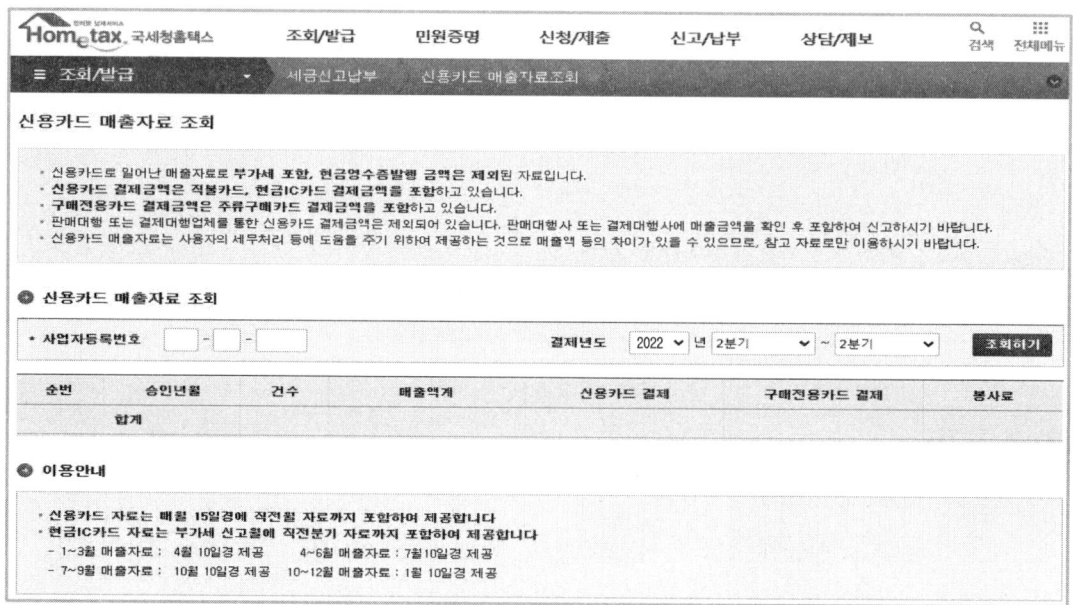

※ 조회된 자료를 전표로 입력하는 경우 월별, 분기별로 집계된 금액을 1건으로 입력할 수 있다.

(2) 여신금융협회 집계자료 입력

(3) 신용카드매출자료 엑셀업로드 자료전송

　　[자동전표]의 [신용카드]메뉴에서 [기능모음]의 [신용카드매출엑셀올리기]키를 이용하여 엑셀화일을 업로드한 다음 카드거래처를 입력하고 [전표내역생성]을 클릭하면 신용카드내역이 자동전표화면에 반영된다. 전표유형란에서 부가가치세 공제가능한 자료는 '매입', 부가가치세 공제불가능한 거래는 '일반'으로 선택하고 [전표전송]한다.

4 신용카드매출전표 발행자료 실무프로세스

신용카드매출전표 등 발급거래 실무 프로세스

매입매출전표입력
유형 : 17.카과, 18.카면
　　　19.카영, 22.현과
　　　23.현면, 24.현영
→ 신용카드매출전표 발행집계표
→ 부가가치세신고서

실습예제

다음 거래 자료를 입력하고 부가가치세신고서와 부속서류를 작성하시오.

1. 타이어(상품 과세분) 1EA에 대한 신용카드 영수증(거래처코드 99600으로 등록할 것)

2. 타이어(상품 과세분) 세금계산서발급분에 대한 신용카드영수증

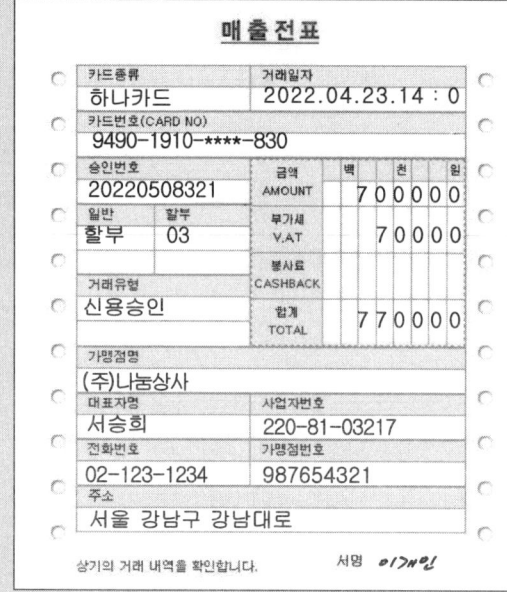
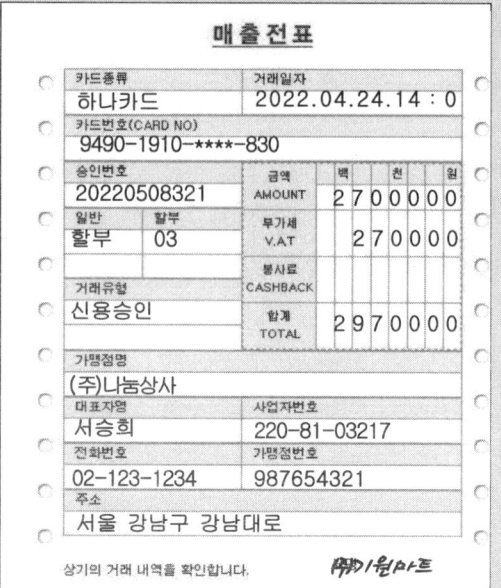

전자세금계산서				(공급자 보관용)		승인번호			
공급자	등록번호	220-81-03217			공급받는자	등록번호	221-81-56847		
	상호	(주)나눔상사	성명(대표자)	서승희		상호	(주)기원마트	성명(대표자)	김기원
	사업장 주소	서울특별시 강남구 강남대로 252 (도곡동)				사업장 주소	경기도 수원시 팔달로 4		
	업태	도소매업	종사업장번호			업태	도소매업	종사업장번호	
	종목	타이어 외				종목	식료품 외		
	E-Mail	nanum@bill36524.com				E-Mail	giwon@bill35624.com		
작성일자	2022.4.24.		공급가액	2,700,000		세 액	270,000		
비고									
월	일	품목명	규격	수량	단가	공급가액	세액	비고	
4	24	타이어				2,700,000	270,000		
합계금액		현금	수표		어음	외상미수금	이 금액을	○ 영수	함
2,970,000						2,970,000		● 청구	

프로세스입력

❶ 환경설정 검토

① 공급가액과 세액의 자동입력 방법지정
② 카드채권 : 외상매출금계정으로 변경
③ 금액입력시 공급가액 절사방법지정

부 가 가 치 세 (공 급 가 액) 소 수 점 관 리			
구 분	유 형		공급가액 절사방법
매 출	14	건별	2.올림
	17	카과	2.올림
매 입	56	금전	2.올림
	57	카과	2.올림

4.매입매출 전표입력 자동설정관리
① 기본 계정 설정
- 매 출 : 40100 ? 상 품 매 출
- 매 출 채 권 : 10800 ? 외 상 매 출 금
- 매 입 : 14600 ? 상 품
- 매 입 채 무 : 25100 ? 외 상 매 입 금

② 신용카드 기본계정설정(분개유형 4번)
- 카드입력방식 : 1 [1.공급대가(부가세포함) / 2.공급가액]
- 카 드 채 권 : 10800 ? 외 상 매 출 금
- 카 드 채 무 : 25300 ? 미 지 급 금
- 카드매입공제 : 2.부가세불공제
- 복 식 부 기 : 사용함

❷ 매입매출전표입력

1) 4월 23일

거래유형	품명	공급가액	부가세	거래처	전자세금
17.카과	타이어	700,000원	70,000원	40001.이개인	
분개유형 4.카드	(차) 외상매출금 (하나카드사)	770,000원	(대) 상품매출 부가세예수금		700,000원 70,000원

2) 4월 24일

거래유형	품명	공급가액	부가세	거래처	전자세금
11.과세	타이어	2,700,000원	270,000원	40001.(주)기안마트	전자입력
분개유형 4.카드	(차) 외상매출금 (하나카드사)	2,970,000원	(대) 상품매출 부가세예수금		2,700,000원 270,000원

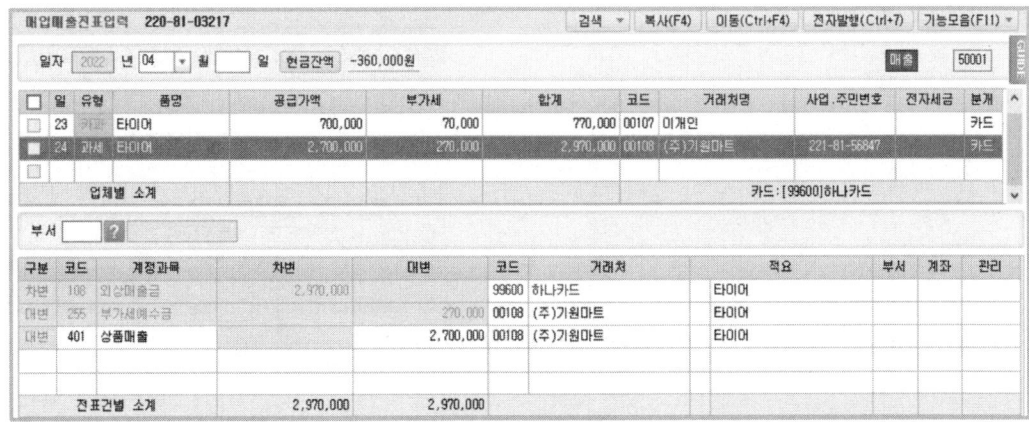

❸ 신용카드매출전표발행집계표

카드매출은 1.신용카드매출전표 등 발행금액 현황에 반영되나 그 중 세금계산서발급분에 대한 중복결제부분은 2.신용카드매출전표 등 발행금액 중 세금계산서 발급금액란에 적용된다.

❹ 부가가치세신고서

17.카드과세매출분은 부가가치세신고서 3란 신용카드.현금영수증란, 세금계산서발급분에 대한 카드결제분은 1란 세금계산서발급분란, 23.현금면세매출분은 [과표(F7)]에서 면세수입금액 81란에 집계된다.

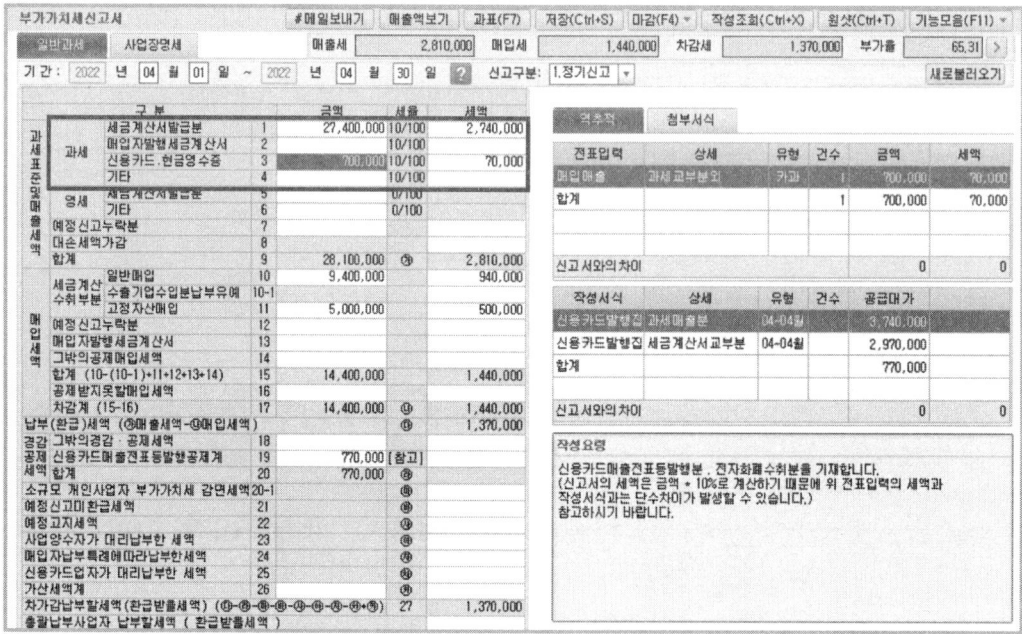

Point 22. 신용카드 매입자료 정리하기

1. 신용카드 매입자료

일반과세자로부터 부가가치세액이 별도 구분 기재된 신용카드매출전표 등을 수취한 경우(세금계산서 발급이 불가능한 목욕·이발·미용업, 여객운송업, 입장권사업을 제외) 매입세액공제 요건을 충족하면 매입세액으로 공제받으며, 이때 신용카드매출전표 등 수령금액 합계표를 작성하여야 한다.

신용카드매출전표등수령금액합계표에는 매입매출전표입력메뉴에서 57.카과, 61.현과로 입력된 내용이 반영되며, 세액공제를 받고자 하는 경우에 제출한다. 또한, 58.카면, 62.현면을 선택한 후 하단분개에서 계정코드 146(상품), 153(원재료), 156(원재료-도급), 162(부재료) 등을 입력하고 적요코드 06.의제매입세액 원재료차감(부가)이 선택된 경우에도 반영된다.

2. 신용카드 및 현금영수증과 관련한 세액공제

1) 신용카드 발행사업자

영수증 발행대상 간이과세자와 주로 사업자가 아닌 자에게 재화 또는 용역을 공급하는 사업자가 신용카드 및 현금영수증을 발행한 경우 발행금액(부가가치세포함)의 1.3%를 납부세액에서 공제한다.

법인사업자와 직전연도 재화 또는 용역의 공급가액 합계액이 10억원을 초과하는 개인사업자는 세액공제에서 제외한다.

2) 신용카드 수령사업자

일반과세자는 신용카드등 매출전표 수령금액(공급가액)의 10%, 간이과세자는 신용카드등 매출전표 수령세액에 업종별 부가가치율을 곱한 금액을 매입세액에서 공제한다. 간이과세자의 경우 2021.7.1.이후 공급받거나 수입신고하는 분부터 신용카드등매출전표수령금액(공급대가)의 0.5%를 적용한다.

3 신용카드매입자료의 부가세 공제요건

1) 공급가액과 세액이 분리 기재되어 있을 것

2) 매입세액불공제 대상 거래가 아닐 것

　　접대비관련거래, 비영업용소형승용차 구입·유지·임차관련거래등

3) 간이과세자와의 거래가 아닐 것

　① SmartA에서 사업자 유형을 확인하는 방법 : 거래처등록 메뉴의 "일반거래처"에서 사업자등록번호를 입력한 다음 "국세청" 아이콘을 클릭하여 사업자 유형을 조회할 수 있다.

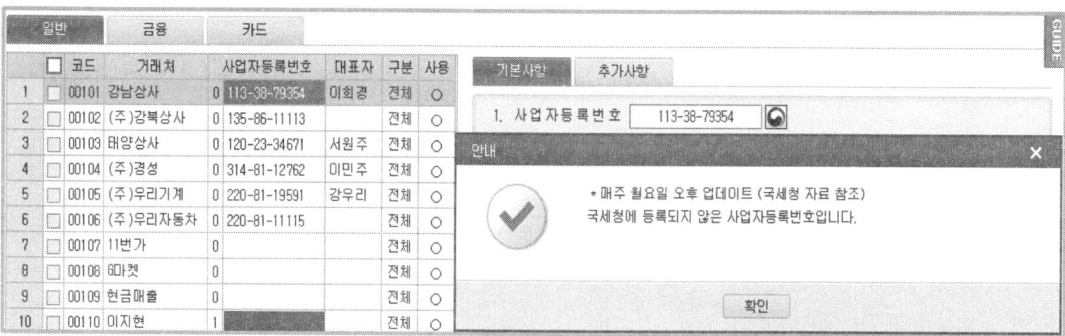

　② 국세청 홈텍스에서 사업자 유형을 확인하는 방법

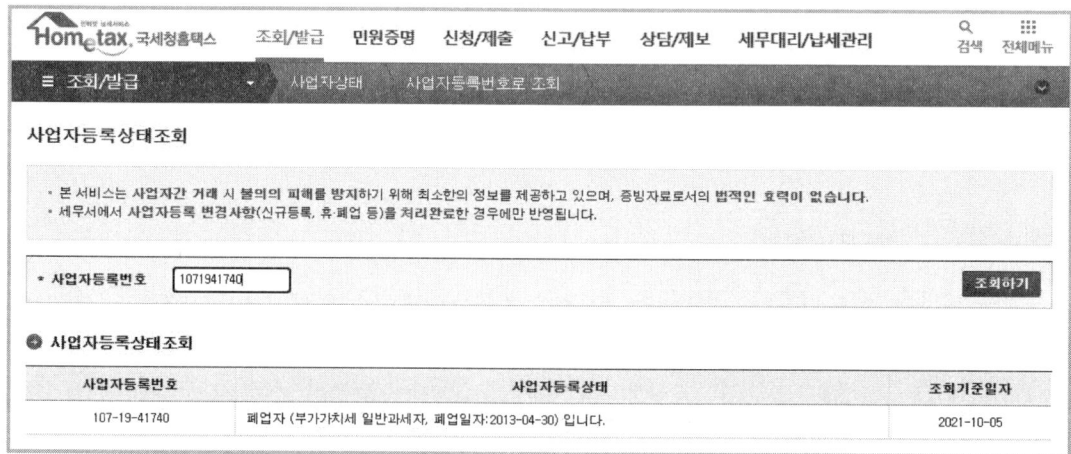

③ 부가가치세MRI에서 확인하는 방법

3 사업용 신용카드 등록제도 및 화물운전자 복지카드

구 분	내 용
사업용 신용카드	① 사업자가 사업용 물품을 구입하는 데 사용하는 신용카드를 국세청 현금영수증홈페이지의 「사업용 신용카드 등록」코너에 등록(공인인증서로 등록)하는 제도 ② 개인사업자 : 최대 2개 신용카드 등록가능(사업자 본인의 신용카드만 등록가능) ③ 법인사업자 : 법인명의의 카드를 발급받은 법인사업자는 별도의 등록절차 없이 자동 등록됨 ④ 사업용 신용카드에 등록한 경우 부가가치세 신고기간에 신용카드 거래자료를 사업자 및 세무대리인이 조회할 수 있도록 함 ⑤ 부가가치세 신고시 제출하는 '신용카드매출전표등수령명세서'에 거래처별 합계가 아닌 등록한 신용카드로 매입한 전체 합계금액을 기재하여 매입세액공제 함
가족카드나 종업원 명의의 개인카드	사업용 물품을 구입하는 경우 '신용카드매출전표등 수령명세서'에 거래처별 합계를 제출하여야 매입세액 공제가 가능함
화물운전자 복지카드	① 별도의 등록없이 화물운전자 복지카드 사용내역을 조회가능 ② '신용카드매출전표등수령명세서'에 거래처별 합계가 아닌 복지카드로 매입한 전체 합계금액을 기재하여 매입세액공제 함

4 신용카드 매입 자료수집 및 전표처리

(1) 홈택스 자료 조회

기장업체가 로그인 한 경우 홈택스에서 사업용신용카드의 매입세액공제여부를 확인할 수 있다.

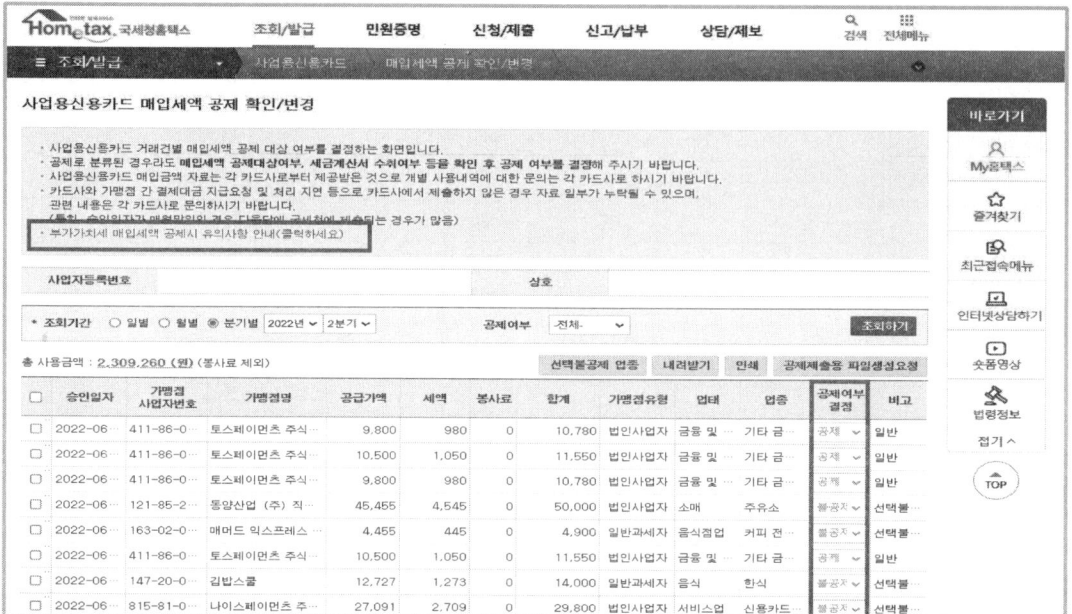

[부가가치세 매입세액공제시 유의사항]을 참고하여 선택불공제항목을 수정할 수 있다.

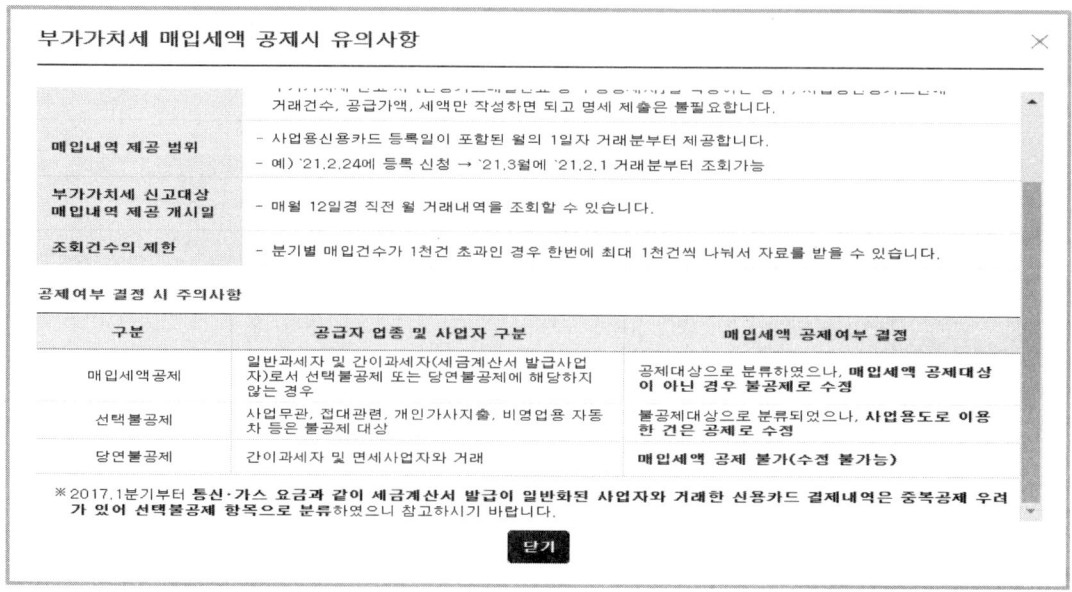

(2) 자료수집 및 자동분개

[자료수집및자동분개]에서 수집 시작일자와 수집 종료일자를 입력한 다음 하단의 [자료수집 및 자동분개] 키를 이용하여 기간별로 자료를 수집한다.

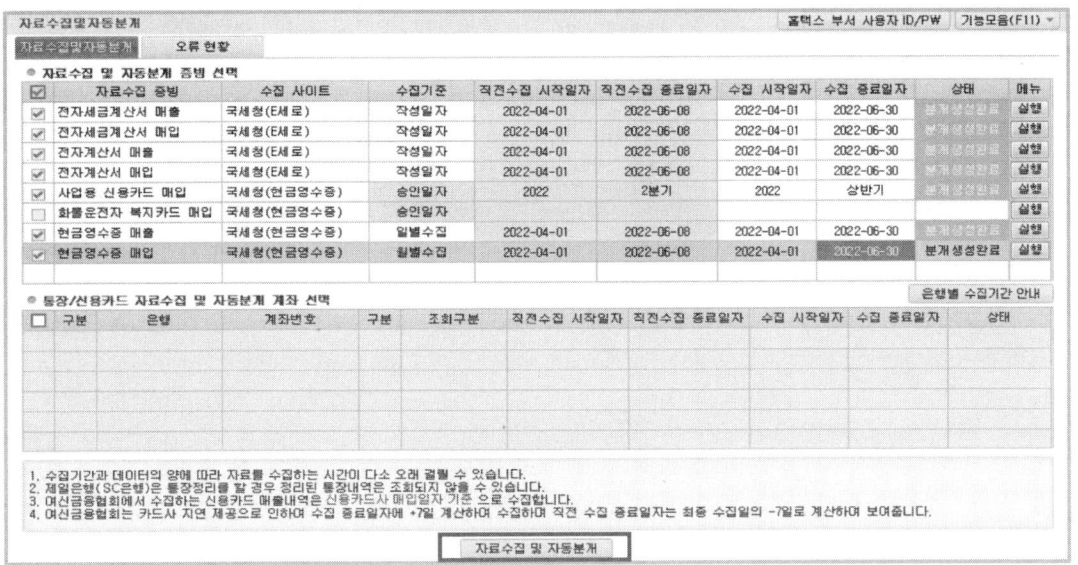

(3) 신용카드

업로드된 자료 중 분개를 검토한 다음 전표상태가 '전송가능'이 되면 [전표전송]하여 [매입매출전표입력] 메뉴에 전표를 전송한다. 이때 카드사별로 거래처코드가 미등록된 경우 [거래처등록]에서 카드번호를 등록하고 카드사별로 거래처코드를 등록한다. 또한 신용카드이면 결제계정과목을 253.미지급금, 체크카드이면 103.보통예금을 선택한다.

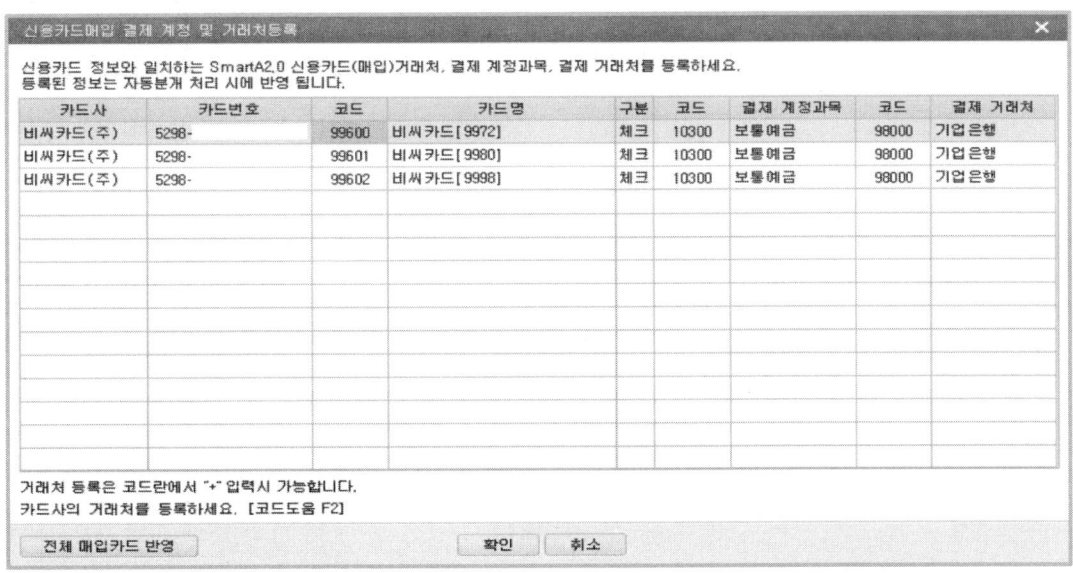

[전표유형]에서 매입세액공제대상 거래이면 1.매입을 선택하고 불공제거래이면 2.일반을 선택한다. 1.매입과 57.카과, 58.카면, 59.카영을 선택하고 [전표전송]한 자료는 [매입매출전표입력]에 해당 유형으로 반영된다.

(4) 신용카드매입자료 엑셀업로드 자료전송

① 매입카드 엑셀 업로드

[자동전표]의 [신용카드]메뉴에서 [기능모음]의 [신용카드매입엑셀올리기]키를 이용하여 엑셀화일을 업로드한 다음 카드거래처를 입력하고 [전표내역생성]을 클릭하면 신용카드내역이 자동전표화면에 반영된다.

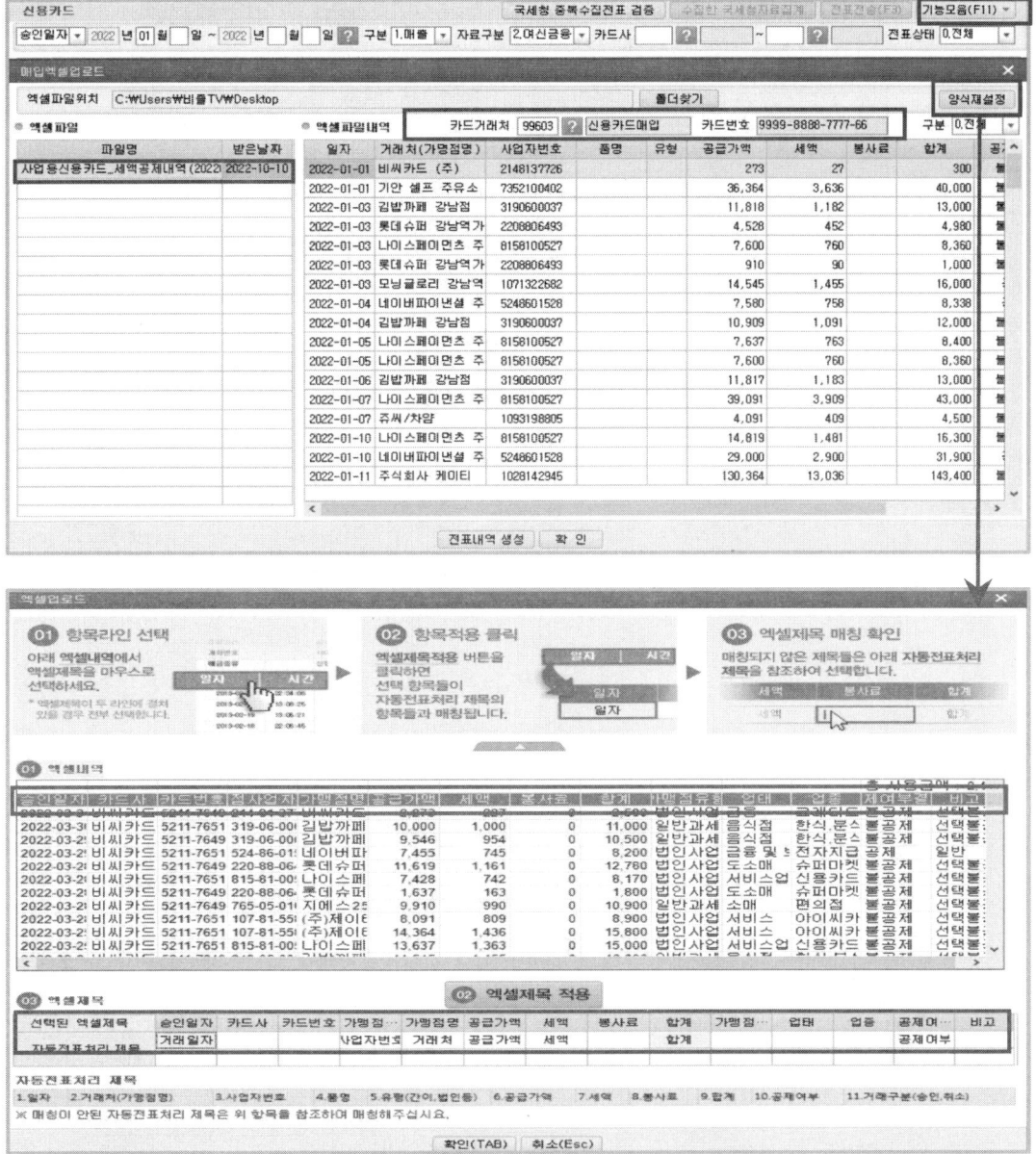

② [신용카드매입결제 계정 및 거래처등록]

카드사와 [거래처등록]에 등록된 코드를 연결하며, 신용카드매입시 대변 계정과목코드를 등록한다.

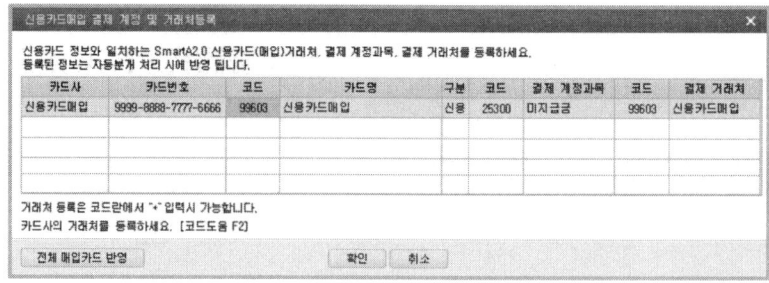

③ 신용카드 전표전송

전표유형란에서 부가가치세 공제가능한 자료는 '매입' '카과', 부가가치세 공제불가능한 거래는 '일반'으로 선택하고 [전표전송]한다.

4 신용카드매출전표 매입 실무프로세스

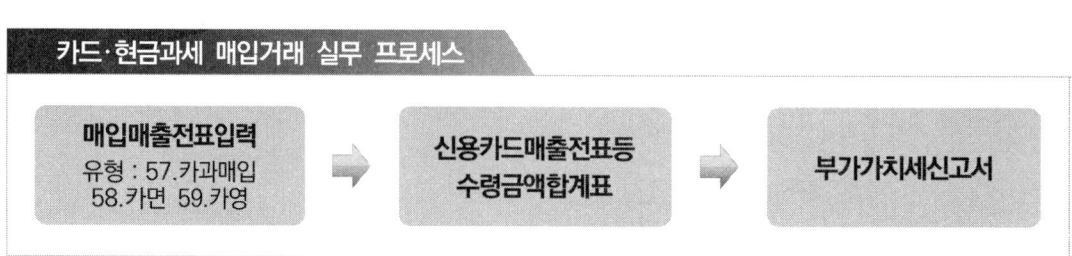

실습예제

다음 거래 자료를 입력하고 부가가치세신고서와 부속서류를 작성하시오.

1. 관리부에서 사용할 사무용품을 구입하고 받은 신용카드영수증 수취분

```
            신용카드 매출전표
하늘마트
120-16-90961    소인배    Tel : 02-514-1254
서울시 강남구 강남대로 596
2022/04/25[화] 11:54        계산원 : 정은주
POS번호 : 1001             영수증번호 : 00296
-----------------------------------------------
상품명            단가       수량      금액
-----------------------------------------------
01 볼펜          1,000×    10       10,000
02 복사용지     25,000×     2       50,000

과세                                 60,000원
부가세                                6,000원
결제금액                             66,000원

카드결제                               66,000
카드번호 : 33331234********    (일시불)
카 드 명 : 국민카드
승인번호 : 65353224
                 -이하생략-
```

2. 소모품(과세분)구입의 세금계산서발급분에 대한 신용카드영수증

```
              매출전표
카드종류          거래일자
국민카드          2022.04.26.14:0
카드번호(CARD NO)
9490-1910-****-830
승인번호              금액         백 천 원
20220426321       AMOUNT    3 0 0 0 0 0
일반    할부         부가세
할부    03          V.AT      3 0 0 0 0
                  봉사료
거래유형           CASHBACK
신용승인           합계
                  TOTAL     3 3 0 0 0 0
가맹점명
(주)기원마트
대표자명           사업자번호
김기원             221-81-56847
전화번호           가맹점번호
02-123-1234      99998765
주소
경기도 수원시 팔달로 4

상기의 거래 내역을 확인합니다.    (주)나눔상사
```

전자 세금계산서 (공급받는자보관용) (청 색)

승인번호

	공급자				공급받는자		
등록번호	221-81-56847			등록번호	220-81-03217		
상호	(주)기원마트	성명(대표자)	김기원	상호	(주)나눔상사	성명(대표자)	서승희
사업장주소	경기도 수원시 팔달로 4			사업장주소	서울 강남구 강남대로 252		
업태	도소매업	종사업장번호		업태	도소매업	종사업장번호	
종목	식료품 외			종목	타이어		
E-Mail	giwon@bill35624.com			E-Mail	nanum@bill36524.com		

작성일자			공란수	공급가액	세액
2022	4	26	8	300,000	30,000

비고

월	일	품목명	규격	수량	단가	공급가액	세액	비고
4	26	청소용품외				300,000	30,000	

합계금액	현금	수표	어음	외상미수금	이 금액을 ○ 영수 함
330,000				330,000	● 청구

프로세스입력

❶ 매입매출전표입력

1) 4월 25일

거래유형	품명	공급가액	부가세	거래처	전자세금
57.카과	볼펜외	60,000원	6,000원	00116.하늘마트	
분개유형	(차) 소모품비(판)	60,000원	(대) 미지급금		66,000원
4.카드	부가세대급금	6,000원	(국민카드)		

2) 4월 26일

거래유형	품명	공급가액	부가세	거래처	전자세금
51.과세	청소용품외	300,000원	30,000원	00115.(주)기원마트	전자입력
분개유형	(차) 소모품비(판)	300,000원	(대) 미지급금		330,000원
4.카드	부가세대급금	30,000원	(국민카드)		

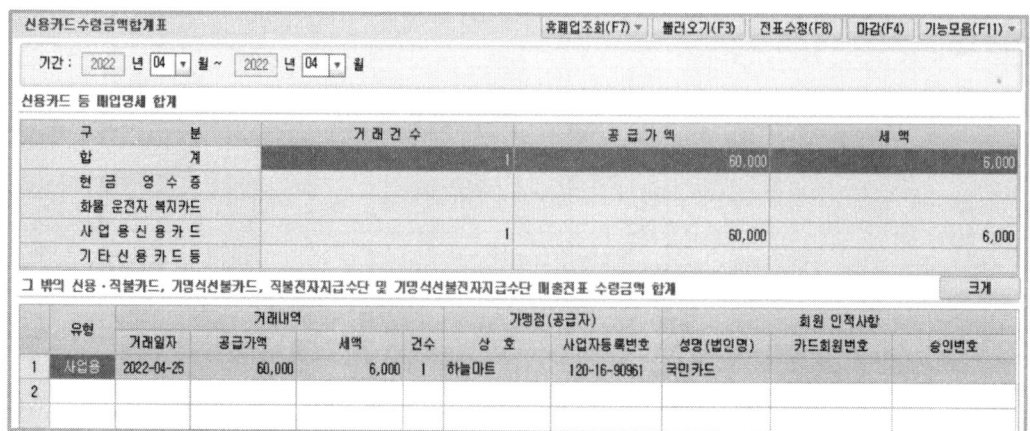

❷ 신용카드수령금액합계표

부가가치세 > 주요신고서류 > 신용카드수령금액합계표

❸ 부가가치세신고서

신용카드매입세액 공제가능분은 부가가치세신고서의 14.그밖의공제매입세액란과 보조화면의 해당 항목에 반영하며, [신용카드매출전표수령명세서]가 첨부되어야 세액공제가 가능하다.

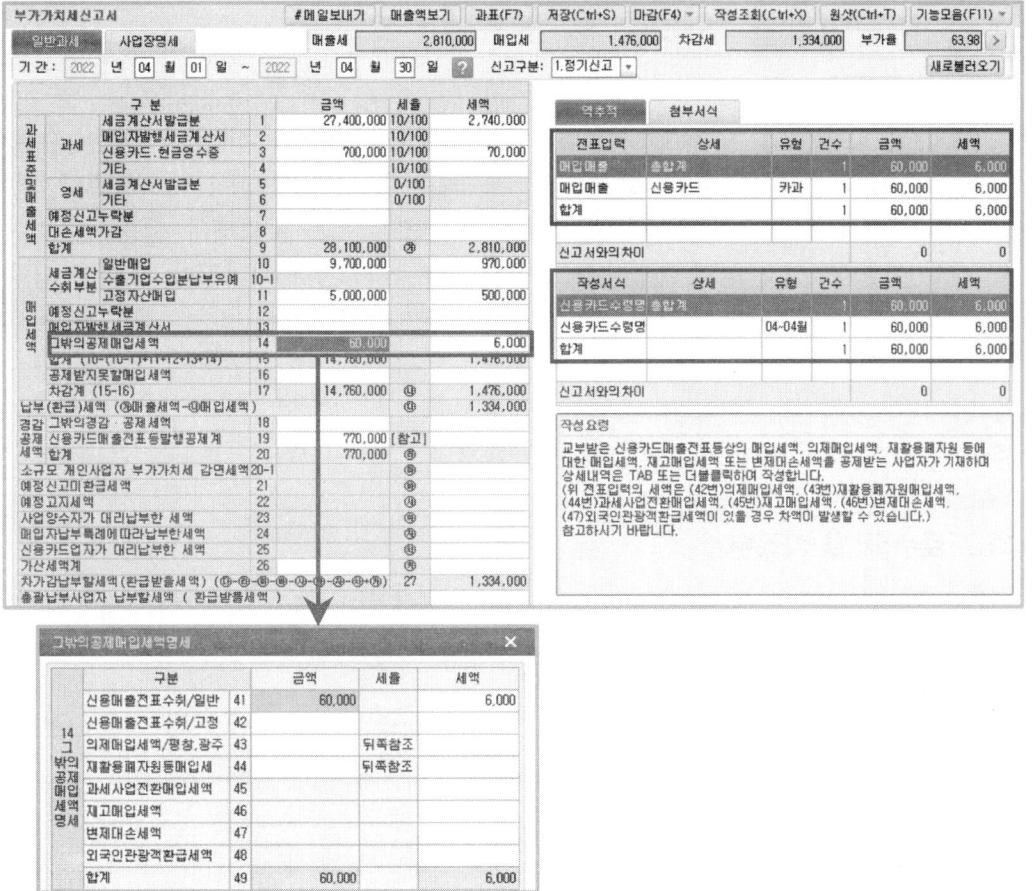

Point 23 현금영수증 매출자료 정리하기

1 현금영수증 매출

　소매업, 음식·숙박업 등 주로 최종소비자를 대상으로 영업을 하는 사업자는 신용카드나 현금영수증 단말기를 설치하고 대금을 결제받는다. 이렇게 신용카드 등으로 결제된 내역은 국세청에 통보가 되기 때문에 부가가치세신고시 이를 누락해서 신고하게 되면 세무서에서 매출과소신고 혐의로 안내문을 받게 되고, 가산세가 부과된다. 따라서 당해 과세기간의 매출액을 정확히 신고하는 것이 중요하다.

2 현금영수증 매출 자료수집 및 전표처리

(1) 자료수집 및 자동분개

　[자료수집및자동분개]에서 수집 시작일자와 수집 종료일자를 입력한 다음 하단의 [자료수집 및 자동분개] 키를 이용하여 기간별로 자료를 수집한다.

(2) 현금영수증

　업로드된 자료 중 분개를 검토한 다음 전표상태가 '전송가능'이 되면 [전표전송]하여 [매입매출전표입력] 메뉴에 전표를 전송한다.

구분	코드	계정과목	차변	대변	코드	거래처	적요
대변	255	부가세예수금		1,718	00123	현금영수증	현금영수증
대변	401	상품매출		17,182	00123	현금영수증	현금영수증
차변	108	외상매출금	18,900		00123	현금영수증	현금영수증
합 계			18,900	18,900			

3 홈텍스 현금영수증매출자료 검토

(1) 기장회사에서 상세내역 조회방법

기장회사에서는 현금영수증발급내역을 일별, 주별, 월별, 분기별로 상세내역을 조회할 수 있다.

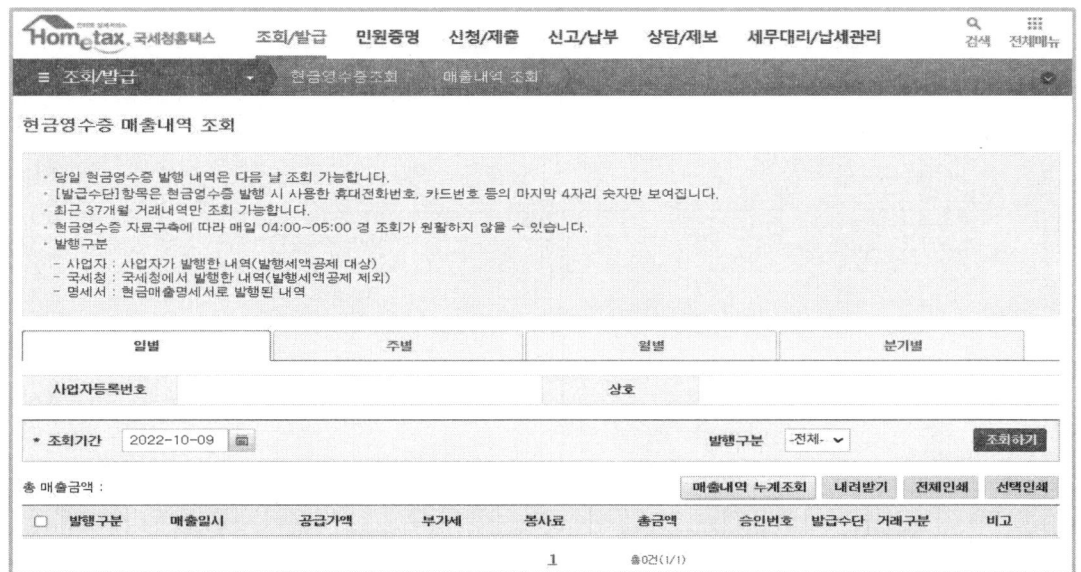

(2) 세무대리인 집계내역 조회방법

세무대리인은 기장업체의 사업자등록번호를 입력하고 현금영수증매출내역을 '전체' 또는 '분기별'로 집계내역을 조회할 수 있다. 조회된 내역에 따라 월말 또는 분기말로 집계금액으로 매입매출전표입력에 입력할 수 있다.

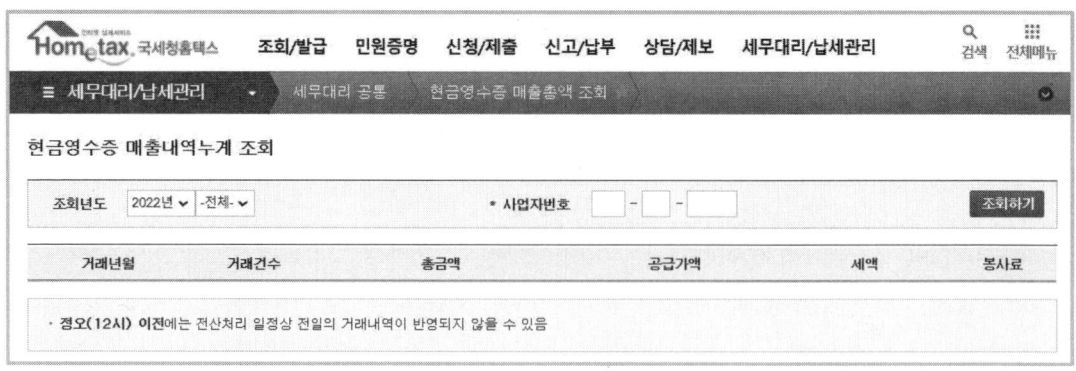

4 현금영수증매출 실무프로세스

현금영수증 발급거래실무프로세스

매입매출전표입력
유형 : 22.현과
23.현면, 24.현영
→ 신용카드매출전표 발행집계표 → 부가가치세신고서

실습예제

다음 거래 자료를 입력하고 부가가치세신고서와 부속서류를 작성하시오.

1. 타이어(상품) 판매 현금영수증

현금영수증
CASH RECEIPT
이개인 귀하

사업자등록번호	220-81-03217
현금영수증가맹점명	(주)나눔상사
대표자	서승희
주소	서울 강남구 강남대로 252
전화번호	02-123-1234

| 품명 | 타이어 | 승인번호 | 541231 |
| 거래일시 | 2022.04.27. | 취소일자 | |

단위		백		천			원
금액 AMOUNT			1	5	0	0	0
부가세 VAT				1	5	0	0
봉사료 TIPS							
합계 TOTAL			1	6	5	0	0

2. 도서(상품 면세분)판매 현금영수증

현금영수증
CASH RECEIPT
㈜기원마트 귀하

사업자등록번호	220-81-03217
현금영수증가맹점명	(주)나눔상사
대표자	서승희
주소	서울 강남구 강남대로 464
전화번호	02-123-1234

| 품명 | 서적 | 승인번호 | 541231 |
| 거래일시 | 2022.04.28. | 취소일자 | |

단위		백		천			원
금액AMOUNT				3	0	0	0
부가세 VAT							
봉사료 TIPS							
합계 TOTAL				3	0	0	0

프로세스입력

❶ 환경설정 검토

1. 공급가액과 세액의 자동입력 방법지정
2. 카드채권 : 외상매출금계정으로 변경
3. 금액입력시 공급가액 절사방법지정

부 가 가 치 세 (공 급 가 액) 소 수 점 관 리			
구 분	유 형		공급가액 절사방법
매 출	14	건별	2.올림
	17	카과	2.올림
매 입	56	금전	2.올림
	57	카과	2.올림

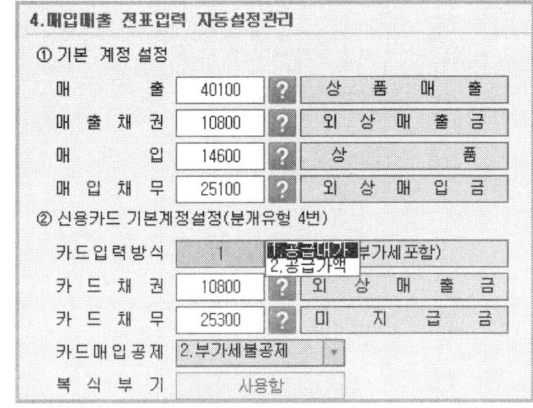

❷ 매입매출전표입력

1) 4월27일

거래유형	품명	공급가액	부가세	거래처	전자세금
22.현과	타이어	150,000원	15,000원	이개인	
분개유형	(차) 현금		165,000원	(대) 상품매출	150,000원
1.현금				부가세예수금	15,000원

2) 4월28일

거래유형	품명	공급가액	부가세	거래처	전자세금
23.현면	서적	30,000원		(주)기원마트	
분개유형	(차) 현금		30,000원	(대) 상품매출	30,000원
1.현금					

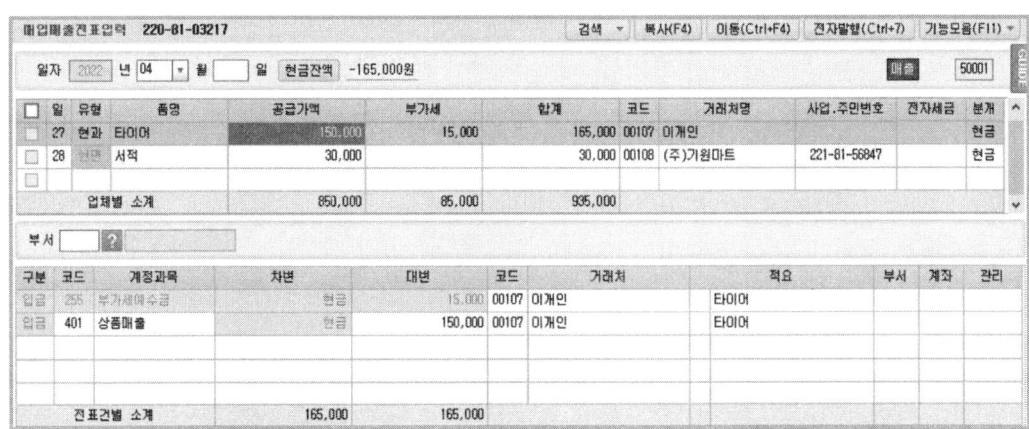

❸ 신용카드매출전표발행집계표

카드매출은 1.신용카드매출전표 등 발행금액 현황에 반영되나 그 중 세금계산서발급분에 대한 중복결제부분은 2.신용카드매출전표 등 발행금액 중 세금계산서 발급금액란에 적용된다.

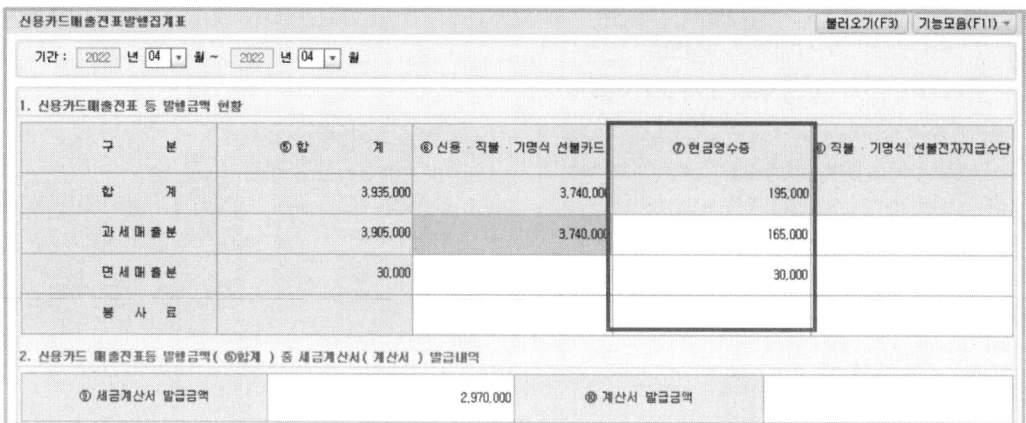

❹ 현금매출명세서

현금매출명세서 제출업종 관련 매출이 있으면 반드시 제출해야하며, [현금매출명세서제출업종참고]를 클릭하여 조회할 수 있다.

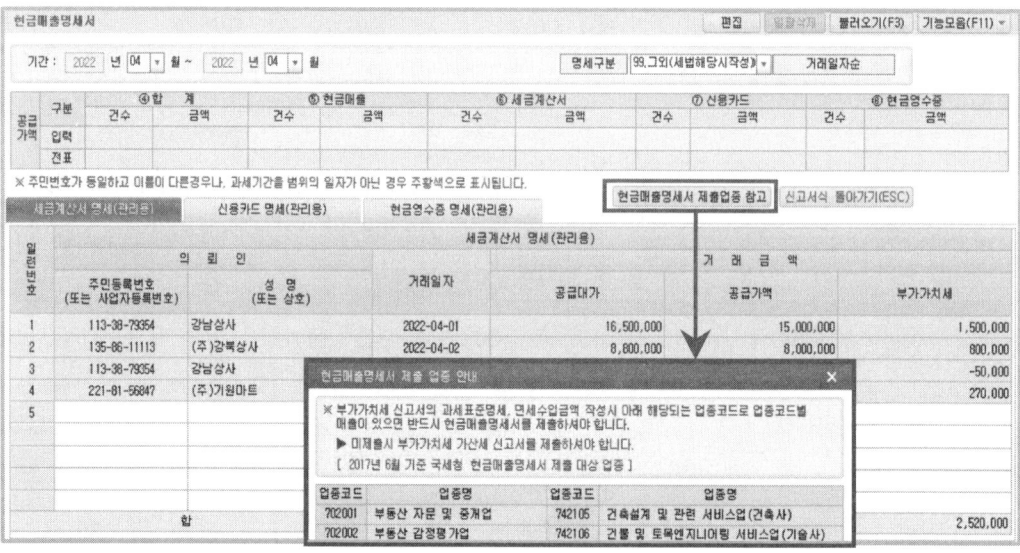

❺ 부가가치세신고서

17. 카드과세매출분은 부가가치세신고서 3란 신용카드.현금영수증란, 세금계산서발급분에 대한 카드결제분은 1란 세금계산서발급분란, 23.현금면세매출분은 과표(F7) 면세수입금액 80란에 집계된다.

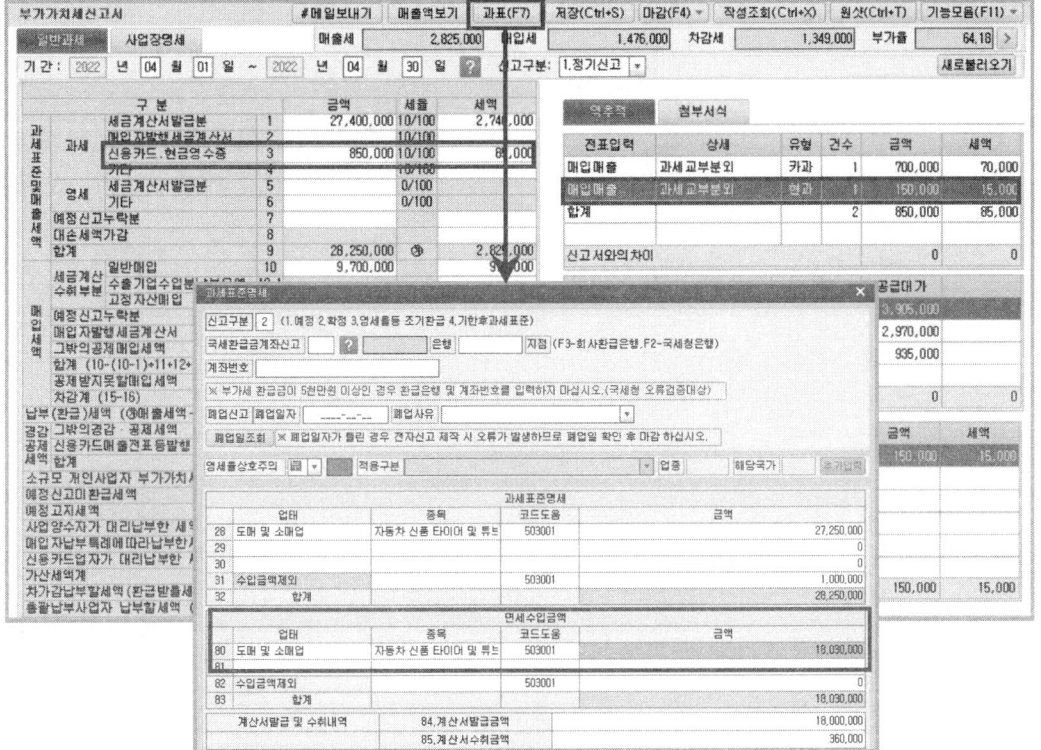

Point 24 현금영수증 매입자료 정리하기

1 현금영수증매입자료

일반과세자로부터 부가가치세액이 별도 구분 기재된 신용카드매출전표 등을 수취한 경우(세금계산서 발급이 불가능한 목욕·이발·미용업, 여객운송업, 입장권사업을 제외) 매입세액공제 요건을 충족하면 매입세액으로 공제받으며, 이때 신용카드매출전표 등 수령금액합계표를 작성하여야 한다.

신용카드매출전표등수령금액합계표에는 매입매출전표입력메뉴에서 57.카과, 61.현과로 입력된 내용이 반영되며, 세액공제를 받고자 하는 경우에 제출한다. 또한, 58.카면, 62.현면을 선택한 후 하단분개에서 계정코드 146(상품), 153(원재료), 156(원재료-도급), 162(부재료) 등을 입력하고 적요코드 06.의제매입세액 원재료차감(부가)이 선택된 경우에도 반영된다.

2 현금영수증매입자료의 부가세 공제요건

① 공급가액과 세액이 분리 기재되어 있을 것
② 매입세액불공제 대상 거래가 아닐 것
③ 간이과세자와의 거래가 아닐 것

※ SmartA에서 사업자 유형을 확인하는 방법 : 거래처등록 메뉴의 "일반거래처"에서 사업자등록번호를 입력한 다음 "국세청" 아이콘을 클릭하여 사업자 유형을 조회할 수 있다.

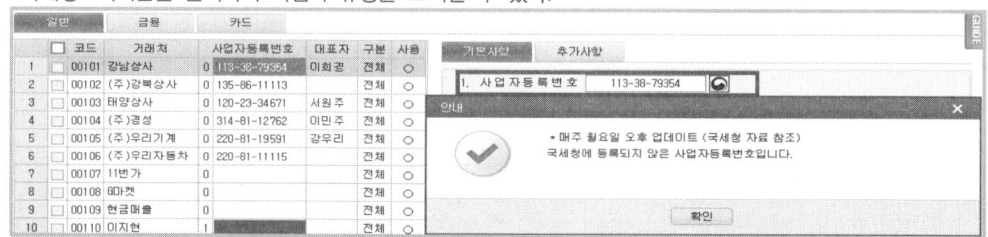

※ 국세청 홈텍스에서 사업자 유형을 확인하는 방법

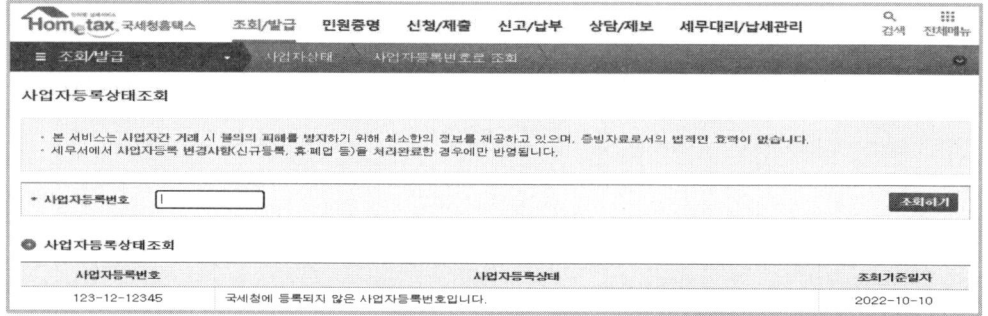

3 현금영수증 매입 자료수집 및 전표처리

(1) 자료수집 및 자동분개

[자료수집및자동분개]에서 수집 시작일자와 수집 종료일자를 입력한 다음 하단의 [자료수집 및 자동분개] 키를 이용하여 기간별로 자료를 수집한다.

(2) 현금영수증

업로드된 자료 중 분개를 검토한 다음 전표상태가 '전송가능'이 되면 [전표전송]하여 [매입매출전표입력] 메뉴에 전표를 전송한다.

4 홈택스 현금영수증매입자료 검토

(1) 기장회사에서 상세내역 조회방법

기장회사에서는 현금영수증 매입세액 공제금액을 조회할 수 있다.

(2) 세무대리인 집계내역 조회방법

세무대리인은 기장업체의 사업자등록번호를 입력하고 현금영수증매입내역을 '전체'로 집계내역을 조회할 수 있다. 조회된 내역에 따라 월말 또는 분기말로 집계금액으로 매입매출전표입력에 입력할 수 있다.

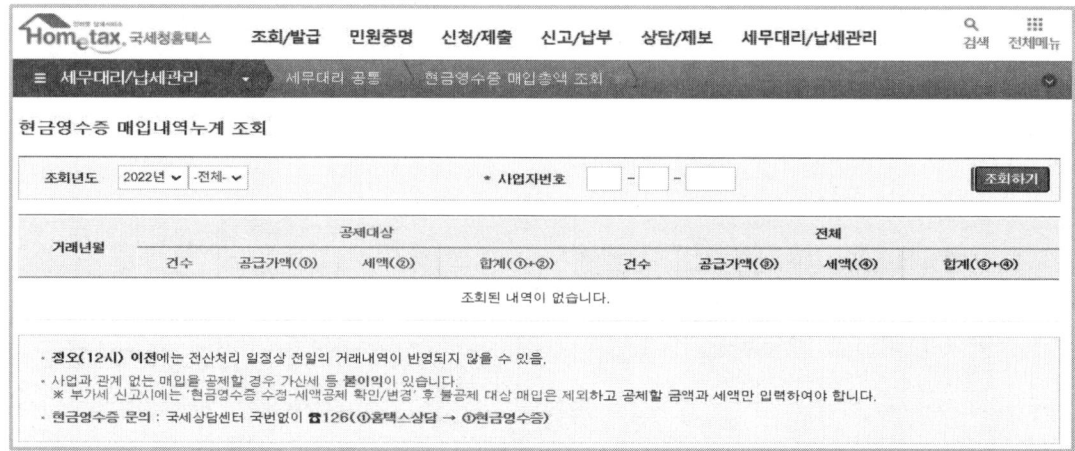

5 현금영수증 매입 실무프로세스

카드·현금과세 매입거래 실무 프로세스

매입매출전표입력
유형 : 61.현과매입
　　　62.현면매입
→ 신용카드매출전표등 수령금액합계표 → 부가가치세신고서

실습예제

다음 거래 자료를 입력하고 부가가치세신고서와 부속서류를 작성하시오.

1. 홍보용 카달로그를 제작하고 받은 현금영수증 수취분이다.

```
** 현금영수증 **
          (RECEIPT)
사업자등록번호 : 107-35-21410  명구남
사업자명      : 빙구기획
단말기ID     : 123789(tel : 02-421-1233)
가맹점주소    : 서울 영등포구 신길로 229
현금영수증 회원번호
220-81-03217              (주)나눔상사
승인번호      : 56124512    (PK)
거래일시      : 2022년04월29일16시28분21초
------------------------------------
공급금액                        250,000원
부가세금액                        25,000원
총합계                          275,000원
------------------------------------
휴대전화, 카드번호 등록 http : //현금영수증.kr
국세청문의(126)
38036925-GCA10106-3870-U490
  <<<<<이용해 주셔서 감사합니다.>>>>>
```

프로세스입력

❶ 매입매출전표입력(4월29일)

거래유형	품명	공급가액	부가세	거래처	전자세금
61.현과	카달로그 제작	250,000원	25,000원	빙구기획	
분개유형	(차) 광고선전비(판)	250,000원	(대) 현금		275,000원
1.현금	부가세대급금	25,000원			

❷ 신용카드수령금액합계표

부가가치세 > 주요신고서류 > 신용카드수령금액합계표

❸ 부가가치세신고서

Point 25 부동산임대업자가 보증금 관리하는 방법

1 과세대상 및 과세되지 아니하는 임대사업

(1) 부동산임대사업자는 용역의 공급으로 과세대상에 해당

(2) 부동산임대 및 부동산매매에 대한 과세범위

구 분		부동산임대	부동산매매
건물	상가	과 세	과 세
	주택(국민주택규모 초과)	면 세	과 세
	주택(국민주택규모 이하)	면 세	면 세
토지	상가관련	과 세	면 세
	주택관련(부수토지)	면 세	면 세
	주택관련(부수토지 초과)	과 세	면 세
	나대지	과 세	면 세

(3) 과세대상에서 제외되는 임대

구 분	내 용
전·답·과수원·목장용지·임야·염전의 임대	지적공부상 지목과 관계없이 실제로 경작하거나 토지 고유 용도에 사용하는 것
상시 주거용으로 사용하는 주택 및 그 부수토지의 임대	아래 ① ② 중 넓은 면적 한도 ① 건물 정착면적의 5배(도시지역 밖은 10배)를 초과하지 않는 것 ② 주택 연면적의 1배(지하층, 지상층의 주차장, 주민공동시설의 면적 제외)

※ 국세청, 2018부가가치세상담실무

2 부동산임대업의 과세표준계산

 부동산 임대용역을 제공하는 사업자는 부동산 임대용역의 공급내역을 상세히 기록한 부동산임대공급가액명세서를 부가가치세 신고시 제출해야 하며, 이는 부가가치세 성실신고여부와 보증금에 대한 간주임대료 계산의 적정여부 등을 판단하는 자료로 활용되어 진다. 임대차계약을 갱신(임대차기간연장, 임차보증금·임대료등이 변경)한 경우 부가가치세 예정 및 확정신고시 임대차계약서 사본을 제출한다.

(1) 일반적인 경우의 부동산임대 과세표준

> 과세표준 = 월임대료 + 간주임대료 + 관리비(전기료등 공공요금 징수분 제외)

간주임대료 계산방법

부동산 임대용역을 공급하고 전세금 또는 임대보증금을 받은 경우에는 금전 이외의 대가를 받은 것으로 보아, 다음 산식에 의해 계산한 금액을 부가가치세 과세표준으로 하며, 이를 통상 간주임대료라 칭한다.

$$\text{간주임대료} = \text{임대보증금(전세금)} \times \frac{\text{대상기간의 일수}}{365(\text{윤년의 경우 } 366)} \times \left\{ \begin{array}{c} \text{과세기간 종료일 현재} \\ \text{계약기간 1년 만기} \\ \text{정기예금 이자율 1.2\%} \end{array} \right\}$$

- 계약기간 1년 만기 정기예금 이자율은 서울시내에 본점을 둔 시중은행의 이자율을 감안하여 국세청장이 정한 율(수시로 변동될 수 있다)을 말한다.
- 전대의 경우 전대한 면적에 상당하는 임차금을 전대보증금에서 차감

(2) 임대주택에 부가가치세가 과세되는 사업용 건물이 함께 설치되어 있는 경우

구 분	내 용
주택면적 > 사업용건물면적	전부를 주택의 임대로 봄
주택면적 ≤ 사업용건물면적	주택부분 외의 사업용 건물 부분은 주택의 임대로 보지 아니함

※ 임차인별로 주택부분의 면적(사업을 위한 거주용 제외)이 사업용 건물부분의 면적보다 클 때에는 그 전부를 주택의 임대로 본다.

(3) 구분이 불분명한 경우

부가가치세가 과세되는 부동산임대용역과 면세되는 주택임대용역을 함께 공급하여 그 임대구분과 임대료등의 구분이 불분명한 경우 총 대가를 해당 자산의 가액으로 안분하여 적용한다.

구 분	내 용
① 토지분에 대한 임대료상당액 또는 건물분에 대한 임대료상당액	부동산임대용역의 총 대가 × $\dfrac{\text{토지가액 또는 건물가액}}{\text{토지가액과 정착된 건물가액의 합계액}}$
② 토지임대과세표준	위 ①호에 의한 금액 × $\dfrac{\text{과세되는 토지임대면적}}{\text{총 토지임대면적}}$
③ 건물임대과세표준	위 ①호에 의한 금액 × $\dfrac{\text{과세되는 건물임대면적}}{\text{총 건물임대면적}}$

※ 부동산임대용역의 총대가 = 임대료등 + 간주임대료

※ 토지가액과 건물가액의 예정신고기간 또는 과세기간이 끝난 날 현재의 소득세법 제99조에 의한 토지(개별공시지가)와 건물(국세청장이 매년 산정·고시하는 가액)등에 대한 기준시가에 따름

2 부동산임대업의 과세표준계산 실무프로세스

실무프로세스

부동산임대공급가액 명세서작성 간주임대료 회계처리 부가가치세신고서

실습예제

다음 거래 자료를 입력하고 부가가치세신고서와 부속서류를 작성하시오.

❶ 회사는 (주)동희테크와 부동산임대 계약을 체결하고, 5월분, 6월분 월임대료에 대하여 전자세금계산서를 발급하였다.

자료 1. 임대료에 대하여 발급한 전자세금계산서

전자세금계산서 (공급자 보관용)					승인번호		
공급자	등록번호	220-81-03217		공급받는자	등록번호	127-81-91751	
	상호	(주)나눔상사	성명(대표자) 서승희		상호	(주)동희테크	성명(대표자) 김동희
	사업장주소	서울 강남구 강남대로 252			사업장주소	서울 강남구 삼성로 441(삼성동)	
	업태	제조업외	종사업장번호		업태	도매, 무역업	종사업장번호
	종목	타이어			종목	전자부품	
	E-Mail	nanum@bill36524.com			E-Mail	donghee@bill36524.com	
작성일자	2022.5.1.		공급가액	2,000,000	세액	200,000	

월	일	품목명	규격	수량	단가	공급가액	세액	비고
5	1	5월 임대료				2,000,000	200,000	

합계금액	현금	수표	어음	외상미수금	이 금액을 ○ 영수 함 ● 청구
2,200,000				2,200,000	

전자세금계산서 (공급자 보관용)					승인번호		
공급자	등록번호	220-81-03217		공급받는자	등록번호	127-81-91751	
	상호	(주)나눔상사	성명(대표자) 서승희		상호	(주)동희테크	성명(대표자) 김동희
	사업장주소	서울 강남구 강남대로 252			사업장주소	서울 강남구 삼성로 441(삼성동)	
	업태	제조업외	종사업장번호		업태	도매, 무역업	종사업장번호
	종목	타이어			종목	전자부품	
	E-Mail	nanum@bill36524.com			E-Mail	donghee@bill36524.com	
작성일자	2022.6.1.		공급가액	2,000,000	세액	200,000	

월	일	품목명	규격	수량	단가	공급가액	세액	비고
6	1	6월 임대료				2,000,000	200,000	

합계금액	현금	수표	어음	외상미수금	이 금액을 ○ 영수 함 ● 청구
2,200,000				2,200,000	

자료 2. 부동산 임대계약서

(사 무 실) 월 세 계 약 서

■ 임대인용
□ 임차인용
□ 사무소보관용

부동산의 표시	소재지	서울 강남구 봉은사로 433(삼성동) 삼국빌딩 101호(1층)				
	구 조	철근콘크리트조	용도	사무실	면적	82㎡

월 세 보 증 금	금 100,000,000원정	월세 2,000,000원정

제 1 조 위 부동산의 임대인과 임차인 합의하에 아래와 같이 계약함.
제 2 조 위 부동산의 임대차에 있어 임차인은 보증금을 아래와 같이 지불키로 함.

계 약 금	5,000,000원정은 계약시 지불하고
중 도 금	원정은 년 월 일 지불하며
잔 금	95,000,000원정은 2022년 4월 30일 중개업자 입회하에 지불함.

제 3 조 위 부동산의 명도는   2022년   5월   1일로 함.
제 4 조 임대차 기간은 2022년   5월   1일로부터 (24)개월로 함.
제 5 조 월세금액은 매월(1)일에 지불키로 하되 만약 기일내에 지불치 못할 시에는 보증금액에서 공제키로함.
제 6 조 임차인은 임대인의 승인하에 개축 또는 변조할 수 있으나 계약 대상물을 명도시에는 임차인이 일체 비용을 부담하여 원상복구 하여야 함.
제 7 조 임대인과 중개업자는 별첨 중개물건 확인설명서를 작성하여 서명 날인하고 임차인은 이를 확인 수령함. 다만, 임대인은 중개물건 확인설명에 필요한 자료를 중개업자에게 제공하거나 자료수집에 따른 법령에 규정한 실비를 지급하고 대행케 하여야 함.
제 8 조 본 계약을 임대인이 위약시는 계약금의 배액을 변상하며 임차인이 위약시는 계약금은 무효로 하고 반환을 청구 할 수 없음.
제 9 조 부동산 중개업법 제 20 조 규정에 의하여 중개료는 계약당시 쌍방에서 법정수수료를 중개인에게 지불하여야 함.

※ 특약사항 : 간주임대료는 임대인이 부담한다.

위 계약조건을 확실히 하고 후일에 증하기 위하여 본 계약서를 작성하고 각 1통씩 보관한다.

2022년   4월   25일

임 대 인	주 소	서울특별시 강남구 강남대로 252				
	사업자등록번호	220-81-03217	전화번호	02-487-1234	성명	(주)나눔상사㊞
임 차 인	주 소	서울 강남구 삼성로 551(삼성동)				
	사업자등록번호	127-81-91751	전화번호	02-452-9010	성명	(주)동희테크 ㊞
중개업자	주 소	서울 강남구 역삼로 140(역삼동)		허가번호	92240000-004	
	상 호	옐로우공인중개사 사무소	전화번호	02-584-1213	성명	김 종 우 ㊞

프로세스입력

재무회계 > 전표입력/장부 > 매입매출전표입력

❶ 매입매출전표입력

1) 5월 1일

거래유형	품명	공급가액	부가세	거래처	전자세금
11.과세	5월 임대료	2,000,000	200,000	03007. (주)동희테크	전자입력
분개유형 2.외상 또는 3.혼합	(차) 108.외상매출금　　2,200,000원			(대) 411.임대료수입　　2,000,000원 255.부가세예수금　　200,000원	

2) 6월 1일

거래유형	품명	공급가액	부가세	거래처	전자세금
11.과세	6월 임대료	2,000,000	200,000	03007. (주)동희테크	전자입력
분개유형 2.외상 또는 3.혼합	(차) 108.외상매출금　　2,200,000원			(대) 411.임대료수입　　2,000,000원 255.부가세예수금　　200,000원	

❷ 부동산임대공급가액명세서 작성

재무회계 > 부가가치세Ⅰ > 부동산임대공급가액명세서

− 간주임대료 = 100,000,000원 × 1.2% × 61일 / 365일 = 200,547원

❸ 매입매출전표입력 6월 30일 - 간주임대료에 대한 회계처리

재무회계 > 전표입력/장부 > 매입매출전표입력

거래유형	품명	공급가액	부가세	거래처	전자세금
14.건별	간주임대료	200,547	20,054		
분개유형 3.혼합	(차) 817.세금과공과금	20,054	(대) 255.부가세예수금		20,054

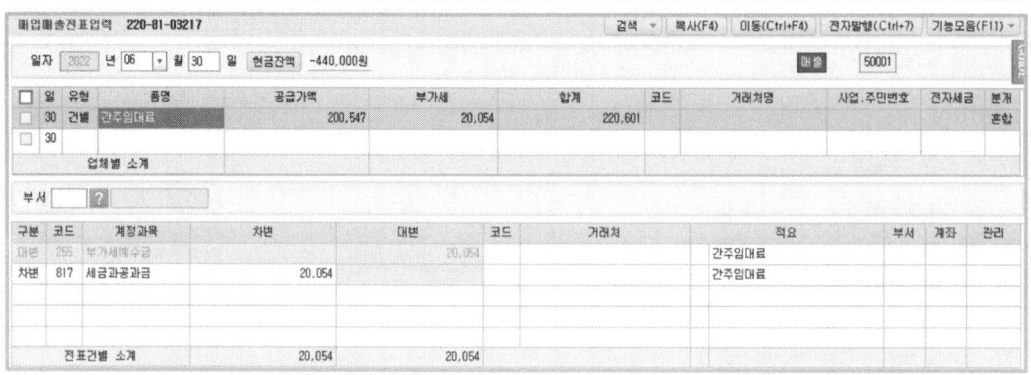

* 간주임대료를 세입자가 부담하는 경우
  (차) 현금 20,054 (대) 부가세예수금 20,054로 회계처리한다.

❹ [부가가치세신고서] 4월~6월

재무회계 > 부가가치세Ⅰ > 부가가치세신고서

Point 26. 음식업자가 받은 면세자료로 매입세액을 추가로 공제받는 방법

1. 음식업의 의제매입세액공제

사업자가 부가가치세가 면제되는 농·축·수·임산물 등 원재료를 공급받아서 이를 제조, 가공한 재화 또는 용역이 과세되는 경우에는 그 원재료 가액의 일정금액을 매입세액으로 공제받을 수 있으며, 이를 '의제매입세액공제'라고 한다.

일반전표입력, 매입매출전표입력에서 해당 계정의 적요번호 6번 "의제매입세액 원재료 차감"으로 입력된 자료가 반영되어 자동 작성되며, 수정 또는 추가입력이 가능하다.

* 의제매입세액공제 자동반영 해당 계정코드 : 146.상품, 153.원재료, 162.부재료 등

구 분	내 용
공제대상 품목	① 부가가치세를 면제받아 공급받은 농·축·수·임산물 ② 김치·두부등 단순가공식품과 광물인 소금 ③ 농·축·수·임산물의 1차 가공 과정에서 발생하는 부산물
공제대상 사업자	① 면세농산물등을 원재료로 하여 제조·가공한 재화 또는 창출한 용역의 공급이 국내에서 부가가치세가 과세되는 경우 ② 농·어민등으로부터 직접 면세농산물등을 구입하는 경우에는 일반과세 제조업자 및 간이과세 음식업자에 한하여 공제됨
공제요건	① 사업자 등록된 부가가치세 과세사업자(간이과세자는 음식점업과 제조업에 한함) 이어야 한다. ② 부가가치세 면세로 공급받은 농산물, 축산물, 수산물, 임산물이어야 한다. ③ 농산물등을 원재료로 하여 재화를 제조·가공 또는 용역을 창출하여야 한다. ④ 제조·가공한 재화 또는 창출한 용역의 공급이 부가가치세가 과세되어야 한다.
공제율	• 제조업을 영위하는 법인사업자 : 2/102 • 중소제조업을 영위하는 개인사업자 및 법인사업자 : 4/104 • 과세유흥장소를 영위하는 개인사업자 및 법인사업자 : 2/102 • 과세유흥장소이외의 음식점업을 영위하는 개인사업자 : 8/108(법인사업자 6/106) • [특례] 과세표준2억원이하 개인음식점: 9/109 ➜2023.12.31.까지 적용
공제한도	• 법인사업자 : (공급과표×30%)×공제율 • 개인사업자 : 과표 2억원이하 ➜ (공급과표×50%*)×공제율 　　　　　　　　과표 2억원초과 ➜ (공급과표×40%*)×공제율 　* 개인음식점업 : 1억원이하 65% / 1억원~2억원 60% / 2억원초과 50% 　　개인음식점외 : 2억원이하 55% / 2억원초과 45% 　* 법인사업자 : 40% ※ 사업자단위 과세사업자인 경우 한도액 계산시 면세농산물등과 관련하여 공급한 과세표준은 각 사업장마다 계산하는 것이 아닌 전체사업장의 과세표준을 한도로 한다.
공제시기	일반적인 경우 면세농산물 등을 구입한 날이 속하는 예정신고기간 또는 과세기간
관련서류 제출	① 의제매입공제신고서에 아래 서류를 첨부하여 제출 　- 매입처별계산서합계표 　- 신용카드매출전표등 수령명세서 ② 농·어민 등으로부터 면세농산물등을 직접 공급받는 경우 「의제매입세액공제신고서」 만 제출함 ➜ 영수증등 증빙서류 제출 생략

2 음식업의 의제매입세액공제 실무프로세스

재무회계 부가가치세 I 의제매입세액공제신고서

실무프로세스

매입매출전표입력
유형 : 53.면세매입 또는
일반전표(적요6.)
→ 의제매입세액 공제신고서
→ 세액공제액 회계처리
→ 부가가치세신고서

실습예제

다음 거래 자료를 입력하고 부가가치세신고서와 부속서류를 작성하시오. (통조림을 제조하는 중소기업으로 가정)

자료1. 수산물 구입관련 자료(계산서 수취)

(청 색)

계 산 서 (공급받는자 보관용)

승인번호

	공급자					공급받는자			
등록번호	108-91-31256				등록번호	220-81-03217			
상호	서울수협	성명(대표자)	박수혁		상호	(주)나눔상사	성명(대표자)	서승희	
사업장주소	서울 강남구 개포로21길 7				사업장주소	서울 강남구 강남대로 252			
업태	도·소매업	종사업장번호			업태	제조업외	종사업장번호		
종목	농/축/수/임산물				종목	통조림제조외			

작성일자	2022. 5. 16.	공급가액	4,000,000

월	일	품목명	규격	수량	단가	공급가액	비고
5	16	고등어		50	80,000	4,000,000	

합계금액	현금	수표	어음	외상미수금	이 금액을 ○ 영수 함 ⊙ 청구
4,000,000				4,000,000	

자료2. 수산물 구입관련 자료(현금영수증 수취)　자료3. 수산물 구입관련 자료(영수증 수취)

```
** 현금영수증 **
(지출증빙용)

사업자등록번호 : 101-73-21113 이은영
사업자명      : 하나마트
단말기ID      : 73453259(tel : 02-345-4546)
가맹점주소    : 서울 종로구 종로1길 45

현금영수증 회원번호
 220-81-03217        (주)나눔상사
승인번호     : 83746302    (PK)
거래일시     : 2022년 5월 17일 16시28분21초

품  명                            꽁치
공 급 금 액                    900,000원
부가세금액
총  합  계                     900,000원

휴대전화, 카드번호 등록
http://현금영수증.kr
국세청문의(126)
38036925-GCA10106-3870-U490
   <<<<<이용해 주셔서 감사합니다.>>>>>
```

NO.	영 수 증 (공급받는자용)			
(주)나눔상사　　　　　　귀하				
공급자	사업자등록번호	105-91-21517		
	상 호	식자재마트	성명	한복주
	사업장소재지	서울 강남구 압구정로 344		
	업 태	도·소매업	종목	농·축·수산물
작성일자	공급대가총액		비고	
2022. 5. 18.	₩ 800,000			
공 급 내 역				
월/일	품명	수량	단가	금액
5. 18	정어리	40		800,000
합 계	₩ 800,000			
위 금액을 영수(청구)함				

프로세스입력

의제매입세액공제를 받고자 하는 경우 의제매입세액공제신고서와 사업자로부터 면세농수산물 등을 공급받은 사실을 증명하는 매입처별계산서합계표, 신용카드매출전표 등 수령명세서를 납세지 관할세무서장에게 제출하여야 한다. 사업자로부터 영수증을 수취한 경우 의제매입세액 공제대상이 아니다.

❶ 매입매출전표입력

1) 5월 16일

거래유형	품명	수량	공급가액	부가세	거래처	전자세금
53.면세	고등어	50	4,000,000		서울수협	
분개유형 2.외상 또는 3.혼합	(차) 153.원재료　　　　4,000,000원 (적요 : 6.의제매입세액원재료차감)			(대) 251.외상매입금		4,000,000원

2) 5월 17일

거래유형	품명	수량	공급가액	부가세	거래처	전자세금
62.현면	꽁치	20	900,000		하나마트	
분개유형 1.현금	(차) 153.원재료　　　　　900,000원 (적요 : 6.의제매입세액원재료차감)			(대) 101.현금		900,000원

3) 5월 18일

사업자로부터 영수증을 수취한 경우 의제매입세액 공제대상이 아니며, 매입매출전표에 입력하지 않고 일반전표입력에 입력한다.

(차) 원재료　　　　　800,000원　(대) 현금　　　　　800,000원

❷ 의제매입세액공제신고서

재무회계 > 부가가치세Ⅰ > 의제매입세액공제신고서

[관리용] Tab
제조업을 영위하는 중소기업으로 공제율 4/104를 선택한다.

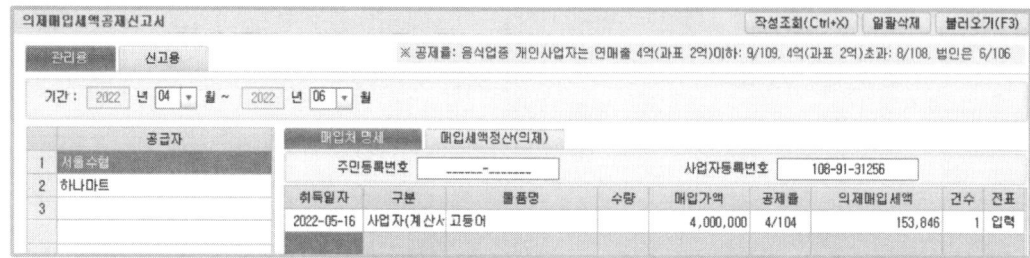

* 공제율을 반드시 입력해야 공제할 세액이 계산됨

[신고용] Tab

[불러오기(월별조기분)]키를 클릭하여 매출계정(상품매출, 제품매출등)을 입력 한 다음 21.공제율을 선택하면 공제한도와 공제할세액을 계산한다.

❸ 부가가치세신고서 작성

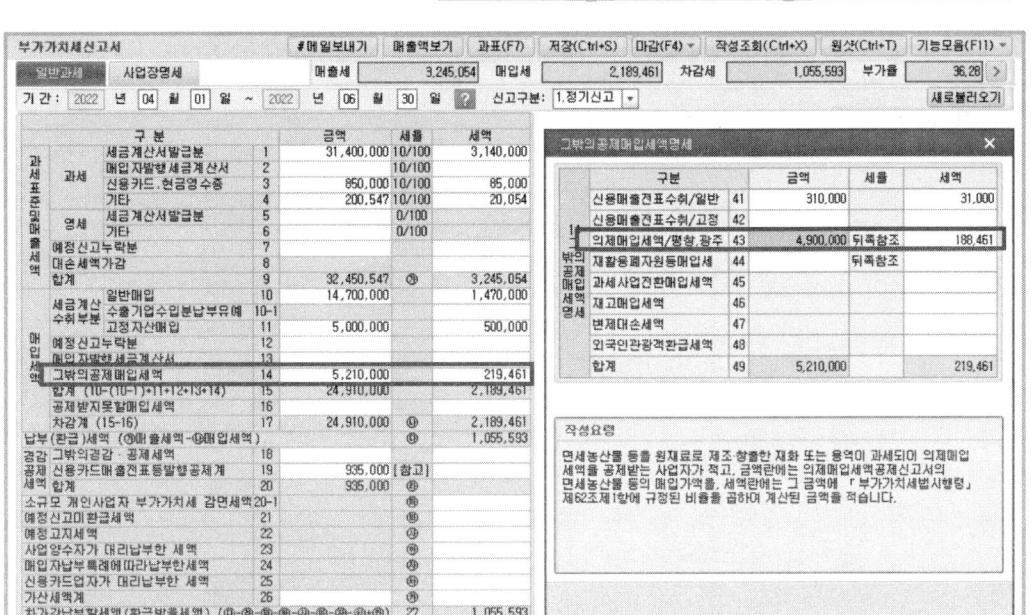

❹ 일반전표입력 6월30일 - 의제매입세액공제액의 회계처리

재무회계 ▶ 전표입력/장부 ▶ 일반전표입력

(차) 135.부가세대급금   188,461원   (대) 153.원재료   188,461원
(적요 : 8.타계정으로 대체액)

또는 (차) 135.부가세대급금   188,461원
    (차) 153.원재료   -188,461원
으로 입력할 수 있다.

Point 27. 수출신고와 외화획득사업자의 입금내역 정리하기

1 수출프로세스

절 차	구비서류
매매계약체결 → 신용장 내도(L/C 거래시) → 수출승인(필요시) → 수출물품확보 → [원자재수입 계약체결 / 원자재구입 계약체결 / 완제품구매 계약체결] → 운송서류 내도 → 물품보세 구역반입 → 수입통관 / 물품제조 생산 / 물품인수 → 물품 보세구역 반입 → 수 출 통 관 → 물 품 선 적 → 수출대금회수 관세환급 사후관리	〈수출승인시 구비서류〉 ① 수출승인신청서 4부 ② 수출신용장 또는 계약서 또는 주문서 ③ 수출대행계약서(대행수출) ④ 기타 수출승인기관에서 요구하는 서류 〈수출신고시 구비서류〉 ① 수출신고서(EDI 신고) ② 수출승인서(해당되는 경우) ③ 상업송장 및 포장명세서 ④ 기타 수출통관에 필요한 서류 〈수출대금 회수시 구비서류〉 ① 수출환어음 매입 신청서 ② 환어음 ③ 수출신용장 원본(L/C방식의 경우) ④ 선하증권(B/L) ⑤ 상업송장(CommercialInvoice) ⑥ 포장명세서(Packing List) ⑦ 보험증권, 원산지증명서 GSP 등(수입자 요구시) ⑧ 기타 신용장이나 수출계약에서 요구하는 서류

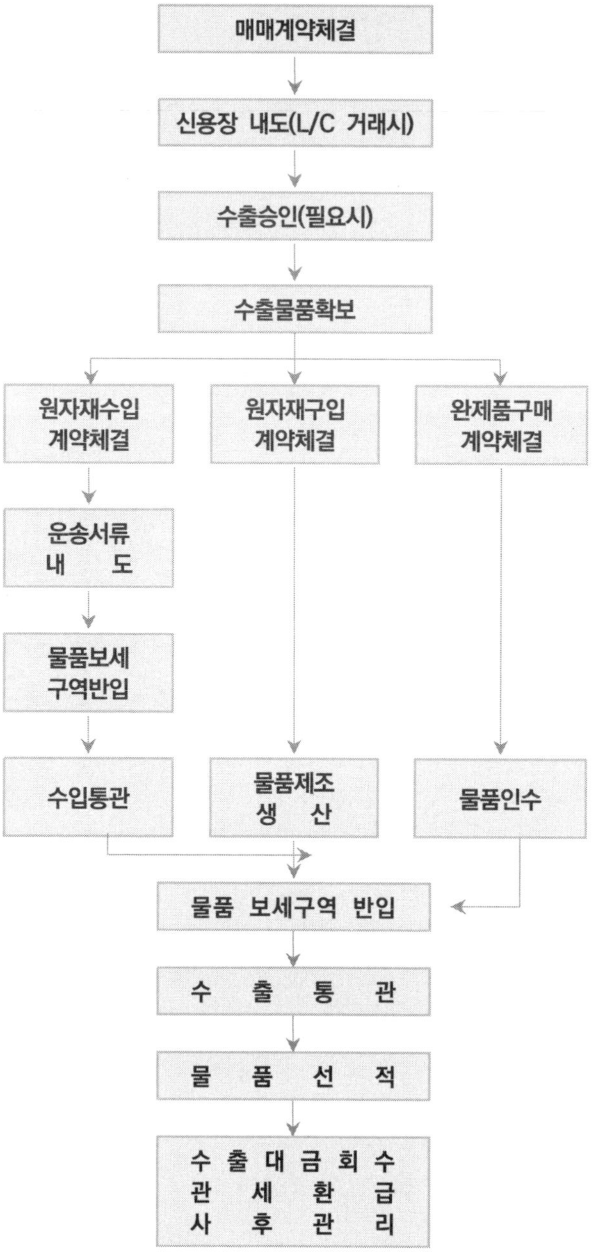

2 직수출

수출하는 재화란 국내물품을 외국으로 반출하는 것으로 유상·무상 관계없이 외국으로 반출하는 재화는 모두 영세율을 적용한다(소포수출 및 휴대반출 포함).

직수출이란 수출업자가 자신이 생산하거나 취득한 내국물품을 자기명의로 자기책임 하에 외국으로 반출하는 것을 말한다. 이 경우 내국물품에는 우리나라 선박에 의하여 채집·포획한 수산물이 포함되며, 내국물품을 외국으로 반출하는 경우에는 대가의 유상 또는 무상여부에 관계없이 영세율이 적용된다. 다만, 자기의 사업을 위하여 대가를 받지 아니하고 외국의 사업자에게 견본품을 반출하는 경우에는 재화의 공급으로 보지 아니한다.

따라서 사업자가 자기의 사업과 관련하여 생산·취득한 재화를 해외 거래처 또는 친척에 무상으로 증여하는 경우 당해 재화의 시가를 영세율 과세표준으로 하여 신고하여야 하며 이를 신고하지 않을 경우에는 '영세율과세표준신고불성실가산세'가 적용된다.

구 분	내 용
적용대상	국내물품을 외국으로 반출하는 것으로, 유·무상에 관계없이 외국으로 반출하는 재화는 모두 영세율을 적용한다.
공급시기	• 수출재화 : 선적일 • 소포수출 : 소포수령증발급일 • 원양어업 : 수출재화의 공급가액 확정일
과세표준	수출품을 선적(공급시기)하기 전에 수출대금을 원화로 환가한 경우에는 그 환가한 금액으로 하며, 수출품을 공급시기까지 수출대금을 원화로 환가하지 아니하였거나 선적일 이후에 지급받은 경우에는 공급시기의 외국환거래법에 의한 기준환율 또는 재정환율로 환산한 금액 → 이 경우에 공급시기 이후에 원화로 환가하여 환율변동에 따른 증감되는 금액이 있더라도 과세표준에는 영향을 주지 아니한다. → 공급시기가 토요일인 경우에는 토요일에 고시한 기준환율 또는 재정환율에 의하여 계산한 금액을 과세표준으로 하며, 그 시기가 공휴일인 경우에는 그 전날의 기준환율 또는 재정환율 에 의하여 계산한 금액을 과세표준으로 함 | 구 분 | 외화 환산액 | |---|---| | 공급시기가 되기 전에 원화로 환가한 경우 | 그 환가한 금액 | | 공급시기가 되기 전에 외화로 사용한 경우 | 그 사용한 날의 기준환율 또는 재정환율에 의하여 계산한 금액 | | 공급시기 이후에 외국통화나 그 밖의 외국환 상태로 보유하거나 지급받는 경우 | 공급시기의 외국환거래법에 따른 기준환율 또는 재정환율에 따라 계산한 금액 | ※ 기준환율·재정환율 조회 : 서울외국환중개주식회사(www.smbs.biz) * 기준환율 : 미화($)의 매매기준율을 말하며, 매일 영업개시 30분전까지 금융결제원 산하 서울외국환중개(주)에서 기획재정부, 한국은행, 각 외환은행장에게 통보함 * 재정환율 : 미화($) 이외의 모든 통화에 적용되는 환율로서 기준환율을 통해서 간접적으로 계산된 원화와 기타 통화사이의 환율
세금계산서 발급	세금계산서 발급 의무 없음
영세율첨부서류	• 수출실적명세서 • 소포우편수출의 경우 우체국장의 소포수령증 • 휴대반품시 간이수출신고필증

3 대행수출

대행수출이란 무역업 등록이 없는 자가 수출을 하려고 할 때 무역업자인 수출업자(수출대행자)와 수출대행계약에 의해 무역업자의 명의로 수출하는 것을 의미하며, 무역업자가 수출대행계약에 따라 위탁자의 내국물품을 자기(무역업자) 명의로 외국으로 반출하는 것으로 일반적으로 수출지역·품목별로 수출한도가 있어 자기(위탁자)명의로 수출을 할 수 없는 경우에 나타난다. 직수출의 경우 수출품생산업자와 수출업자가 동일하지만, 대행수출의 경우 수출품생산업자는 대행수출위탁자이고, 수출업자는 대행수출위탁자 즉, 수출대행업자를 의미한다.

- 수출품생산업자 : 영세율 적용(수출재화의 공급가액이 과세표준임)
- 수출대행업자 : 영세율 적용되지 아니함(수출대행수수료가 과세표준임)

구 분	내 용
적용대상	국내물품을 외국으로 반출하는 것으로, 유·무상에 관계없이 외국으로 반출하는 재화는 모두 영세율을 적용한다.
공급시기	• 수출재화 : 선적일 • 원양어업 : 수출재화의 공급가액 확정일 • 소포수출 : 소포수령증발급일
과세표준	수출품을 선적(공급시기)하기 전에 수출대금을 원화로 환가한 경우에는 그 환가한 금액으로 하며, 수출품을 공급시기까지 수출대금을 원화로 환가하지 아니하였거나 선적일 이후에 지급받은 경우에는 공급시기의 외국환거래법에 의한 기준환율 또는 재정환율로 환산한 금액
세금계산서발급	세금계산서 발급의무 없음 • 수출품생산업자 : 면제 • 수출대행업자인 수출업자 : 수출대행수수료에 대하여 발급
영세율첨부서류	• 부가가치세법에 의한 서류 : 수출실적명세서 • 국세청장지정서류 : 수출대행계약서사본(또는 수출신고필증)과 수출대금입금증명서 중 하나를 제출

4 용역의 국외공급에 대한 영세율적용

구 분	내 용
영세율적용범위	국외에서 공급하는 용역에 대하여는 영세율을 적용한다. 이러한 용역의 국외공급은 국내에 사업장을 가지고 있는 사업자가 국외에서 용역을 제공하는 경우에는 해당 용역을 제공받는 자, 대금결제수단에 관계없이 영세율이 적용된다.
세금계산서발급	용역을 국외에서 제공받은 자가 국내에 사업장이 없는 비거주자 또는 외국법인인 경우에만 세금계산서 발급의무가 면제된다.
영세율첨부서류	외국환은행이 발급하는 외화입금증명서 또는 국외에서 제공하는 용역에 관한 계약서

5 외국항행용역의 공급에 대한 영세율적용

구 분	내 용

영세율적용범위	외국항행용역은 선박 또는 항공기에 의하여 여객이나 화물을 국내에서 국외로, 국외에서 국내로 또는 국외에서 국외로 수송하는 것으로 대금결제수단에 관계없이 영세율을 적용한다.
	① 외국항행사업자가 자기의 사업(외항사업)에 부수하여 공급하는 다음의 재화·용역
	   - 다른 외국항행사업자가 운용하는 선박 또는 항공기의 탑승권을 판매하거나 화물운송계약을 체결하는 것
	   - 외국을 항행하는 선박 또는 항공기 내에서 승객에게 공급하는 것
	   - 자기의 승객만이 전용하는 버스를 탑승하게 하는 것
	   - 자기의 승객만이 전용하는 호텔에 투숙하게 하는 것
	② 운송주선업자가 국제복합운송계약에 의하여 화주로부터 화물을 인수하고 자기 책임과 계산으로 타인의 선박 또는 항공기 등의 운송수단을 이용하여 화물을 운송하고 화주로부터 운임을 받는 국제운송용역
	③ 「항공사업법」에 따른 상업서류 송달용역

세금계산서발급	외국항행용역으로 항공기의 외국항행용역 및 항공법에 의한 상업서류송달용역의 경우 세금계산서 발급의무 면제
영세율첨부서류	① 외국항행 선박에 의한 화물·여객운송용역 : 외국환은행이 발급하는 외화입금증명서 ② 외국항행 항공기에 의한 화물·여객운송용역 : 공급가액 확정명세서

6 외화획득 재화용역의 공급등에 대한 영세율적용

구 분	내 용
외교공관 등에 공급하는 재화·용역	우리나라에 상주하는 외교공관, 영사기관, 국제연합과 이에 준하는 국제기구등에 재화 또는 용역을 공급하는 경우에 영세율을 적용한다. **영세율첨부서류** ① 외국환은행이 발급하는 수출대금입금증명서 또는 관할세무서장이 발급하는 군납완료증명서 또는 해당 외교공관등이 발급한 납품 또는 용역공급사실을 증명할 수 있는 서류 ② 전력·가스 기타 공급단위를 구획할 수 없는 재화를 계속적으로 공급하는 경우에는 재화공급기록표 ③ 전기통신사업법에 따른 전기통신사업의 경우에는 용역공급기록표
외교관등에게 외교관면세점에서 공급하는 재화·용역	외교공관등의 소속 직원으로 해당 국가로부터 공무원 신분을 부여받은 자 또는 외교부장관으로부터 이에 준하는 신분임을 확인받은 자 중 내국인이 아닌 자(외교관등)에게 관할 세무서장으로부터 외교관면세점으로 지정받은 사업장에서 외교부장관이 랍행하는 외교관면세카드를 제시받아 다음의 재화 또는 용역을 공급하는 경우로 외교관등의 성명, 국적, 외교관면세카드번호, 품명, 수량, 공급가액 등이 적힌 외교관면세 판매기록표에 의하여 외교관등에게 공급한 것이 확인되는 경우 영세율을 적용한다. ① 음식·숙박 용역 ② 개별소비세법시행령 제24조 제1항 및 제27조에 따른 물품(개별소비세가 면제되는 석유류) ③ 교통·에너지·환경세법 시행령 제20조제1항에 따른 석유류(교통·에너지·환경세가 면제되는 석유류)

구 분	내 용
	④ 주세법에 따른 주류 ⑤ 전력 ⑥ 외교부장관의 승인을 받아 구입하는 자동차
	영세율첨부서류 : 외교관면세판매기록표
국내에서 비거주자 또는 외국법인에게 공급하는 경우	국내에서 국내사업장이 없는 비거주자 또는 외국법인에게 공급되는 재화 또는 사업에 해당하는 용역으로 그 대금을 외국환은행에서 원화로 받거나 일정한 방법으로 받는 것은 영세율을 적용한다. 영세율첨부서류 : 외화입금증명서, 용역공급계약서 사본 또는 대금청구서, 외환매입증명서 또는 외국환매각증명서, 외화획득명세서에 외화획득사실 증명서류
수출재화 임가공용역	수출업자와 직접 도급계약에 의하여(내국신용장이나 구매확인서가 없어도) 수출재화를 임가공(수출재화염색임가공포함)하는 수출재화 임가공용역은 영세율을 적용한다. 영세율첨부서류 ① 수출업자와 직접 도급계약을 한 경우 : 임가공계약서 사본과 해당 수출업자가 발급한 납품사실증명서 또는 수출대금입금증명서 ② 내국신용장 또는 구매확인서에 의한 임가공용역의 경우 : 내국신용장·구매확인서 전자발급명세서, 내국신용장 사본
외국항행 선박등에 공급하는 재화·용역	외국을 항행하는 선박 및 항공기 또는 원양어선에 공급하는 재화 또는 용역에 대하여는 국적과 대가로 수령하는 통화의 종류에 관계없이 영세율이 적용된다. 영세율첨부서류 : 선(기)적 완료증명서(관할세관장이 발급), 용역공급기록표(전기통신사업의 경우), 유류공급명세서(외항선박, 원양어선에 공급하는 석유류)
국제연합군 등에게 공급하는 재화·용역	우리나라에 상주하는 국제연합군 또는 미합중국군대에 공급하는 재화 또는 용역에 대하여 영세율을 적용한다. 영세율첨부서류 ① 외국환은행이 발급하는 수출(군납)대금입금증명서 또는 관할세무서장이 발급하는 군납완료증명서 또는 해당 외교관등이 발급한 납품 또는 용역공급사실을 증명할 수 있는 서류 ② 전력·가스 기타 공급단위를 구획할 수 없는 재화를 계속적으로 공급하는 경우에는 재화공급기록표 ③ 전기통신사업법에 따른 전기통신사업의 경우에는 용역공급기록표
외국인관광객에게 공급하는 재화·용역	관광진행법 시행령에 따른 일반여행업자가 외국인관광객에게 공급하는 관광알선용역으로 그 대가를 외국환은행에서 원화로 받거나 외화 현금으로 받은 것 중 국세청장이 정하는 관광알선수수료명세표와 외화매입증명서에 의하여 외국인관광객과의 거래일이 확인된 것에 한하여 영세율을 적용한다. 영세율첨부서류 : 외국환은행이 발급하는 외화입금증명서
외국인전용판매장 영위 사업자등이 공급하는 재화·용역	개별소비세법규정에 의한 지정을 받아 외국인전용판매정을 경영하는 자 및 조세특례제한법 제115조의 규정에 의한 주한외국국인 및 외국인선원 전용 유흥음식점업을 경영하는 사업자가 국내에서 공급하는 재화 또는 용역으로서 그 대가를 외화로 받고 그 외화를 외국환은행에서 원화로 환전하는 경우 영세율을 적용한다. 영세율첨부서류 : 외국환은행이 발급하는 외화입금증명서 또는 외화매입증명서

7 수출거래 프로세스

수출매출거래 실무 프로세스

매입매출전표입력
유형 : 16.수출매출
→ 영세율첨부서류작성
영세율첨부서류제출명세서
수출실적명세서
→ 부가가치세신고서

실습예제

미국의 MCU Co.,Ltd에 제품(smart F120)을 직수출하고 신고한 수출신고필증이다. 대금은 말일에 거래은행을 통하여 NEGO하기로 하다. (B/L상 선적일 5월 6일)

5월 3일 기준환율	5월 6일 기준환율
₩ 1,049.30/ $	₩ 1,042.50 / $

수 출 신 고 필 증 (갑지)

※ 처리기간 : 즉시

제출번호 12345-04-0001230	⑤신고번호 123-23-12-1111111-1	⑥신고일자 2022/05/03	⑦신고구분 H	⑧C/S구분
①신　　고　　자 인천 관세법인 관세사 김광석				
②수 출 대 행 자 (주)나눔상사 (통관고유부호) 나눔상사-1-74-1-12-4 수출자구분 A	⑨거래구분 11	⑩종류 A	⑪결제방법 LS	
	⑫목적국 US USA	⑬적재항 INC 인천항	⑭선박회사 (항공사) HJSC	
수 출 화 주 (주)나눔상사 (통관고유부호) 나눔상사-1-74-1-12-4 (주소) 서울 강남구 강남대로 252 (대표자) 서승희 (소재지) (사업자등록번호) 220-81-03217	⑮선박명(항공편명) HANJIN SAVANNAH	⑯출항예정일자 20220506	⑰적재예정보세구역 03012202	
	⑱운송형태 10 BU		⑲검사희망일 2022/05/07	
	⑳물품소재지 한진보세장치장 인천 중구 연안동 245-1			
③제　　조　　자 (주)나눔상사 (통관고유부호) 나눔상사-1-74-1-12-4 제조장소 214　　　산업단지부호	㉑L/C번호 868EA-10-55554		㉒물품상태 N	
	㉓사전임시개청통보여부 A		㉔반송 사유	
④구　매　자 MCU Co.,Ltd (구매자부호) CNTOSHIN12347	㉕환급신청인 1 (1 : 수출대행자/수출화주,　2 : 제조자) 간이환급 NO			

• 품명 • 규격 (란번호/총란수 : 999/999)

㉖품　　명 smart F120 ㉗거래품명 smart F120	㉘상표명 NO			
㉙모델·규격 smart F120	㉚성분	㉛수량 200(EA)	㉜단가(US$) 350	㉝금액(US$) 70,000
㉞세번부호 1234.12-1234 ㉟순중량 200KG		㊱수량 200(EA)	㊲신고가격 (FOB)	$70,000 ₩73,451,000
㊳송품장번호 AC-2022-00620 ㊴수입신고번호		㊵원산지 Y	㊶포장갯수(종류)	300C/T
㊷수출요건확인(발급서류명)				

㊸총중량 250KG	㊹총포장갯수 200C/T	㊺총신고가격 (FOB)	$71,500 ₩75,024,950
㊻운임(₩) 385,000	㊼보험료(₩) 1,250,000	㊽결제금액	FOB-$71,500
㊾수입화물관리번호		㊿컨테이너번호	CKLU2005013　Y
※신고인기재란 수출자 : 제조/무역, 타이어		51세관기재란	
52운송(신고)인 한라통운(주) 박운송 53기간 2022/05/03 부터 2022/05/11 까지	54적재의무기한 2022/05/11	55담당자 990101(홍길동)	56신고수리 일자 2022/05/03

프로세스입력

❶ 매입매출전표입력 5월 6일

거래유형	품명	공급가액	부가세	거래처	전자세금
16.수출	타이어	74,538,750원		MCU Co.,Ltd	
분개유형 2.외상	(차) 외상매출금	74,538,750원	(대) 상품매출		74,538,750원

* (수출신고필증의 ㊽결제금액×선적일의 기준환율) = 수출금액($71,500×1,042.50원) = 74,538,750원

❷ 영세율첨부서류

1) 영세율매출명세서

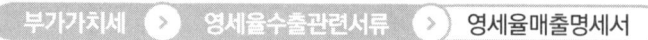

부가가치세 > 영세율수출관련서류 > 영세율매출명세서

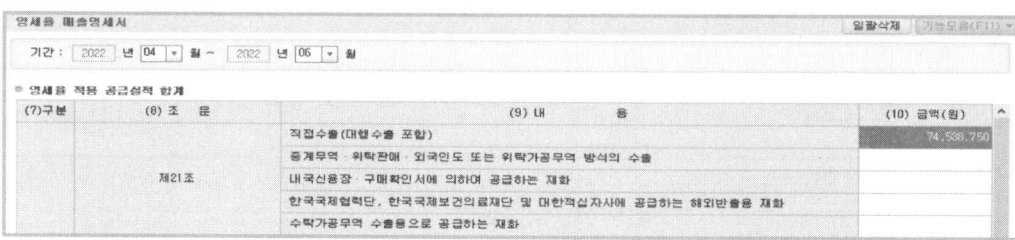

2) 수출실적명세서

부가가치세 > 영세율수출관련서류 > 수출실적명세서

❸ 부가가치세 신고서

부가가치세 > 주요신고서류 > 부가가치세신고서

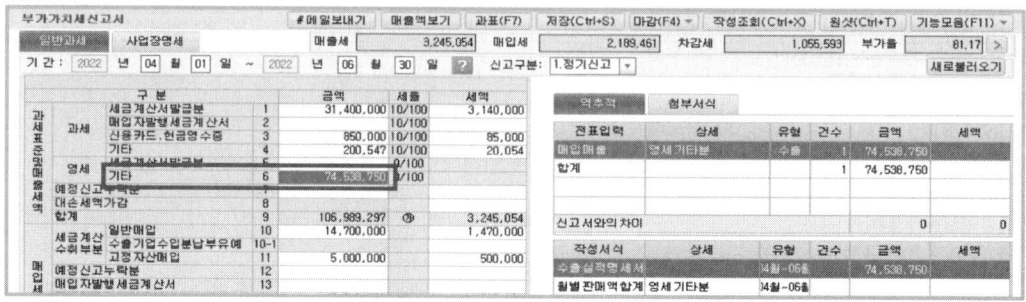

Point 28. 영세매출거래가 있는 기업이 작성해야 할 서식

사업자가 일정한 내국신용장 또는 구매확인서에 의하여 공급(금지금 제외)하거나 한국국제협력단·한국국제보건의료재단·대한적십자사에 공급하는 재화 및 수탁가공무역 방식에 의한 수출에 대하여 영세율 적용대상 수출재화에 포함하며, 영세율세금계산서를 발급한다.

1. 내국신용장(구매확인서)에 의하여 공급하는 재화의 영세율적용

사업자가 내국신용장 또는 구매확인서에 의하여 공급하는 재화는 영세율 적용대상인 수출하는 재화에 포함한다. 이러한 내국신용장등은 원칙적으로 재화의 공급 이전에 개설하도록 하고 있으나, 해당 재화의 공급시기가 속하는 과세기간 경과후 25일이내에 내국신용장등이 개설되는 경우에도 영세율을 적용한다. 따라서 해당 재화의 공급시기가 속하는 과세기간 경과후 25일이 지난 후에 내국신용장이 개설되거나 구매확인서가 발급된 경우에는 영세율이 적용되지 않고 10%의 세율로 과세된다.

구 분	내 용
적용대상	내국신용장(구매확인서)에 의한 국내공급
적용방법	① 공급시기에 내국신용장등이 개설된 경우 : 공급시기에 영세율세금계산서발행 ② 내국신용장등이 공급시기 이후 당해 과세기간종료후 20일이내에 개설된 경우 • 공급시기에 일반 매출세금계산서 발행 • 내국신용장등이 개설된 날에 당초 공급일자로부터 주서로 매출 수정세금계산서를 발행하고 같은 날로 영세율 세금계산서 발행(비고란에 내국신용장개설일표기)
공급시기	내국신용장(구매확인서)에 의하여 공급하는 재화는 국내거래이므로 국내에서 거래되는 일반적인 재화의 공급시기와 같은 방법으로 적용
과세표준	내국신용장에 표시된 금액을 과세표준으로 계산 (내국신용장에 표시된 원화표시금액은 원화금액으로 적용하고, 외화표시금액은 공급시기일 현재 기준환율 또는 재정환율로 환산한 금액)
세금계산서발급	세금계산서를 발급(영세율세금계산서)
영세율첨부서류	• 영세율 매출명세서 • 내국신용장/구매확인서 사본, 내국신용장/구매확인서 전자발급명세서(전자무역기반시설을 통하여 개설되거나 발급된 경우), 영세율첨부서류제출명세서, 수출대금입금증명서 중 하나

(1) 내국신용장

사업자가 수출용 원자재, 수출용 완제품 또는 수출재화임가공용역을 공급받으려는 경우에 해당 사업자의 신청에 따라 외국환은행의 장이 재화나 용역의 공급시기가 속하는 과세기간이 끝난 후 25일 이내에 개설하는 신용장을 말한다.

(2) 구매확인서

「대외무역법 시행령」제31조 및 제91조제11항에 따라 외국환은행의 장이나 전자무역기반사업자가 내국신용장에 준하여 재화나 용역의 공급시기가 속하는 과세기간이 끝난 후 25일이내에 발급하는 확인서를 말한다.

2 조세특례제한법에 의한 영세율 적용

구분	영세율첨부서류
방위산업물자	납품증명서 또는 용역공급사실을 증명할 수 있는 서류
국군부대 등에 공급하는 석유류	납품증명서
도시철도 건설용역	납품증명서 또는 용역공급사실을 증명할 수 있는 서류
국가 등에 귀속된 사회간접자본시설	납품증명서 또는 용역공급사실을 증명할 수 있는 서류
장애인용 보장구	월별판매액합계표
농민·임업종사자에게 공급하는 농·축·임업용기자재	납품증명서
어민에게 공급하는 어업용기자재	납품증명서

* 홈택스에서 내국신용장.구매확인서 전자발급명세서 조회

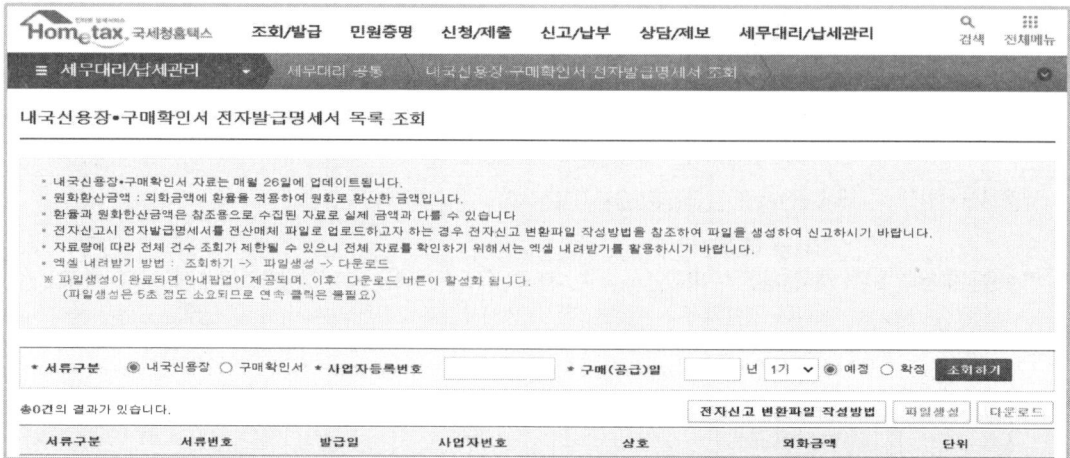

3. 영세율매출 실무 프로세스

영세율매출거래 실무 프로세스

매입매출전표입력
유형 : 12.영세매출
→
영세율첨부서류작성
영세율첨부서류제출명세서
세금계산서합계표
→
부가가치세신고서

실습예제

다음 거래 자료를 입력하고 부가가치세신고서와 부속서류를 작성하시오. (단, 전자세금계산서 발급은 생략하며 "전자입력"으로 입력하기로 한다)

❶ 태양상사에 타이어를 납품하고 내국신용장에 의해 전자 영세율세금계산서를 발급하다.
(내국신용장 NO : L2022-05A-12345X, 개설은행 : 대한은행 영등포지점)

전자 영세율세금계산서 (공급자보관용)					승인번호			(적 색)
공급자	등록번호	220-81-03217			공급받는자	등록번호	120-23-34671	
	상호	(주)나눔상사	성명	서승희		상호	태양상사	성명	서원주
	사업장주소	서울 강남구 강남대로 252				사업장주소	서울 서초구 신반포로 194	
	업태	도소매업	종사업장번호			업태	서비스	종사업장번호
	종목	타이어				종목	카센터	
	E-Mail	nanum@bill36524.com				E-Mail	lhn@naver.com	
작성일자		공란수		공급가액			세액	
2022 5 2		4		250,000,000			0	
비고								
월	일	품목명	규격	수량	단가	공급가액	세액	비고
5	2	타이어		500	500,000	250,000,000	0	
합계금액	현금	수표	어음	외상미수금	이 금액을	○ 영수 ● 청구	함
250,000,000				250,000,000			

프로세스입력

 매입매출전표입력(5월 2일)

거래유형	품명	공급가액	부가세	거래처	전자세금
12.영세	타이어	250,000,000원		00103.태양상사	전자입력
분개유형	(차) 외상매출금	250,000,000원	(대) 상품매출	250,000,000원	
2.외상					

② 영세율첨부서류제출명세서

③ 영세율매출명세서

④ 내국신용장·구매확인서 전자발급명세서

전자무역기반시설을 통하여 개설되거나 발급된 경우 내국신용장·구매확인서 전자발급명세서를 제출하고 이 외의 경우 내국신용장 사본을 제출한다.

⑤ 부가가치세신고서

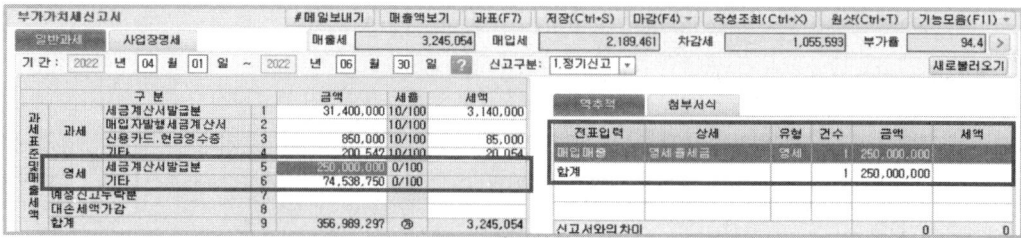

Point 29. 수입거래가 있으면 어떻게 정리해야 할까?

1. 수입거래

(1) 수입거래 절차 및 구비서류

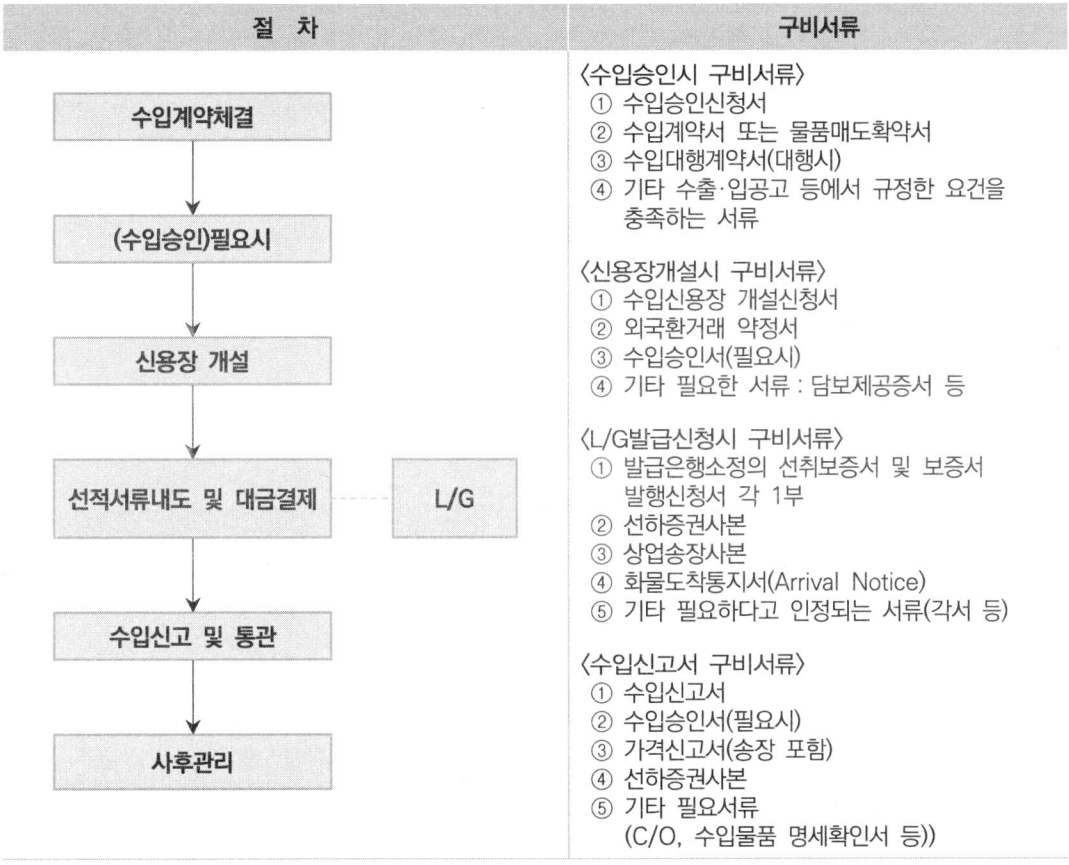

절 차	구비서류
수입계약체결 → (수입승인)필요시 → 신용장 개설 → 선적서류내도 및 대금결제 (L/G) → 수입신고 및 통관 → 사후관리	〈수입승인시 구비서류〉 ① 수입승인신청서 ② 수입계약서 또는 물품매도확약서 ③ 수입대행계약서(대행시) ④ 기타 수출·입공고 등에서 규정한 요건을 충족하는 서류 〈신용장개설시 구비서류〉 ① 수입신용장 개설신청서 ② 외국환거래 약정서 ③ 수입승인서(필요시) ④ 기타 필요한 서류 : 담보제공증서 등 〈L/G발급신청시 구비서류〉 ① 발급은행소정의 선취보증서 및 보증서 발행신청서 각 1부 ② 선하증권사본 ③ 상업송장사본 ④ 화물도착통지서(Arrival Notice) ⑤ 기타 필요하다고 인정되는 서류(각서 등) 〈수입신고서 구비서류〉 ① 수입신고서 ② 수입승인서(필요시) ③ 가격신고서(송장 포함) ④ 선하증권사본 ⑤ 기타 필요서류 　(C/O, 수입물품 명세확인서 등)

(2) 재화의 수입

구 분	내 용
재화의 수입 범위	① 외국으로부터 국내에 도착한 물품(외국 선박에 의하여 공해에서 채집되거나 잡힌 수산물 포함) 으로서 수입신고가 수리되기 전의 것 ② 수출신고가 수리된 물품(수출신고가 수리된 물품으로 선적되지 아니한 물품을 보세구역에서 반입하는 경우는 제외함) ➡ 위 ① ②에 해당하는 물품을 국내에 반입하는 것(보세구역을 거치는 것은 보세구역에서 반입하는 것)으로 한다. ※ 보세구역 : 관세법에 따른 보세구역, 자유무역지역의 지정 및 운영에 관한 법률에 따른 자유무역지역

구 분	내 용	
	거래형태별	부가가치세법 적용
보세구역 거래형태별 적용	① 외국에서 보세구역으로 재화반입	과세되지 아니함(수입에 해당 안됨)
	② 동일 보세구역 내에서 재화·용역공급	과세됨(재화 또는 용역의 공급에 해당)
	③ 보세구역외의 우리나라 → 보세구역	과세됨(재화 또는 용역의 공급에 해당)
	④ 보세구역 내에서 생산·취득한 재화 ㉮ 보세구역 외의 국내에 있는 자기의 다른 사업장에서 생산되는 원료로 사용·소비하기 위해 반출하는 경우 ㉯ 재화의 수입에 해당하는 경우	㉮ 재화의 공급에 해당 안됨 ㉯ 세관장이 부가가치세 징수
	⑤ 사업자가 사업을 폐지하는 때	잔존하는 보세물품에 대해 과세
	⑥ 사업자가 보세구역 내에서 보세구역 외의 장소로 공급하는 경우	세관장이 수입세금계산서 발급하고 공급가액 중 수입세금계산서상 공급가액을 뺀 잔액에 대하여 공급하는 사업자가 세금계산서 발급 (내국신용장에 의하여 공급하는 경우 영세율 세금계산서 교부함)

※ 수입세금계산서 : 수입되는 재화에 대하여 부가가치세를 징수할 때 수입된 재화에 대하여 세관장이 발급하는 세금계산서(수입세금계산서)를 말한다.

(3) 재화의 수입에 대한 부가가치세 납부의 유예

구 분	내 용
부가가치세납부유예제도	세관장은 매출액에서 수출액이 차지하는 비율 등 대통령령으로 정하는 요건을 충족하는 중소·중견사업자가 물품을 제조·가공하기 위한 원재료등 대통령령으로 정하는 재화의 수입에 대하여 부가가치세의 납부유예를 미리 신청하는 경우에는 부가가치세의 납부를 유예할 수 있다.
요건	① 직전 사업연도에 조특법시행령 제2조에 따른 중소기업 또는 같은 영 제10조 제1항에 따른 중견기업(제조업을 주된 사업으로 경영하는 기업에 한정) 법인 ② (중소기업) 직전 사업연도에 공급한 재화·용역의 공급가액의 합계액에서 영세율을 적용받은 재화의 공급가액의 합계액(이하 '수출액')이 같은 기간에 차지하는 비율이 30%이상이거나 수출액이 100억원 이상일 것. (중견기업) 직전 사업연도에 공급한 재화·용역의 공급가액의 합계액에서 수출액이 차지하는 비율이 50%이상일 것 ③ 확인 요청일 현재 아래 요건에 모두 해당할 것 　- 최근 3년간 계속하여 사업을 경영하였을 것 　- 최근 2년간 국세(관세포함)를 체납한 사실이 없을 것 　- 최근 3년간 조세범처벌법 또는 관세법 위반으로 처벌받은 사실이 없을 것 　- 최근 2년간 법 제50조의2 제3항에 따라 납부유예가 취소된 사실이 없을 것 ④ 구입한 원재료등이 해당 중소·중견사업자가 자기의 과세사업에 사용하기 위한 재화일 것
납부유예신청	① 다음의 신고기한의 만료일 중 늦은 날부터 1개월 이내에 관할 세무서장에게 위 요건 충족여부 확인을 요청하면, 관할 세무서장은 요청일부터 1개월 이내 부가가치세 납부유예 요건확인요청서 및 확인서를 중소·중견사업자에게 발급 　- 직전 사업연도에 대한 법인세법 제60조 또는 제76조의17에 따른 신고기한 　- 직전 사업연도에 대한 법 제49조에 따른 신고기한

구 분	내 용
	② 중소·중견사업자는 발급된 확인서를 첨부하여 '재화의 수입에 대한 부가가치세 납부유예 적용신청서'를 세관장에게 제출 ③ 세관장은 신청일부터 1개월 이내 납부유예의 승인여부를 결정하여 통지 ④ 1년간 수입재화에 대해 납부유예 적용
납부유예적용	① 납부를 유예받은 중소·중견사업자는 법 제48조제1항, 법 제49조 제1항 또는 법 제59조 제2항에 따른 신고를 할 때 해당 재화에 대하여 법제38조 제1항 제2호에 따라 공제하는 매입세액과 납부가 유예된 세액을 정산하여 납부하여야 한다. 이 경우 납세지 관할 세무서장에게 납부한 세액은 세관장에게 납부한 것으로 본다. ② 부가가치세의 납부가 유예된 때에도 수입세금계산서를 교부해야 한다.

(4) 수입 매입거래

수입되는 재화에 대하여는 세관장이 수입업자에게 세금계산서를 발급한다. 수입하는 재화의 과세표준은 실제 수입금액과 차이가 나며, 부가가치세액만을 지급하고 회계처리한다. 실제수입금액은 별도로 "미착품"등의 계정으로 정리한다.

> 주의! 수입물품(원재료, 상품 등)의 취득원가 계상은 취득에 소요되는 모든 금액의 합계액이다. 그러므로 수입 세금계산서의 부가가치세 공급가액은 실제 취득가액이 아님을 주의한다.

① 수입 체결 후 계약금 지급시 :   (차) 외화선급금   (대) 외화예금 등
② 은행으로부터 선적서류 인수시 :   (차) 미착품   (대) 외화선급금
③ 수입통관비용과 수입세금계산서 수취시 :   (차) 미착품   (대) 현금 등
                                        부가세대급금
④ 수입물품 창고 입고시 :   (차) 원재료   (대) 미착품

※ 수입시 부가세 과세표준(공급가액) = 관세의 과세가격 + 관세 + 개별소비세·주세·교육세·농어촌특별세 + 교통에너지세·환경세

2 수입 매입거래 실무 프로세스

수입 매입거래 실무 프로세스

매입매출전표입력
유형 : 55.수입매입
⇒ 세금계산서합계표 ⇒ 부가가치세신고서

실습예제

다음 거래 자료를 입력하고 부가가치세신고서와 부속서류를 작성하시오.

❶ 5월 7일 미국의 MCU Co.,Ltd와 수입계약(원재료 US$ 20,000, 기준환율은 1,000원, 대금은 외상, FOB 가격조건)을 체결하고, 은행으로부터 선적서류를 인수하다.

❷ 인천세관으로부터 전자 수입세금계산서를 발급받았다. 부가가치세(2,200,000원)와 관세(1,200,000원), 통관수수료 등(100,000원)은 현금으로 지급하고, 수입물품은 당일 창고에 입고되다. (거래처코드는 30005로 등록할 것)

전자 수입세금계산서(수입자보관용)

세관	등록번호	125-83-11115	등록번호	220-81-03217
	세관명	인천세관	상호	(주)나눔상사
	세관주소	인천 중구 서해대로 33	성명	서승희
수입신고번호 또는일괄발급 기간(총 건)			사업장주소	서울 강남구 강남대로 252
			업태	도소매업	종목	타이어

납부				과세표준	세액	비고
년	월	일	공란수			
2022	05	12		22,000,000	2,200,000	

월	일	품목	규격	수량	단가	공급가액	세액	비고
05	12	타이어				22,000,000	2,200,000	

※ 과세표준은 관세의 과세가격과 관세, 개별소비세, 주세, 교통세 및 농어촌특별세의 합계액으로 한다.

프로세스입력

❶ 일반전표입력(5월 7일)

(차) 미착품(MCU Co.,Ltd)   20,000,000원   (대) 외상매입금(MCU Co.,Ltd) 20,000,000원

※ 외화예금에서 지급하는 경우 장부가액과 발생일의 기준환율을 적용하여 외환차손이 발생할 수 있으며, 이때 발생한 외환차손은 과세분의 개별손금에 해당된다.

❷ 매입매출전표입력(5월 12일)

거래유형	품명	공급가액	부가세	거래처	전자세금
55.수입	타이어부품	22,000,000	2,200,000	30005.인천세관	전자입력
분개유형	(차) 원재료(MCU Co.,Ltd) 21,300,000원			(대) 현금	3,500,000원
3.혼합	부가세대급금 2,200,000원			미착품(MCU Co.,Ltd)	20,000,000원

※ 수입세금계산서의 과세표준은 부가가치세를 부과하기 위한 공급가액으로 회계처리하면 안되며, 미착품계정을 조회하여 원재료계정으로 대체정리하고, 관세와 통관수수료등은 원재료계정에 포함하여 회계처리한다.

❸ 세금계산서합계표

❹ 부가가치세신고서

참고자료 수입거래 예시

수입업무를 대행해 주는 관세사등으로부터 수입관련 정산서와 관련서류를 받고 수수료등을 지급하며, 일반적으로 선급금으로 대금을 지급하고 정산받는 형태로 운영되고 있다.

㈜스타로지스

문서번호 : ST1004-21-0001
발 신 자 : 스타로지스
담   당 :
날   짜 : 2022.01.05

수   신 : ㈜
담   당 :

제목 : 통관 예상비용 (　　) , 정산서 (○)

귀사의 수입제품 통관 예상 비용 또는 정산을 아래와 같이 하여 드립니다.

BL 번호	
통 관 일	2022.01.04
수 량 (CT)	81 CT

구 분	금 액	부가세	REMARK
D/O CHG (1)	-	-	
D/O CHG (2)	-	-	
D/O 대납수수료	-	-	
정밀검사수수료	-	-	
통관수수료	30,000	3,000	
관세	-		
주세	1,011,800	-	
교육세	101,180	-	
부가세	-	448,560	
보세운송료	-	-	
컨테이너반납비	-	-	
라벨제작비	24,300	2,430	486병*50원
라벨작업비	43,740	4,374	486병*90원(횡)
식품검역대행수수료	30,000	3,000	서류1건*30000원
검역사진대행수수료	10,000	1,000	사진1건*10000원
보세창고료	55,840	5,584	거래명세표 참조
보세화재보험료	-	-	
출고료	-	-	
하역료	-	-	
기타	-	-	
운송료	110,000	11,000	1T - 수작업포함
폐기료	-	-	
폐기대행료	-	-	
폐기잔존물세금	-	-	
소 계	1,416,860	478,948	
총 액		1,895,808	

이 월 금 액	- 954,026	예금주: ㈜스타로지스
입 금 액	1,990,384	은행명:
부 족 액	859,450	계 좌:
잉 여 액	-	비 고: 과부족금은 정산 후 요청에 따라 처리해드립니다.

거 래 명 세 표

2022 년 01 월 05 일
(주)   귀하
₩61,424 원정

입항일자	2021-12-13	승인번호		보관일수	22
입고일자	2021-12-15	B/L번호		반출수량	81
승인일자	2022-01-04	선명	CMA CGM CENTAURUS	반출중량	648.000
출고일자	2022-01-05	품명	WINE	반출용적	2.344

구 분	산 출 내 역	금 액
종 가 기 본 료	(3,372,680 + 0) x 0.82 /1000	2,765
종 가 일 일 할 증	(3,372,680 + 0) x 0.150 /1000 x 22	11,129
종 가 료	(3,372,680 + 0) x 4.120 /1000	13,895
종 량 기 본 료	2.340 x 660.00	1,544
종 량 일 일 할 증	2.340 x 148.00 x 22	7,619
종 량 료	2.340 x 3916.00	9,163
보 관 할 증	23,058 x 0.50 (50 %)	11,529
보 관 할 인	23,058 x 0.10 (10.000 %)	2,305
보 관 료 계		32,290
입고료및하차료	2,911 x 2.34 (상자물)	6,811
해상출고료및상차료	2,911 x 2.34 (상자물)	6,811
콘테이너료	1,332 x 2.34	3,116
(중량50%)할증	13,622 x 0.50 (50 %)	6,811
작 업 료 계		23,550
소 계	보관료+작업료	55,840
부 가 세		5,584
보 험 료	3,372,680 x 0.0000 /1000	0
합 계	보관료+작업료+부가세+보험료	61,424

전자세금계산서

승인번호: 20210105-10000000-54207139

공급자
- 등록번호:
- 상호(법인명): (주) 스티로지스
- 성명:
- 사업장주소:
- 업태: 서비스
- 종목: 창고업
- 이메일:

공급받는자
- 등록번호:
- 상호(법인명): (주)
- 성명:
- 사업장주소:
- 업태: 도매업
- 종목: 수입주류판매업
- 이메일:
- 이메일:

작성일자	공급가액	세액	수정사유	비고
2022-01-05	273,880	27,388	해당없음	

월	일	품목	규격	수량	단가	공급가액	세액	비고
01	05	라벨제작비				24,300	2,430	
01	05	라벨작업비				43,740	4,374	
01	05	식품검역대행수수료				30,000	3,000	
01	05	검역사진대행수수료				10,000	1,000	
01	05	보세창고료				55,840	5,584	
01	05	운송료				110,000	11,000	

합계금액	현금	수표	어음	외상미수금	
301,268					이 금액을 (청구) 함

본 인쇄물은 국세청 홈텍스(www.hometax.go.kr)에서 발급 또는 전송 입력된 전자(세금)계산서 입니다.
발급사실 확인은 상기 홈페이지의 "조회/발급>전자세금계산서" 제3자 발급사실 조회 "를 이용하시기 바랍니다.

통관 예상경비 청구서

(주) 　　　 귀하	담당자:	Tel. 02-403-4388　Fax. 02-403-4398
수 입 자	(주):	신 고 일 자	2021-12-30	신 고 번 호	42690-20-270745M
B / L	BQEGFRB138580	품　　　명	LE PIF	수량/중량	81 GT　　648.000
결제금액	EUR 2,478.60	과세가격(원)	3,372,680	환　　율	1,360.7200
선　　명	CMA CGM CENTAURUS	신고금액($)	3,027.00	납부서번호	
해외거래처		장　치　장	스타로지스(주)신창고		

내 역 서

관　　세	0
부 가 세	448,560
주　　세	1,011,800
소　　계	1,460,360
교 육 세	101,180
통관수수료	33,000
예 상 비 용	1,594,540
미　수　금	0
청 구 금 액	1,594,540

비고 :

송금계좌 :

수출입 물류비용 정산서

수입자	사업No				관세사	사업No		
	상호	(주)스타로지스		대표		상호		대표
	주소					주소		

신고번호		신고일자	2021년12월30일	신고가격	3,027
품 명	LE PIF	면허일자	2022년01월04일	감정가격	3,372,680
B/L 번호		수량	81 GT	중량 648 KG	장치장

	적요	금액	비고		적요	금액	비고
입금	통관자금	1,594,540	1/4	세관	관 세		
	대납금입금				부가세	448,560	
	부족금입금				주 세	1,011,800	
	소 계	1,594,540			교육세	101,180	
선사	냉동책사용료			관세사	통관수수료	30,000	
	항공&선박운임				부가세	3,000	
	컨테이너운송료				검역수수료		
	DEMURRAGE				정밀검사수수료		
	CY 경과료				스티커인쇄비		
	컨테이너반납비				보정이자		
하역	검사료			기타	임시개청수수료		
	보수작업비				인지대		
	하역료				잔액송금		
보관	창고료				기 타		
	T H C						
운송	보세운송료						
	운송료						
	운송료						

*본 정산서에 대하여 문의사항이 있으시면 연락바랍니다.
*귀사가 당 사무소 경리과에 공식 통보하신 은행구좌에 입금되거나, 당 사무소 경리과에 입금후 입금전표를 수령한 입금외의 입금에 대해서는 당 사무소는 여하한 책임을 부담하지 않습니다.
* 입금계좌 :

이월액	0
입금액	1,594,540
지급총액	1,594,540
잔 액	0

(별지 제5호 서식)

납부영수증서[납부자용]

File No : 3차
B/L No. : BQEGFRB138580

회계구분	관세청소관 일반회계		납부기한	2022년01월09일
회계년도	2022	담당부서 : 직원명미등록	발행일자	2021년12월30일

수입징수관 계좌번호	130970	납부자 번호	(0127)	납기내 금액	1,561,540

※수납기관에서는 위의 굵은 선 안의 내용을 즉시 전산입력하여
수입징수관서에 EDI방식으로 통지될 수 있도록 하시기 바랍니다.

납기후 금액	

수입신고번호	42690-20-270745M		수입징수관서	성남세관
납부자	성명		상호	(주)
	주소	서울특별시 성동구 왕십리로		

관 세		교통에너지환경세		개별소비세	
주 세	1,011,800	교 육 세	101,180	부가가치세	448,560
농어촌특별세		가산세(보정이자)			

납부일자별	납부할 금액	납부일자별	납부할 금액

납부시 아래 <안내말씀>을 참조하여 주시기 바랍니다.
　 년　 월　 일
　수입징수관 성남세관

위 금액을 정히 영수합니다.

영수일 2022년 01월 04일

영수인
P C
뱅 킹

<안내말씀>
1. 위 금액을 납부기한까지 은행, 우체국에 납부하시기 바랍니다. (각 은행의 인터넷 뱅킹(세금/공과금)관세) 또는 신용카드납부서비스 (www.cardrotax.or.kr 참조, 365일 가능. 납부대행수수료 0.8%(직불카드 0.5%) 납세자 부담)를 이용하면 편리하게 납부하실 수 있습니다.
2. 납부기한 경과시에는 미납세액에 납부지연가산세를 가산하여 납부하여야 합니다.
　(최초 납부기한 경과시 3%, 매 1월 경과시 0.025% 추가가산. 추가가산은 고지금액이 100만원 이상인 경우에 한하여 5년까지 가산)
3. 납부일(영수일)에 해당하는 납부할 금액을 납부하여 주시기 바라며, 고지서 기재일자 이후 금액은 담당자에게 문의하여 주시기 바랍니다.
4. 분할납부승인을 받은 세액을 체납시(위 납부기한내에 미납부한 경우)에는 미납세액 전액을 즉시 일괄징수하게 됩니다.
5. 이 고지세액에 이의가 있으면 이 고지서를 받은 날부터 90일 이내에 이의 신청을 하거나 심사청구 또는 심판청구를 할 수 있습니다.
6. 자세한 설명은 관세청 홈페이지(www.customs.go.kr) 관세청 업무안내 코너를 참조하시기 바랍니다.

납부서[수납기관용]

File No : 3차
B/L No. : BQEGFRB138580

회계구분	관세청소관 일반회계		납부기한	2022년01월09일
회계년도	2022	담당부서 : 직원명미등록	발행일자	2021년12월30일

수입징수관 계좌번호	130970	납부자 번호	(0127)	납기내 금액	1,561,540

※수납기관에서는 위의 굵은 선 안의 내용을 즉시 전산입력하여
수입징수관서에 EDI방식으로 통지될 수 있도록 하시기 바랍니다.

납기후 금액	

납부일자별	납부할 금액	납부일자별	납부할 금액

수입신고번호	42690-20-270745M		수입징수관서	성남세관
납부자	성명		상호	(주)
	주소	서울특별시 성동구 왕십리로		

한국은행 귀하
위 금액을 수납 납부합니다.
　 년　 월　 일

위 금액을 정히 영수합니다.

영수일 2022년 01월 04일

영수인
P C
뱅 킹

※이 납부서(수납기관용) 사본은 세관요구시 세관용 영수필증지서로 이용할 수 있습니다.

FILE No1 : 3차
BL No : BQEGFRB138580
징수형태 : 11

수입세금계산서 (수입자 보관용)

No. 10000166

세관명	등록번호	129-83-00662	수입자	등록번호	
	세관명	성남세관장		상호	(주)
	세관주소	경기도 성남시 분당구 야탑로205번길 8 (야탑동, 성남세관)		성명	
	수입신고번호 또는 일괄발급기간(총건)	42690-20-270745M		사업장 주소	서울특별시 성동구 왕십리로
				업태	도매업	종목	수입주류판매업

납부			과세표준				세액				비고
년	월	일	공란수	조천백십억천백십만천백십일			조천백십억천백십만천백십일				0127-012-11-20-0-009872-6로 납부
22	01	04	06		4 4 8 5 6 0			4 4 8 5 6 0			

월 일	품 목	규 격	수 량	단 가	공급가액	세 액	비 고
	수입신고필증	참조					

※ 과세표준은 관세의 과세가격과 관세, 개별소비세, 주세, 교통에너지환경세, 교육세 및 농어촌특별세의 합계액으로 한다.
※ 본 수입세금계산서는 수입세금계산서교부에관한고시 제6조의 규정에 의하여 교부한 것입니다.
　수입세금계산서 전자문서의 내역을 출력한 것입니다.
※ 수입(세금)계산서는 관세청 홈페이지(http://customs.go.kr)를 통하여 간편하게 발급받으실 수 있습니다.(문의전화 : 1544-1285)

UNI-PASS

수 입 신 고 필 증

(갑지)

※ 처리기간 : 3일

① 신고번호 42690-20-270745M	② 신고일 2021/12/30	③ 세관.과 012-10	⑥ 입항일 2021/12/13	⑦ 전자인보이스 제출번호
④ B/L(AWB)번호	⑤ 화물관리번호 20CMAL0520I-4023-0001		⑧ 반입일 2021/12/15	⑨ 징수형태 11

⑩ 신 고 인	⑮ 통관계획 D 보세구역장치후	⑲ 원산지증명서 유무 Y	㉑ 총중량 648 KG
⑪ 수 입 자	⑯ 신고구분 A 일반P/L신고[사후제출]	⑳ 가격신고서 유무 Y	㉒ 총포장갯수 81 GT
⑫ 납세의무자 (주소) (상호) (성명)	⑰ 거래구분 11 일반형태수입	㉓ 국내도착항 KRPUS 부산항	㉔ 운송형태 10-FC
⑬ 운송주선인	⑱ 종류 21 일반수입(내수용)	㉕ 적출국 FR FRANCE	
⑭ 무역거래처		㉖ 선기명 CMA CGM CENTAURUS MT	
	㉗ MASTER B/L번호	OOLU2116027840	㉘ 운수기관부호

㉙ 검사(반입)장소 01206056-2000000414((주)스타로지스 이천보세창고)

● 품명 · 규격 (란번호/총란수 : 001/001)

㉚ 품 명	RED WINE	㉜ 상표	NO
㉛ 거래품명	LE PIF		

㉝ 모델 · 규격	㉞ 성분	㉟ 수량	㊱ 단가(EUR)	㊲ 금액(EUR)
(NO. 01) L'ARPETTE, VIN DE FRANCE, L'ARPETTE LE PIF 2019 RED 750ML*6BT/CT, USE:EDIBLE	ALC.13.5%	486 BT	5.1	2,478.6

㊳ 세번부호	2204.21-1000	㊵ 순중량	364.5 KG	㊸ C/S검사	S 생략	㊺ 사후확인기관	
㊴ 과세가격(CIF)	$ 3,027	㊶ 수 량	365 L	㊹ 검사변경			
	W 3,372,680	㊷ 환급물량	486 BL	㊻ 원산지	FR-4-B-G	㊼ 특수세액	0.00

㊽ 수입요건확인 (발급서류명)	89-2CE2020100739232 식품등의 수입신고확인증

㊾ 세종	㊿ 세율(구분)	51 감면율	52 세액	53 감면분납부호	감면액	*내국세종부호
관	0.00 (FEU1이가)	0.00	0		0	
주	30.00 (1A)		1,011,804			941220
육	(A)		101,180			
부	10.00 (A)	0.00	448,566		0	

54 결제금액(인도조건-통화종류-금액-결제방법)		CIF-EUR-2,479-TT				55 환 율	1,360.7200
56 총과세가격	$ 3,027	57 운 임	0	59 가산금액	0	64 납부번호	012-11-20-00098726
	W 3,372,680	58 보험료	0	60 공제금액	0	65 부가가치세과표	4,485,664

61 세 종	62 세 액	※신고인기재란	66 세관기재란
관 세	0		- 수입통관 후 단순가공, 분할, 재포장 판매하거나 시공할 경우 원산지표시를 하여야 하고, 양도(재양도 포함)시에는 양수인에게 이 물품의 원산지를 서면으로 통보하여야 하며, 이를 위반시 관련법령에 따라 처벌됨
개별소비세	0		- 사후심사 결과에 따라 적용세율 변경될 수 있음. '20.7.1일부터 중소기업의 컨테이너 수입화물에 대해 세관검사비용을 지원하고 있으니, 지원 대상 여부를 확인하시어 신청하시기 바랍니다. (www.unipass.customs.go.kr)
교통에너지환경세	0		
주 세	1,011,800		
교 육 세	101,180		
농어촌특별세	0		
부가가치세	448,560		
신고지연가산세	0		
미신고가산세	0		
63 총세액합계	1,561,540	67 담당자 000000	68 접수일시 2022/01/04 69 수리일자 2022/01/04

SEONAM CUSTOMS 세관 THE REPUBLIC OF KOREA

발 행 번 호 : 2021000849811(2021.01.04) 세관.과 : 012-10 신고번호 : 42690-20-270745M Page : 1/1

* 본 신고필증은 발행 후 세관심사 등에 따라 정정,수정될 수 있으므로 정확한 내용은 발행번호 등을 이용하여 관세청 인터넷통관포탈(http://unipass.customs.go.kr) 에서 확인하시기 바랍니다.
* 본 수입신고필증은 세관에서 형식적 요건만을 심사한 것이므로 신고내용이 사실과 다른 때에는 신고인 또는 수입화주가 책임을 져야 합니다.

[청색]

전자세금계산서	(공급받는자 보관용)	책 번 호	42690 권	2021 호	
		일 련 번 호	0104-00031		
		승 인 번 호	2021010441000043dvrkov5w		

공급자	등록번호		종사업장 번호		공급받는자	등록번호		종사업장 번호	
	상호 (법인명)		성명	인		상호 (법인명)	(주)	성명	인
	사업장 주소					사업장 주소	서울특별시 성동구 왕십리로		
	업태	서비스	종목	관세사		업태	도매업	종목	수입주류판매업

작성일	공급가액	세액	수정사유
2022/01/04	30,000	3,000	
비고			

월	일	품목	규격	수량	단가	공급가액	세액	비고
01	04	통관수수료(4269020270745M)				30,000	3,000	수입

합계금액	현금	수표	어음	외상미수금	
33,000	0	0	0	0	이 금액을 영수 함

· 본 전자세금계산서는 공인인증기관의 공동인증서를 사용하여 전자서명한 세금계산서로서 전자서명법에 의거 법적 효력을 갖는 문서입니다.

Point 30. 매입자료는 공제가능자료와 공제불가능자료로 구분하여 정리하자

1. 매입세액불공제거래

재화나 용역을 구입하면서 부가가치세를 부담하고 세금계산서를 발급받았으나, 부가가치세법의 매입세액 불공제 사유에 해당되어 매입세액을 공제받지 못할 경우 해당하는 사유별로 구분하여 매입세액불공제내역서를 작성하여야 한다.

(1) 공제받지 못할 매입세액 내역

불공제사유	내용
필요한 기재사항 누락	매입세금계산서를 수취하였으나 필요적 기재사항(공급자의 사업자등록번호·성명·상호, 공급받는자의 등록번호, 공급가액과 세액, 작성연월일)이 누락된 매입세금계산서
사업과 직접 관련이 없는 지출	업무와 관련 없는 자산을 취득, 관리함으로써 발생되는 유지, 수선비 등의 매입세금계산서
비영업용 소형승용차 구입 및 유지	개별소비세가 과세되는 자동차(영업용제외)구입과 유지 및 임차비용에 대한 매입세금계산서(1,000cc이하의 국민차는 제외)
접대비 관련 매입세액	접대비와 관련된 매입세금계산서
면세사업과 관련된 분	면세사업에 사용되는 재화, 용역을 공급 받은 경우, 토지취득과 관련된 매입세금계산서
토지의 자본적 지출관련	토지 취득에 해당되는 자본적 지출비용 매입세금계산서
등록 전 매입세액	사업자등록 전 수취한 매입세금계산서(단, 공급시기가 속하는 과세기간이 끝난후 20일 이내에 등록 신청한 경우는 매입세액 공제가능)
금.구리 스크랩 거래계좌 미사용 매입세액	금, 구리 스크랩 거래계좌를 사용하지 않은 매입세금계산서

(2) 공통매입세액 안분계산

사업자가 과세사업과 면세사업을 겸업하는 경우에는 과세사업에 관련된 매입세액은 공제하게 되지만 과세사업과 면세사업에 공통으로 관련된 매입세액이거나 과세사업인지 면세사업관련 매입세액인지를 명확하게 구분할 수 없는 경우에는 안분계산하여야 한다.

> 면세사업등에 관련된 매입세액 = 공통매입세액 × (해당 과세기간 면세공급가액·면적 / 해당 과세기간 총공급가액·면적)

※ 2016.1.1.이후부터 도축업 사업자는 과세사업과 면세사업에 관련된 도축 두수에 따라 안분계산한다.

(3) 공통매입세액 안분정산

공통매입세액은 1기 또는 2기 과세기간별로 안분계산하여야 하므로 예정신고 시 안분계산을 한 경우 확정신고 시 예정신고분과 확정신고분을 합친 금액으로 공통매입세액의 정산을 하여야 한다. 예정신고 시에는 공통매입세액이 있었으나 확정신고 시 공통매입세액이 없는 경우라도 확정신고 시에는 예정신고 시 적용한 공통매입세액에 대한 정산을 하여야 한다.

> 가산 또는 공제되는 세액 = 총 공통매입세액 × (1 – 과세사업과 면세사업등의 공급가액이 확정되는 과세기간의 면세공급가액·사용면적 / 과세사업과 면세사업 등의 공급가액이 확정되는 과세기간의 총공급가액·면적) – 기 공제세액

(4) 납부(환급)세액 재계산

공통매입세액에 해당되는 고정자산의 취득은 여러 과세기간에 걸쳐서 사용될 것이므로 취득시 과세기간의 공급가액 또는 공급면적을 기준으로만 안분계산하면 부당하거나 납세자가 불리한 매입세액공제가 발생할 수 있다. 따라서 과세, 면세 공통사용 고정자산의 취득과 관련하여 발생된 매입세액에 대해서는 아래의 조건에 모두 해당되는 경우 취득일 이후 과세기간의 면세사업에 관련된 매입세액을 재계산하여 과세기간의 납부세액에 가감하거나 환급세액에서 공제, 추가하는 제도를 말한다.

1) 재계산 조건

① 공통매입세액을 안분 계산한 경우
② 면세비율이 추후 과세기간에 5%이상 증감된 경우
③ 매입세액을 공제받은 자산이 감가상각 대상자산이어야 한다.

2) 계산산식

구 분	재계산세액
건물 또는 구축물	매입세액 × (1 – 5% × 경과된 과세기간의 수) × 증가되거나 감소된 면세공급가액의 비율
기타의 감가상각자산	매입세액 × (1 – 25% × 경과된 과세기간의 수) × 증가되거나 감소된 면세공급가액의 비율

※ 매입세액불공제 주의사항
  ① 룸살롱, 요정, 나이트클럽 등에서 수취한 세금계산서, 신용카드매출전표, 현금영수증 등은 매입세액 공제가 안 된다.
  ② 화환, 골프장 사용료 등의 신용카드매출전표를 매입세액으로 공제받게 되면 접대성 경비로 보아 세무서에서 추징 안내문이 나오게 된다. 그러므로 유흥주점, 골프장 등에서 사용한 신용카드매출전표 등은 매입세액으로 공제받지 않도록 주의한다.
  ③ 음식점에 사용한 신용카드라도 접대비 성격이 아닌 직원을 위해 사용한 것은 복리후생비로 보아 매입세액 공제가 된다.

| 참고 | 영업용이 아닌 업무용 승용자동차 예시

회사별	명칭	정 원	공제여부	차 종	종 류
현 대	갤로퍼	5, 6	×	승용	
	갤로퍼-밴	2	○	화물	
	그레이스-미니버스	9, 12	○	승용, 승합	
	그레이스-밴	3, 6	○	화물	
	베라크루즈	7	×	승용	
	산타모	5,6,7	×	승용	
	산타모	9	○	승용	
	산타페	7	×	승용	
	스타렉스	7	×	승용	
	스타렉스	9	○	승용	
	스타렉스-밴	6	○	화물	
	아토스	4	○	승용	경차
	테라칸	7	×	승용	
	투싼	5	×	승용	
	트라제XG	7	×	승용	
	트라제XG	9	○	승용	
	포타	3	○	화물	
	베르나, 엑센트, 엑셀, 아반떼,i30, 엘란트라, 쏘나타(YF,NF,EF), 쏘나타2, 마르샤, 에쿠스, 제네시스. 그렌져, 다이너스티, 제네시스쿠페, 투스카니, 티뷰론, 스쿠프	4, 5	×	승용	
기아	레토나, 록스타	5	×	승용	
	레토나-밴, 모닝-밴	2	○	화물	
	모닝	5	○	승용	경차
	모하비	5	×	승용	
	비스토	5	○	승용	경차
	쏘렌토	7	×	승용	
	스포티지	5, 7	×	승용	
	스포티지-밴	2	○	화물	
	카니발, 카렌스	7	×	승용	
	그랜드 카니발	11	○	승합	
	카니발	9	○	승용	
	카니발-밴	6	○	화물	

회사별	명칭	정 원	공제여부	차 종	종 류
기아	타우너-코치, 밴, 트럭	7, 2	○	승용, 화물	경차
	프레지오	9, 12, 15	○	승용, 승합	
	프레지오-밴	6	○	화물	
	프라이드, 리오, 쏘울, 포르테, 쎄라토, 스펙트라, 슈마, K5, 로체, 옵티마, 크레도스, 오피러스, K7, 엔터프라이즈	5	×	승용	
쉐보레 (GM대우)	다마스-밴	2	○	화물	경차
	다마스-코치	7	○	승용	경차
	라보	2	○	화물	경차
	레조	7	×	승용	
	마티즈	5	○	승용	경차
	마티즈-밴	2	○	화물	경차
	윈스톰	5, 7	×	승용	
	티코	5	○	승용	경차
	젠트라, 칼로스, 라노스, 라세티, 누비라, 에스페로, 토스카, 매그너스, 레간자, 프린스, 슈퍼살롱, 브로엄, 알페온, 베리타스, 스테이츠맨	5	×	승용	
쌍용	렉스턴	5, 7	×	승용	
	로디우스	9, 11	○	승용.승합	
	무쏘	5	×	승용	
	무쏘-밴, 스포츠	2, 5	○	화물	
	액티언	5	×	승용	
	액티언 스포츠	5	○	화물	
	카이런	7	×	승용	
	코란도-밴	3	○	화물	
	코란도(패밀리)	4, 5, 6	×	승용	
쌍용	이스타나	11,12,14,15	○	승합	
	이스타나-밴	2, 6	○	화물	
	체어맨	5	×	승용	
르노삼성	QM5	5	×	승용	
	SM7. SM5. SM3	5	×	승용	

※ 영업용이란 운수업, 자동차판매업, 자동차임대업, 운전학원업, 경비업법 제2조 제1호 라목에 따른 기계경비업무를 하는 경비업(경비업법 제16조의3에 따른 출동차량에 한정하여 적용) 및 유사한 업종에 직접 영업으로 사용하는 것

※ 부가가치세법에서 매입세액불공제대상이되는 개별소비세가 과세되는 소형승용차는 법인세법의 영업용승용차와 동일하며, 이에 따른 승용차매입·유지·임차비용에 대하여 운행기록부도 작성하고 업무전용보험도 가입하여야 한다. 임차비용 중 리스비는 면세로 계산서를 발급받으나, 렌트비용은 세금계산서를 발급받으므로 차종에 따라 매입세액공제대상 여부를 판단하여야 한다.

2 매입세액불공제 거래 실무프로세스

업무프로세스

매입매출전표입력
유형 : 54.불공매입
⇒ 세금계산서합계표
매입세액불공제내역
⇒ 부가가치세신고서

실습예제

다음 거래 자료를 입력하고 부가가치세신고서와 부속서류를 작성하시오.

❶ 매출처에 선물할 선물세트를 구입하고 전자세금계산서를 발급 받았다.

(청 색)

전자 세금계산서 (공급받는자보관용) 승인번호

	공급자				공급받는자		
등록번호	120-16-90961			등록번호	220-81-03217		
상호	하늘마트	성명(대표자)	소인배	상호	(주)나눔상사	성명(대표자)	서승희
사업장주소	서울 강남구 강남대로 596 (논현동, 극동빌딩)			사업장주소	서울 강남구 강남대로 252		
업태	소매	종사업장번호		업태	도소매업	종사업장번호	
종목	잡화			종목	타이어		
E-Mail	sib@naver.com			E-Mail	nanum@bill36524.com		

작성일자			공란수	공급가액		세액	
2022	6	15	6	3,000,000		300,000	

비고

월	일	품목명	규격	수량	단가	공급가액	세액	비고
6	15	선물세트				3,000,000	300,000	

합계금액	현금	수표	어음	외상미수금	이 금액을 ○ 영수 함
3,300,000				3,300,000	● 청구

❷ 관리부 업무용승용차(2,000cc)를 수리하고 전자세금계산서를 발급 받았다.

(청 색)

전자 세금계산서			(공급받는자보관용)			승인번호			
공급자	등록번호	120-81-34671			공급받는자	등록번호	220-81-03217		
	상호	종로정비공업(주)	성명(대표자)	정비공		상호	(주)나눔상사	성명(대표자)	서승희
	사업장주소	서울 종로구 동호로 403-3 (종로5가)				사업장주소	서울 강남구 강남대로 252		
	업태	서비스	종사업장번호			업태	도소매업	종사업장번호	
	종목	자동차정비				종목	타이어		
	E-Mail	carbest@bill36524.com				E-Mail	nanum@bill36524.com		

작성일자			공란수	공급가액	세액
2022	6	15	6	1,800,000	180,000

비고

월	일	품목명	규격	수량	단가	공급가액	세액	비고
6	15	엔진외 수리비				1,800,000	180,000	

합계금액	현금	수표	어음	외상미수금	이 금액을	○ 영수 / ● 청구 함
1,980,000				1,980,000		

❸ 과세와 면세에 공통으로 사용할 원재료(부품)를 구입하고 전자세금계산서를 발급 받았다.(과세·면세 겸업사업자라고 가정하기로 함)
 - 불공매입으로 선택하기로 함

(청 색)

전자 세금계산서			(공급받는자보관용)			승인번호			
공급자	등록번호	133-81-62697			공급받는자	등록번호	220-81-03217		
	상호	(주)강동산업	성명(대표자)	노영지		상호	(주)나눔상사	성명(대표자)	서승희
	사업장주소	서울 은평구 은평로 205-5				사업장주소	서울 강남구 강남대로 252		
	업태	제조업	종사업장번호			업태	도소매업	종사업장번호	
	종목	타이어부품				종목	타이어		
	E-Mail	Inj@bill36524.com				E-Mail	nanum@bill36524.com		

작성일자			공란수	공급가액	세액
2022	6	15	5	6,000,000	600,000

비고

월	일	품목명	규격	수량	단가	공급가액	세액	비고
6	15	부품				6,000,000	600,000	

합계금액	현금	수표	어음	외상미수금	이 금액을	○ 영수 / ● 청구 함
6,600,000				6,600,000		

❹ 공통매입 정산계산 자료에 의하여 공통매입세액 정산계산을 하고 관련 회계처리를 하시오.

▶ 〈자료1〉 공급가액 내역

구 분		2022년 1기 예정 (1.1.~3.31.)	2022년 1기 확정 (4.1.~6.30.)
매출내역	과세분(전자세금계산서)	42,000,000원	216,000.000원
	면세분(계산서)		42,000,000원
	합 계	42,000,000원	258,000,000원

▶ 〈자료2〉 예정신고 내역(1월 1일 ~ 3월 31일)

구 분	금액
제1기 예정신고시 공통매입세액	0원
제1기 예정신고시 불공제 매입세액	0원

프로세스입력

❶ 매입매출전표입력

1) 6월 15일

거래유형	품명	공급가액	부가세	거래처	전자세금
54.불공	선물세트	3,000,000	300,000	하늘마트	전자입력
불공사유	9.접대비 관련 매입세액				
분개유형 3.혼합	(차) 접대비(판)	3,300,000원	(대) 미지급금		3,300,000원

2) 6월 15일

거래유형	품명	공급가액	부가세	거래처	전자세금
54.불공	엔진외수리비	1,800,000	180,000	종로정비공업(주)	전자입력
불공사유	3.비용업용 소형승용차 구입 및 유지				
분개유형 3.혼합	(차) 차량유지비(판)	1,980,000원	(대) 미지급금		1,980,000원

3) 6월 15일

거래유형	품명	공급가액	부가세	거래처	전자세금
54.불공	부품	6,000,000	600,000	(주)강동산업	전자입력
불공사유	5.공통매입세액 안분계산서 분				
분개유형 2.외상	(차) 원재료	6,600,000원	(대) 외상매입금		6,600,000원

❷ 매입세액불공제내역

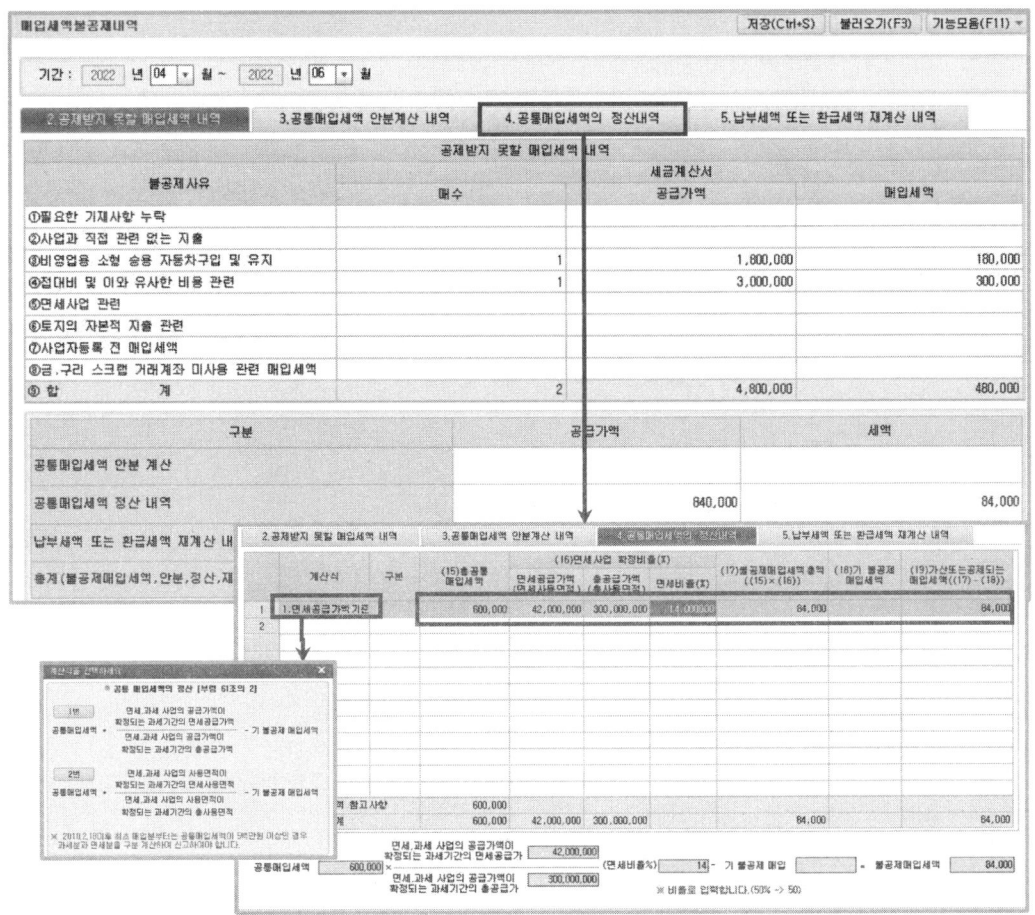

❸ 공통매입세액 관련 회계처리

[일반전표입력 6월 30일]
(차) 부가세대급금   516,000원   (대) 원재료(적요8.타계정으로대체액)   516,000원
    ※ 공통매입세액 600,000원 − 매입세액불공제분 84,000원 = 공제세액 516,000원

참고

구 분	불공매입으로 처리한 경우	과세매입으로 처리한 경우

6월15일	(차) 원재료 6,600,000원
	    (대) 외상매입금 6,600,000원
		(차) 원재료 6,000,000원
		    부가세대급금 600,000원
		    (대) 외상매입금 6,600,000원

6월30일	(차) 부가세대급금 516,000원
	    (대) 원재료 516,000원
		(차) 원재료 84,000원
		    (대) 부가세대급금 84,000원

Part02. 부가가치세 대상자료 정리 | **181**

❹ 세금계산서합계표

❺ 부가가치세신고서

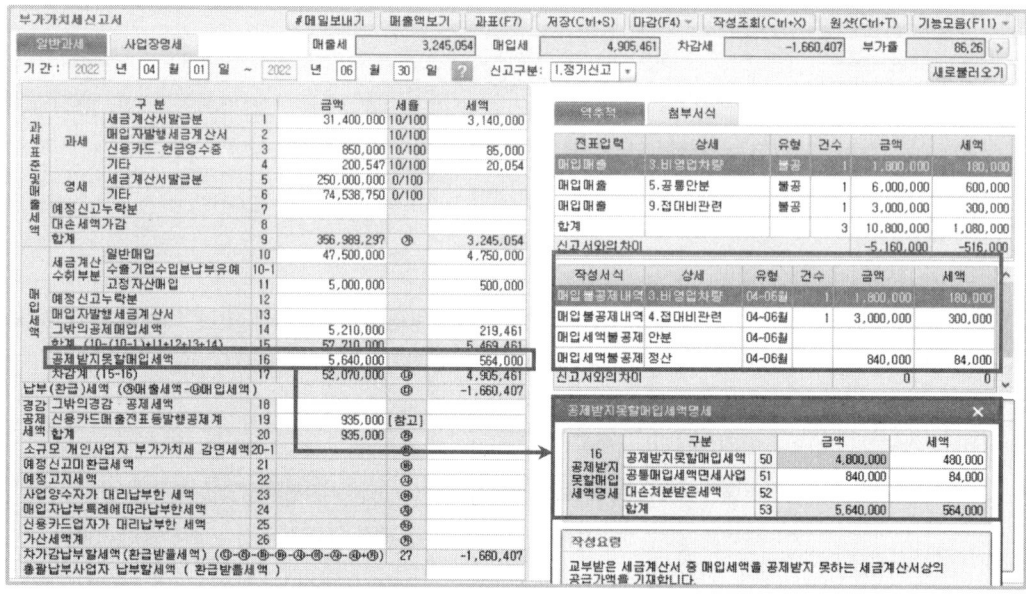

Point 31. 부도등으로 외상매출대금을 못 받아도 부가세는 돌려받자

1. 대손세액

　대손세액이란 재화 또는 용역을 공급한 후 거래상대방의 부도·파산 및 소멸시효 완성 등의 사유로 외상매출금, 받을어음 등 매출채권 및 그와 관련된 부가가치세의 전부 또는 일부를 회수할 수 없는 경우의 부가가치세액을 말한다. 사업자는 과세기간 중에 발생된 공급에 대하여 대금회수여부와 관계없이 무조건 부가가치세 신고를 하여야 하므로 일단 부가가치세를 납부하여야 하고 공급시기 이후 발생한 대손금에 대하여 매출세액에서 차감하도록 하고 있다. 공급자는 공급시기 이후에 발생한 대손금에 대하여, 공급받는자는 공급시기 이후에 변제(상환)한 대손세액에 대하여 "대손세액공제신고서"를 작성하여 제출하여야 한다.

구 분	내 용
대손세액 공제사유	① 법률적으로 청구권이 소멸하여 회수할 수 없게 된 채권 　- 상법상, 어음법상, 수표법상, 민법상 소멸시효가 완성된 것 　- 파산한 자에 대한 채권 ② 채무자가 사망·실종·행방불명,형의집행중 등의 사유에 해당하는 채권 ③ 부도발생일로부터 6월경과된 부도수표·어음상의 채권 ④ 국세결손처분 받은 채무자에 대한 채권 ⑤ 경매가 취소된 압류채권, 회사정리계획인가 등 ⑥ 6월이상 경과한 채권 중 20만원이하의 소액채권 ⑦ 신고기한 : 당초 공급일로부터 5년이 경과된 날이 속하는 과세기간의 확정신고기한
대손세액의 계산	대손세액 = 대손금액 × $\dfrac{10}{110}$
제출서류	확정신고시 대손세액공제신고서와 증명서류 첨부 {아래 표 참조}

대손사유	증명서류
파산	매출(입)세금계산서, 채권배분계산서
강제집행	매출(입)세금계산서, 채권배분계산서 또는 강제집행불능조사
실종	매출(입)세금계산서, 가정법원판결문, 기타 채권이 회수불능임을 입증할 수 있는 서류
회생계획인가 또는 면책결정	매출(입)세금계산서, 법원의 회생계획인가안 또는 면책결정문
부도발생일로부터 6월이 경과한 수표·어음	매출(입)세금계산서, 부도수표·어음(원본제시)
상법상의 소멸시효 완성	매출(입)세금계산서 및 기타 채무자별 거래사실을 확인할 수 있는 서류(거래 대금의 청구내역 등)
기타	매출(입)세금계산서 및 기타 채권이 회수불능임을 입증할 수 있는 서류

구 분	내 용		
대손세액의 처리	구 분	공급자	공급 받는자
	대손확정시	매출세액에서 차감 (대손세액 가산)	매입세액에서 차감 (대손처분세액)
	회수 또는 변제시	매출세액에 가산 (대손세액 차감)	매입세액에 가산 (변제대손세액)
대손세액을 공제받지 못하는 경우	① 재화·용역의 공급일로부터 5년이 경과한 날이 속하는 과세기간에 대한 확정신고 기한까지 대손이 확정되지 아니한 경우 ② 대손이 확정되는 날 이전에 폐업한 경우 ③ 법원의 회사정리계획인가 결정으로 외상매출금을 분할하여 전액 지급받기로 한 경우		
대손세액을 변제한 경우	대손세액공제 규정에 의하여 매입세액을 차감한 사업자가 대손금액의 전부 또는 일부를 변제한 경우, 변제한 대손금액에 관련된 대손세액을 변제한 날이 속하는 과세기간의 매입세액에 가산하여 공제한다.		

2 대손세액공제 실무프로세스

실무프로세스

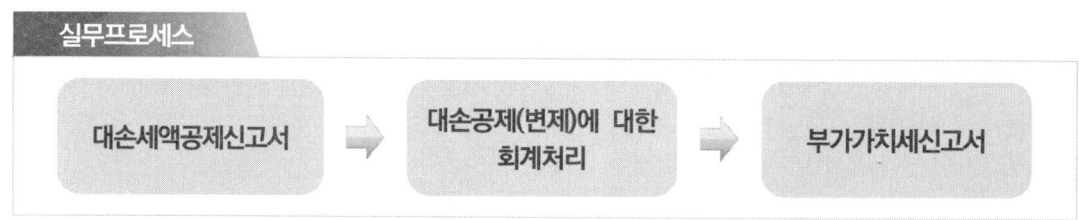

(1) 대손세액공제신고서 작성

| 대손발생 Tab |

항 목	입력내용
구 분	신고기간의 기수 및 1 : 예정 또는 2 : 확정을 선택하거나 입력한다.
대손사유	대손사유클릭시 나타나는 선택박스 중 하나를 선택한다. 1.파산, 2.강제집행, 3.사망.실종, 4.회사정리인가, 5.부도(6월되는날), 6.채권시효 소면, 7.6월경과소액채권 8.기타입력(직접입력시 선택)
대손확정일	대손확정일자를 입력한다.
금 액	공급가액과 세액을 포함한 대손확정금액을 입력한다.
대손세액	입력된 대손금액에 공제율 10/110을 적용하여 자동계산된다.
거래상대방상호	본 란에 커서가 위치하면 "거래처상대방인적사항"입력상자가 열리고, 여기에 상호 또는 성명등의 해당사항을 입력한다.

| 대손변제 Tab |

항 목	입력내용
구 분	신고기간의 기수 및 1 : 예정 또는 2 : 확정을 선택하거나 입력한다.
대손변제일	대손변제 년, 월, 일을 입력한다.
금 액	공급가액과 세액을 포함한 대손변제금액을 입력한다.
변제세액	입력된 대손금액에 공제율 10/110을 적용하여 자동계산된다.
거래상대방상호	본 란에 커서가 위치하면 "거래처상대방인적사항"입력상자가 열리고, 여기에 상호 또는 성명 등의 해당사항을 입력한다.
변제사유	변제사유를 직접 입력한다.

실습예제

다음 자료를 입력하고 대손세액공제신고서를 작성하시오.

(주)경성의 파산(6월 30일 최종 파산선고)으로 다음의 전자세금계산서와 관련한 매출채권(외상매출금)이 전액 대손 확정되어, 제1기 부가가치세 확정신고시 대손세액공제신청을 하고자 한다. 대손세액공제액 및 대손채권(외상매출금)에 대한 회계처리를 6월 30일자로 입력하시오. (6월30일현재 대손충당금잔액이 500,000원 있다고 가정함)

전자세금계산서 (공급자 보관용) 승인번호

공급자	등록번호	220-81-03217			공급받는자	등록번호	314-81-12762		
	상호	(주)나눔상사	성명	서승희		상호	(주)경성	성 명 (대표자)	이민주
	사업장 주소	서울시 강남구 강남대로 252				사업장 주소	서울시 서대문구 독립문로8길 120		
	업태	도소매업	종사업장번호			업 태	제조.도매	종사업장번호	
	종목	타이어				종목	타이어		
	E-Mail	nanum@bill36524.com				E-Mail	hyu@naver.com		

작성일자	2020.3.31.	공급가액	2,000,000	세액	200,000
비고					

월	일	품목명	규격	수량	단가	공급가액	세액	비고
3	31	타이어				2,000,000	200,000	

합계금액	현금	수표	어음	외상미수금	이 금액을 ○ 영수 함 ● 청구
2,200,000				2,200,000	

프로세스입력

① 대손세액공제신고서 작성

재무회계 > 부가가치세Ⅰ > 대손세액공제신고서

② 부가가치세신고서 반영

재무회계 > 부가가치세Ⅰ > 부가가치세신고서

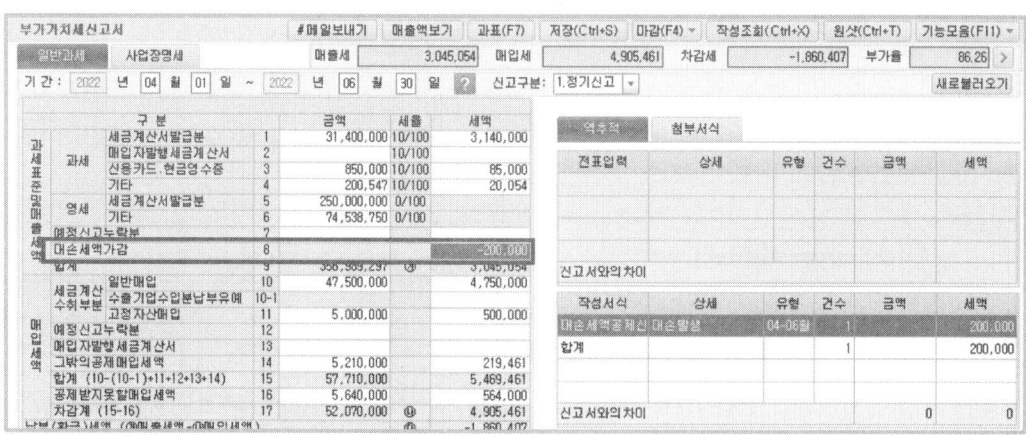

③ 대손의 회계처리

재무회계 > 전표입력/장부 > 일반전표입력

2022년 6월 30일 현재 외상매출금에 대한 대손충당금잔액을 확인하여 분개한다.

(차) 대손충당금(109)	500,000원	(대) 외상매출금	2,200,000원
대손상각비(835)	1,500,000원		
부가세예수금	200,000원		

Point 32. 고정자산취득이 부가가치세신고에 미치는 영향

1. 고정자산취득거래

재화 및 용역을 공급받고 10% 부가가치세가 별도로 징수된 매입세금계산서를 교부받으면, 구매용도에 따라 공제가능세금계산서와 공제불가능세금계산서로 구분하여 부가가치세신고서 및 부속서류가 작성되어야 한다. 고정자산취득은 세금계산서, 신용카드, 현금영수증으로도 구매할 수 있으며 부가세가 공제가능한 거래에 대하여 [건물등 감가상각자산명세서]를 작성하여야 한다.

※ 고정자산 취득시 유의할 사항
1. 고정자산을 취득하고 세금계산서를 수취한 경우 반드시 부속서류인 [건물등감가상각자산취득명세서]를 작성하여 신고하여야 한다.
2. 중고 자동차(고정자산)을 구입하고 세금계산서 미수취한 경우에는 일반전표입력에서 회계처리한다.
3. 고정자산매입을 일반매입으로 입력하면 조기환급이 안되며, 부가가치세신고시 자료를 분석하는 경우 부가율이 낮아지므로 주의해야 한다.
4. 부가율은 제품의 매출과 매입의 비율이므로 고정자산매입 등은 제외하고 계산하여야 한다.

※ 부가율 = $\dfrac{\text{매출과표} - \text{매입과표}}{\text{매출과표}} \times 100\%$

2. 고정자산취득거래 실무프로세스

실무프로세스

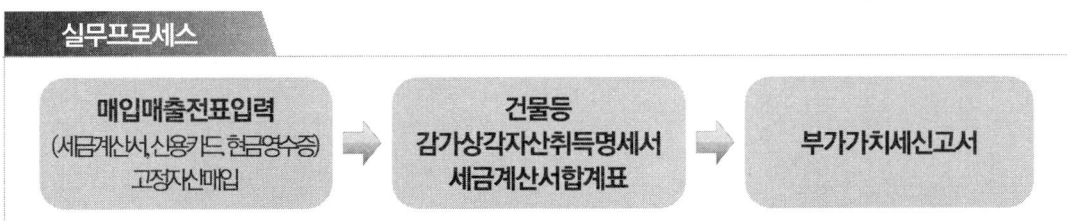

매입매출전표입력
(세금계산서,신용카드,현금영수증)
고정자산매입
→
건물등
감가상각자산취득명세서
세금계산서합계표
→
부가가치세신고서

실습예제

다음 자료를 입력하고 부가가치세신고 부속서류와 신고서를 작성하시오.

❶ 6월 20일

(청 색)

전자 세금계산서 (공급받는자보관용) 승인번호

공급자	등록번호	220-81-19591			공급받는자	등록번호	220-81-03217		
	상호	(주)우리기계	성명(대표자)	강우리		상호	(주)나눔상사	성명(대표자)	서승희
	사업장주소	서울 광진구 아차산로 123				사업장주소	서울 강남구 강남대로 252		
	업태	제조	종사업장번호			업태	도소매업	종사업장번호	
	종목	기계제작				종목	타이어		
	E-Mail	woori@bill36524.com				E-Mail	nanum@bill36524.com		

작성일자			공란수	공급가액	세액
2022	6	20	5	20,000,000	2,000,000

비고

월	일	품목명	규격	수량	단가	공급가액	세액	비고
6	20	포장기기				20,000,000	2,000,000	

합계금액	현금	수표	어음	외상미수금	이 금액을	○ 영수	함
22,000,000				22,000,000		● 청구	

❷ 6월 21일

(청 색)

전자 세금계산서 (공급받는자보관용) 승인번호

공급자	등록번호	220-81-19591			공급받는자	등록번호	220-81-03217		
	상호	(주)우리자동차	성명(대표자)	안형철		상호	(주)나눔상사	성명(대표자)	서승희
	사업장주소	서울 광진구 아차산로 123				사업장주소	서울 강남구 강남대로 252		
	업태	소매업	종사업장번호			업태	도소매업	종사업장번호	
	종목	자동차				종목	타이어		
	E-Mail	woori01@bill36524.com				E-Mail	nanum@bill36524.com		

작성일자			공란수	공급가액	세액
2022	6	21	5	30,000,000	3,000,000

비고

월	일	품목명	규격	수량	단가	공급가액	세액	비고
6	21	승용차(2,000cc)				30,000,000	3,000,000	

합계금액	현금	수표	어음	외상미수금	이 금액을	○ 영수	함
33,000,000				33,000,000		● 청구	

❸ 6월 22일 복사기를 구입하고 법인 구매전용카드로 결재하였다.

```
            카드매출전표
---------------------------------
카드종류 : 국민카드
회원번호 : 9999 -**** -**** -6666
거래일시 : 2022.06.22.  11 : 20 : 22
거래유형 : 신용승인
매    출 :  1,200,000원
부 가 세 :    120,000원
합    계 :  1,320,000원
결제방법 : 일시불
승인번호 : 202206220001
은행확인 : 국민카드
---------------------------------
가맹점명 : (주)우리기계
          - 이 하 생 략 -
```

프로세스입력

❶ 매입매출전표(6월20일)

거래유형	품명	공급가액	부가세	거래처	전자세금
51.과세	포장기기	20,000,000	2,000,000	(주)우리기계	전자입력
분개유형	(차) 기계장치	20,000,000원	(대) 미지급금		22,000,000원
3.혼합	부가세대급금	2,000,000원			

❷ 매입매출전표(6월21일)

거래유형	품명	공급가액	부가세	거래처	전자세금
54.불공	승용차(2,000cc)	30,000,000	3,000,000	(주)우리자동차	전자입력
불공사유	3.비영업용 소형승용차 구입 및 유지				
분개유형	(차) 차량운반구	33,000,000원	(대) 미지급금		33,000,000원
3.혼합					

❸ 매입매출전표(6월22일)

거래유형	품명	공급가액	부가세	거래처	전자세금
57.카과	복사기	1,200,000	120,000	(주)우리기계	
분개유형	(차) 비품	1,200,000원	(대) 미지급금		1,320,000원
4.카드	부가세대급금	120,000원			

❹ 건물등감가상각자산취득명세서

[불러오기]하여 감가상각자산종류별로 회계전표의 계정과목코드가 정확히 등록되었는지 검토하고 [확인]하면 해당 자산취득내역을 취득일자별로 조회해 준다.

❺ 부가가치세신고서 반영

Point 33. 온라인매출과 배달앱 매출이 있는 기업의 매출정리하기

1 온라인매출

KG이니시스, LG유플러스, 한국사이버결제등 결제대행사를 통하거나 네이버, 카카오등의 다양한 플랫폼을 통해 발생하는 매출을 '온라인매출'이라고 한다.

홈텍스에서는 플랫폼을 통한 온라인 매출집계는 조회되지만 매출액등에 차이가 있을수 있으므로, 사업주가 정산기록을 모아 신고해야 한다.

플랫폼회사에서 발생한 매출은 카드매출등 당 회사의 매출로 계상하고, 플랫폼회사의 수수료는 매입세금계산서를 받아 처리한다. 이때 현금영수증매출자료는 국세청 매출자료와 중복되니 확인하고 중복되지 않게 처리한다.

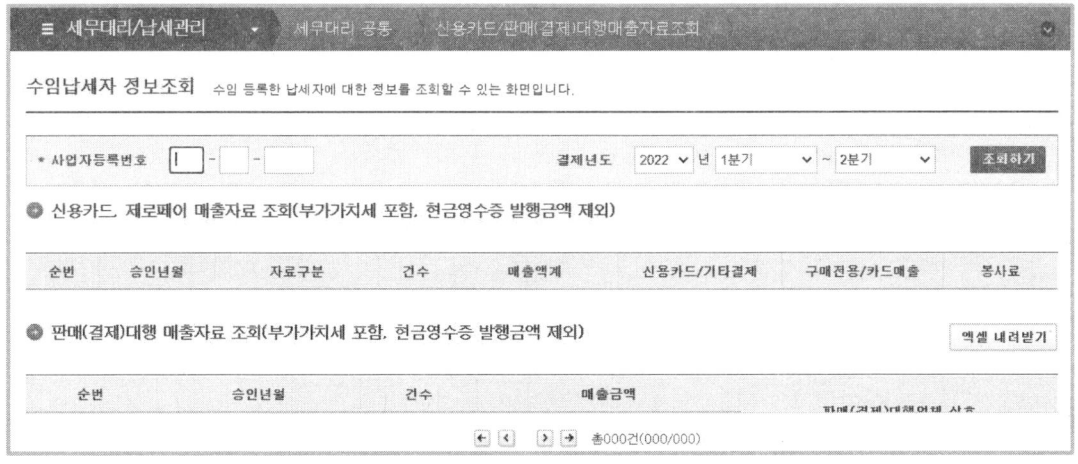

2 배달앱매출

배달의 민족·쿠팡이츠·요기요등 음식과 관련된 배달앱은 온라인에서 주문을 받는 플랫폼이며, 주문만받고 배달대행업체가 배달을 하거나 직접배달하는 경우도 있다.

'바로결제'는 배달 앱에서 주문과 동시에 결제가 완료되는 경우를 의미하며, '만나서결제'는 주문은 배달 앱에서 하고 결제는 배달 현장에서 하는 경우를 의미한다.

| 바로결제와 만나서결제 |

구 분	바로결제	만나서결제
카드결제	카드매출에 추가 (17.카과매출로 입력) - 홈텍스 카드매출에 포함 안됨	카드매출로 추가안함 - 홈텍스 카드매출에 포함됨
현금결제	현금영수증 매출로 추가안함 - 자동 현금영수증발급(홈텍스자료에 반영됨)	추가매출로 인식 (14.건별매출로 입력) - 현금영수증 발행 안됨
기타결제	추가매출로 인식 (14.건별매출로 입력) - 휴대폰결제등	
입금액	주문액-서비스·카드등수수료	
수수료등	매입세금계산서 발급 (예 : 배달의민족 수수료등-(주)우아한형제로 발행 　　　쿠팡이츠 수수료등-(주)쿠팡주식회사로 발행)	

3 온라인매출거래 실무프로세스

실무프로세스

매입매출전표입력 (신용카드.건별매출) → 신용카드매출전표 발행집계표 → 부가가치세신고서

* 온라인매출자료 입력시 신용카드결제금액은 과세사업자는 17.카과로 입력하고, 현금결제금액은 22.현과로 입력하며, 휴대폰결제금액이나 기타결제금액과 배송비입금액은 14.건별로 입력한다. 이때 현금결제금액(현금영수증, 지출증빙)은 국세청자료와 중복표시되니 [자료수집]을 통해 현금영수증거래를 입력하였다면, 온라인매출자료에서는 현금영수증거래는 입력하지 않아야 중복처리가 되지 않는다.

실습예제

다음 자료를 입력하고 부가가치세신고 부속서류와 신고서를 작성하시오.

❶ 11번가 플랫폼매출내역

▶ 부가세신고내역 조회결과

부가세 신고기간	과세매출금액	신용카드 결제금액	현금 결제금액		휴대폰 결제금액	기타 결제금액	부가수수료	면세매출금액	영세매출금액
			현금영수증	지출증빙					
2022년 1분기 일자별내역 주문명내역 현금영수증대사	2,446,386	1,645,817	437,607	19,900	186,540	156,522	다운로드	0	0

/ 프로세스입력 /

① 매입매출전표(3월31일)

거래유형	품명	공급가액	부가세	거래처	전자세금
17.카과	11번가신용카드	1,496,198	149,619	11번가	
분개유형	(차) 미수금	1,645,817	(대) 상품매출		1,496,198원
4.카드			부가세예수금		149,619원

거래유형	품명	공급가액	부가세	거래처	전자세금
14.건별	11번가휴대폰결제	169,582	16,958	11번가	
분개유형	(차) 현금	186,540원	(대) 상품매출		169,582원
1.현금			부가세예수금		16,958원

거래유형	품명	공급가액	부가세	거래처	전자세금
14.건별	11번가기타결제	142,293	14,229	11번가	
분개유형	(차) 현금	156,522원	(대) 상품매출		142,283원
1.현금			부가세예수금		14,229원

② 신용카드매출전표발행집계표

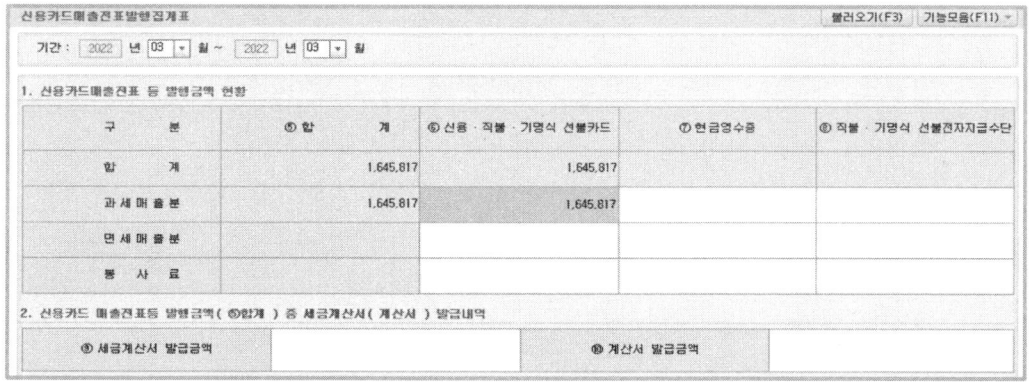

③ 부가가치세신고서

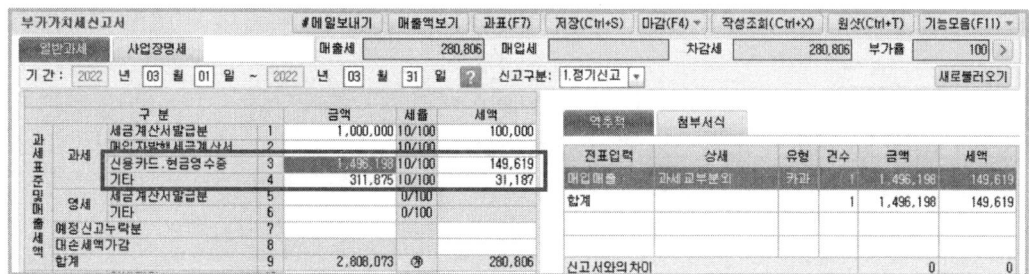

Point 34. 매출증빙없이 판매한 금액은 어떻게 신고할까?

1. 현금매출

사업자가 매출이 발생하면 관련된 증빙 즉, 세금계산서·계산서·신용카드매출전표·현금영수증등 적격증빙을 발행하여야 하나, 최종소비자를 대상으로 하는 업종의 경우 매출증빙없이 현금으로 판매할 수 있으며, 이를 '현금매출'로 하여 부가가치세 신고시 반영하여야 한다.

2. 현금매출거래 실무프로세스

실무프로세스

매입매출전표입력 (건별매출) ▶ 부가세신고 부속서류 해당없음 ▶ 부가가치세신고서

실습예제

다음 자료를 입력하고 부가가치세신고 부속서류와 신고서를 작성하시오.

❶ 현금매출내역

거래일자	현금매출액	비고
1.31	120,000원	
2.28	150,000원	
3.31	109,000원	
합계	379,000원	

프로세스입력

❶ 매입매출전표

1) 1월 31일

거래유형	품명	공급가액	부가세	거래처	전자세금
14.건별	현금매출	109,091	10,909		
분개유형	(차) 현금		120,000원	(대) 상품매출	109,091원
1.현금				부가세예수금	10,909원

2) 2월 28일

거래유형	품명	공급가액	부가세	거래처	전자세금
14.건별	현금매출	136,364	13,636		
분개유형	(차) 현금		150,000원	(대) 상품매출	136,364원
1.현금				부가세예수금	13,636원

3) 3월 31일

거래유형	품명	공급가액	부가세	거래처	전자세금
14.건별	현금매출	99,091	9,909		
분개유형	(차) 현금		109,000원	(대) 상품매출	99,091원
1.현금				부가세예수금	9,909원

❷ 매입매출장

❸ 부가가치세신고서

Point 35. 판매용 재고를 거래처에 선물해도 부가세 신고해야 하나?

1 간주공급

계약상 또는 법률상 원인에 의하여 인도, 양도되는 재화를 재화의 실질공급이라고 부르며, 이러한 재화의 공급에 대하여 부가가치세가 부과된다. 그러나 재화를 거래상대방에게 실질적으로 인도, 양도하지 않았더라도 일정한 요건을 충족한 경우 과세대상거래로 간주하여 부가가치세를 부과하며, 이를 재화의 간주공급이라고 한다.

부가가치세법상 '간주공급'에 해당하는 거래발생시 과세표준은 시가로 계산하여 부가가치세액은 납부하여야 하나 세금계산서발급의무가 없으므로 매입매출전표입력에서 14.건별유형으로 입력하여 부가가치세신고서를 작성한다.

(1) 개인적공급

개인적공급이란 사업자가 사업과 관련하여 획득한 재화(매입세액 공제받은 재화)를 사업과 관련없이 개인적인 목적으로 사용하는 경우로서 사업과 직접 관련없이 사업자 본인, 종업원 또는 주변지인들을 위해 재화를 사용·소비하는 경우이다.

> 예) 매입세액공제받은 상품을 종업원의 생일선물로 제공하는 경우 재화를 공급한 것으로 간주하여 부가가치세를 신고·납부한다.

(2) 사업상증여

사업상증여란 사업자가 사업과 관련하여 취득한 재화(매입세액 공제받은 재화)를 자기의 고객이나 불특정 다수인에게 무상으로 제공한 경우를 의미한다.

(3) 자가공급

자가공급이란 사업자가 사업과 관련하여 취득한 재화(매입세액 공제받은 재화)를 자기의 사업을 위해 사용, 소비하는 것을 의미한다.

> 예) 면세사업으로 전용, 비영업용 승용차와 그 유지를 위한 재화, 판매를 목적으로 자기의 타사업장에 반출한 재화

(4) 폐업시 잔존재화

폐업시 사업장에서 보유하고 있던 재고자산과 고정자산에 대하여 부가가치세를 부담하여야 한다.

사례 ··· 재고자산의 타계정대체액 명세 중 간주공급 대상검토자료

* 모두 매입세액공제분임

대체된 계정과목	거래내용	금액 원가	금액 시가	간주공급 해당여부	비고
수선비	불량품 교환비용	3,000,000	4,000,000	X	불량품의 교환비용은 자가공급에 해당되지 않음
접대비	거래처에 사은품으로 제공	3,000,000	4,000,000	O	사업상증여(과세표준 4,000,000 세액 400,000)
접대비	매출처에 사은품으로 제공	1,600,000	2,100,000	O	사업상증여(과세표준 2,100,000 세액 210,000)
비품	회사의 업무용 비품으로 제공	6,000,000	7,000,000	X	자가공급에 해당되지 않음
기부금	이재민구호품으로 한국방송공사에 기탁	6,200,000	7,100,000	X	국가·지방자치단체·공익단체 등에 무상으로 공급하는 재화 또는 용역은 면세
차량유지비	화물자동차의 수선비	8,000,000	9,000,000	X	비영업용 소형승용차의 유지비용이 아니므로 자가공급에 해당되지 않음
광고선전비	상품진열 목적으로 다른 사업장에 반출	2,000,000	3,000,000	X	광고선전을 위한 상품진열 목적으로 반출하는 것은 자가공급에 해당되지 않음
수선비	사업용건물 수선비	2,100,000	2,500,000	X	수선비 등에 대체하여 사용·소비하는 경우에는 자가공급에 해당되지 않음
접대비	특정거래처에 무상제공	2,300,000	2,800000	O	사업상증여(과세표준 2,800,000 세액 280,000)
광고선전비	제품홍보용으로 불특정 다수인에게 무상배포	3,100,000	3,300,000	X	광고선전 목적으로 불특정 다수인에게 무상 배포하는 경우는 사업상증여에 해당되지 않음
개발비	기술개발을 위하여 사용	2,000,000	2,300,000	X	자가공급에 해당되지 않음
접대비	매출처에 사은품 제공	5,000,000	6,000,000	O	사업상증여(과세표준 6,000,000 세액 600,000)
복리후생비	회사창립 기념품으로 임직원에게 증정	1,100,000	1,700,000	O	개인적공급(과세표준 1,700,000 세액 170,000)
광고선전비	개업식에 참석한 고객에게 무상제공	4,000,000	5,000,000	O	사업상증여(과세표준 5,000,000 세액 500,000)
수선비	비영업용소형승용차 수선비	1,700,000	2,100,000	O	자가공급(과세표준 2,100,000 세액 210,000)

2 간주공급 실무프로세스

간주공급거래 실무 프로세스

매입매출전표입력
유형 : 14.건별매출
➡ 부가세신고 부속서류
해당없음
➡ 부가가치세신고서

실습예제

다음 거래 자료를 입력하고 부가가치세신고서를 작성하시오.

5월 15일 당사 상품(원가 250,000원, 판매가 400,000원)을 영업부 직원의 생일선물로 제공하였다.
* 복리후생적인 목적으로 경조사와 관련하여 사용인에게 수차례 제공하는 경우 해당 재화의 연간합계액이 1인당 10만원을 초과하게 되는 때 그 초과액은 개인적공급으로서 부가가치세 과세대상임(부가-1774, 2020.6.30.)

프로세스입력

❶ 매입매출전표입력(5월 15일)

거래유형	품명	공급가액	부가세	거래처	전자세금
14.건별	직원생일선물	400,000원	40,000원		
분개유형	(차) 복리후생비(판)	290,000원	(대) 상품(8.타계정으로대체액)	250,000원	
3.혼합			부가세예수금	40,000원	

❷ 부가가치세신고서

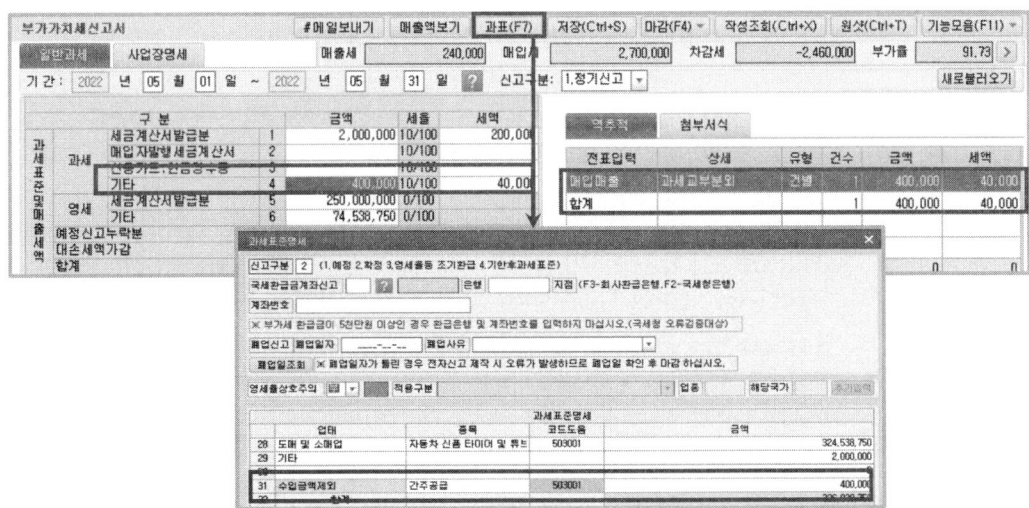

Point 36. 현금영수증의무발급업종 대상기업이 해야 할 일

1. 현금영수증발급

사업과 관련하여 재화·용역을 공급하고 그 상대방이 대금을 현금으로 지급한 후 현금영수증 발급을 요청하는 경우 발급대상금액이 1원이상이면 최종소비자에게는 '현금(소득공제)'를, 사업자에게는 '현금(지출증빙)'을 표기하여 발급해야 한다.

2. 현금영수증의무발급

건당 거래금액(부가가치세 포함)이 10만원 이상인 재화 또는 용역을 공급하고, 그 대금을 현금으로 받을 경우 소비자가 발급을 요청하지 않더라도 현금영수증을 무조건적으로 발급해야 하는 사업자를 말하며, 부가가치세 신고시 [현금매출명세서]를 첨부하여야 한다. 이 때 발급의무 위반분은 미발급금액의 20%를 가산세로 부과된다.

| 현금영수증 의무발급업종 |

구 분	업 종
사업서비스업	변호사업, 공인회계사업, 세무사업, 변리사업, 건축사업, 법무사업, 심판변론인업, 경영지도사업, 기술지도사업, 감정평가사업, 손해사정인업, 통관업, 기술사업, 측량사업, 공인노무사업
보건업	종합병원, 일반병원, 치과병원, 한방병원, 요양병원, 일반의원(일반과, 내과, 소아청소년과, 일반외과, 정형외과, 신경과, 정신건강의학과, 피부과, 비뇨기과, 안과, 이비인후과, 산부인과, 방사선과 및 성형외과), 기타의원(마취통증의학과, 결핵과, 가정의학과, 재활의학과 등 달리 분류되지 아니한 병과), 치과의원, 한의원, 수의업
숙박 및 음식점업	일반유흥 주점업(「식품위생법 시행령」 제21조제8호다목에 따른 단란주점영업을 포함한다), 무도유흥 주점업, 일반 및 생활 숙박시설 운영업, 출장음식 서비스업, 기숙사 및 고시원 운영업(고시원 운영업에 한정한다)
교육 서비스업	일반 교습 학원, 예술 학원, 외국어학원 및 기타 교습학원, 운전학원, 태권도 및 무술교육기관, 기타 스포츠 교육기관, 기타 교육지원 서비스업, 청소년 수련시설 운영업(교육목적용으로 한정한다), 기타 기술 및 직업훈련학원, 컴퓨터학원, 기타 교육기관
그 밖의 업종	가전제품 소매업, 골프장 운영업, 골프연습장 운영업, 장례식장 및 장의관련 서비스업, 예식장업, 부동산 중개 및 대리업, 부동산 투자 자문업, 산후조리원, 시계 및 귀금속 소매업, 피부미용업, 손·발톱 관리 미용업 등 기타 미용업, 비만관리센터 등 기타 신체관리 서비스업, 마사지업(발마사지업 및 스포츠 마시지업으로 한정한다), 실내건축 및 건축마무리 공사업(도배업만 영위하는 경우는 제외한다), 인물사진 및 행사용 영상 촬영업, 결혼 상담 및 준비서비스업, 의류 임대업, 의약품 및 의료용품 소매업, 포장이사 운송업, 자동차 부품 및 내장품 판매업,

구 분	업 종
	자동차 종합 수리업, 자동차 전문 수리업, 전세버스 운송업, 가구 소매업, 전기용품 및 조명장치 소매업, 의료용 기구 소매업, 페인트·창호 및 기타 건설자재 소매업, 주방용품 및 가정용 유리·요업 제품 소매업, 안경 및 렌즈 소매업, 운동 및 경기용품 소매업, 예술품 및 골동품 소매업, 중고자동차 소매업 및 중개업, 악기 소매업, 자전거 및 기타 운송장비 소매업, 체력단련시설 운영업, 묘지분양 및 관리업, 장의차량 운영업, 독서실 운영업, 두발 미용업, 철물 및 난방용구 소매업, 신발 소매업, 애완용 동물 및 관련용품 소매업, 의복 소매업, 컴퓨터 및 주변장치, 소프트웨어 소매업, 통신기기 소매업
통신판매업	전자상거래 소매업(제1호부터 제5호까지의 규정에 따른 업종에서 사업자가 공급하는 재화 또는 용역을 온라인 통신망을 통하여 소매하는 경우에 한정한다)

3 현금영수증 결제흐름도 (※ 국세청 홈택스 자료참고)

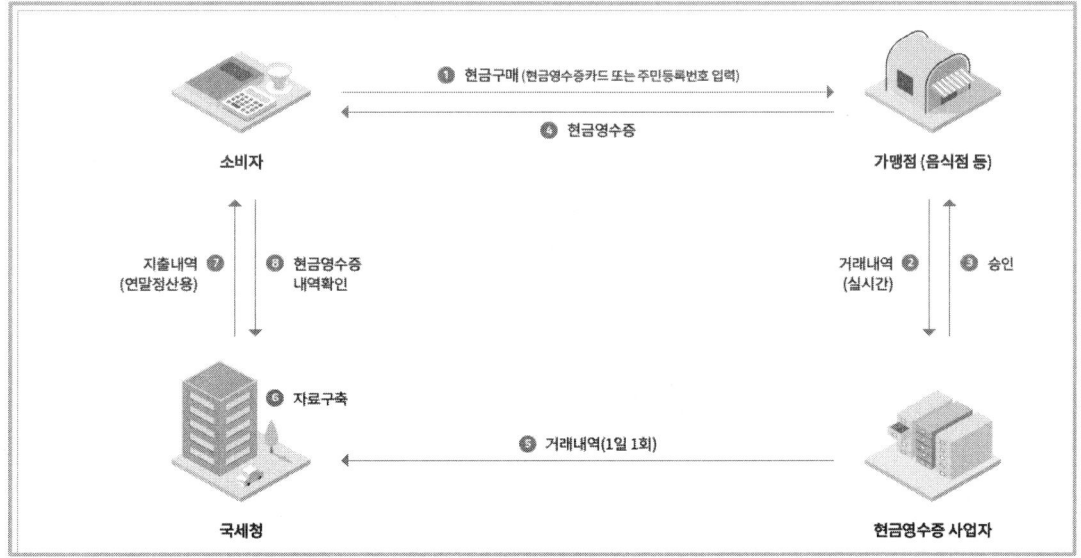

① 물품 구매 시 소비자는 현금과 함께 카드를 제시하거나 주민등록번호·핸드폰번호·사업자등록번호 등을 입력
② 가맹점은 현금영수증사업자에게 거래내역을 실시간으로 통보하여 승인 요청
③ 현금영수증사업자는 가맹점의 현금거래내역을 승인
④ 가맹점은 소비자에게 현금영수증 발급
⑤ 현금영수증사업자는 결제내역을 거래일의 다음날 국세청으로 전송(1일1회)
⑥ 국세청은 가맹점·발급수단·거래내역 정보 등을 기초로 현금영수증 사용내역·매입내역·매출내역자료 등을 구축
⑦ 국세청은 현금영수증 발급내역 등 자료 제공
⑧ 현금영수증 사용내역 등을 홈택스에서 조회

4 현금영수증 홈택스 발급 사업자 신청

5 현금영수증 의무발급자 실무프로세스

현금영수증 발급 실무 프로세스

```
매입매출전표입력          신용카드매출전표
유형 : 22.현과 23.현면,  →  발행집계표          →    부가가치세신고서
      24.현영                현금매출명세서
```

실습예제

다음 거래 자료를 입력하고 부가가치세신고서를 작성하시오.

```
              ** 현금영수증 **
                 (지출증빙용)

사업자등록번호    : 220-81-03217
사업자명         : ㈜나눔상사
단말기ID         : 47325637(tel : 02-123-4736)
가맹점주소       : 서울 강남구 강남대로 252

현금영수증 회원번호
125-81-28548         ㈜안성상사
승인번호         : 76765431        (PK)
거래일시         : 2022년 5월 20일 17시12분31초
------------------------------------------
공급금액                              125,000원
부가세금액                             12,500원
총합계                                137,500원
------------------------------------------
휴대전화, 카드번호 등록
http://현금영수증.kr
국세청문의(126)
38036925-GCA10106-3870-U490
       <<<<<이용해 주셔서 감사합니다.>>>>>
```

프로세스입력

① 매입매출전표입력(5월 20일)

거래유형	품명	공급가액	부가세	거래처	전자세금
22.현과	상품매출	125,000원	12,500원	㈜안성상사	
분개유형	(차) 현금		137,500원	(대) 상품매출	125,000원
1.현금				부가세예수금	12,500원

② 현금매출명세서

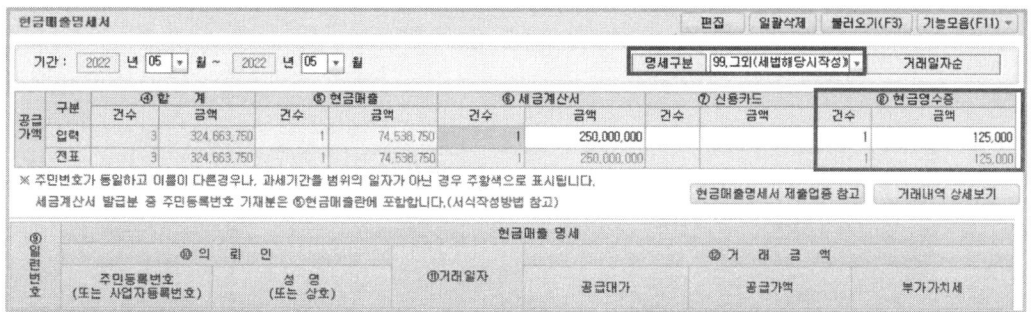

③ 부가가치세신고

부가가치세 신고자료 정밀분석

1 세무회계 MRI시스템

부가세신고 해당기간을 입력하고 [검증시작]을 클릭하여 검토할 세무내역을 확인하고 수정사항은 수정하여 부가세신고서를 다시 작성한다.

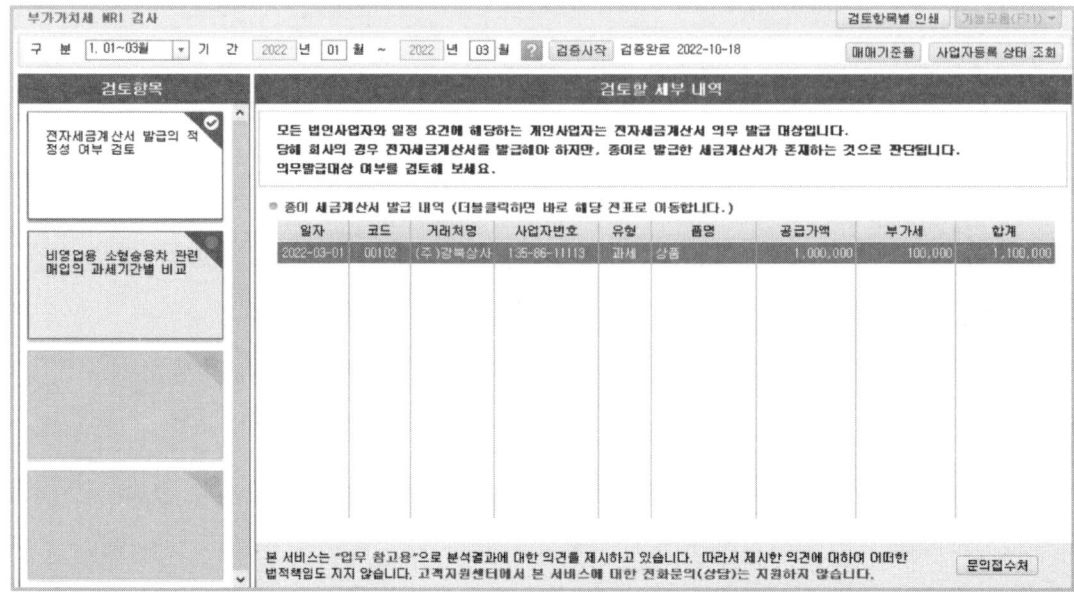

Point 38 건설업의 부가세자료 현장별 관리하기

1 건설업의 현장관리

건설업은 현장관리가 중요하다. 현장별 매입매출장을 관리할 수 있도록 현장을 등록하고 거래자료입력시 현장코드를 등록하여 현장별원장등을 조회할 수 있도록 한다.

2 기초정보등록

(1) 현장등록

(2) 환경설정

3 전표입력시 현장코드등록

4 현장별매입매출장

PART 03

부가가치세신고와 자료정리

Point 39. 영리법인의 부가가치세 전자신고

1. 부가가치세 신고

구 분	과세기간	신고납부기한	참 고
1기예정	1.1.~3.31.	4.1.~4.25.	공통매입세액 안분계산(1.1.~3.31.) 예정신고시 환급세액은 확정신고시 적용
1기확정	4.1.~6.30.	7.1.~7.25.	공통매입세액 안분정산(1.1.~6.30.) 예정신고누락분 확정신고시 포함(가산세적용) 예정신고 미환급 반영
2기예정	7.1.~9.30.	10.1.~10.25.	공통매입세액 안분계산(7.1.~9.30.) 예정신고시 환급세액은 확정신고시 적용
2기확정	10.1.~12.31.	다음해1.1.~1.25.	공통매입세액 안분정산(7.1.~12.31.) 예정신고누락분 확정신고시 포함(가산세적용) 예정신고 미환급 반영

2. 부가가치세신고서

부가가치세신고서는 각 신고기간에 대한 부가가치세 과세표준과 납부세액 또는 환급세액 등을 기재하여 관할세무서에 신고하는 서류로 부가가치세법에 규정된 서식이다.

부가가치세신고는 예정신고, 확정신고, 영세율 등 조기환급신고, 수정신고가 있으며, 신고시 부가가치세신고서의 상단에 해당신고를 표시하고 신고내용을 증명하는 부속서류를 같이 제출해야 한다. 또한 부가가치세는 자진신고납부제도로 신고기한과 납부기한이 동일하므로 기한내에 신고와 함께 납부를 하여야 하고 이렇게 함으로써 부가가치세 납세의무가 종결된다.

| 주요항목별 입력내용 및 방법 |

구 분	입력내용 및 방법
개 요	부가가치세(VAT : Value Added Tax)란 재화나 용역이 생산되거나 유통되는 모든 거래단계에서 창출된 부가가치를 과세대상으로 하여 과세하는 간접세이다. 부가가치라 함은 생산 및 유통 각 단계에서 새로이 창출된 가치의 증가분을 말하며, 부가가치세는 이러한 부가가치를 과세대상으로 하는 조세를 말한다.

구 분	입력내용 및 방법
과세기간 적 용	1) 계속사업자 : 역법에 의하여 1년을 2과세기간으로 나누어 매 6월마다 1과세기간으로 한다. 　① 제1기 : 1월 1일 ~ 6월 30일 　② 제2기 : 7월 1일 ~ 12월 31일 2) 신규사업자 : 신규로 사업을 개시하는 자에 대한 최초의 과세기간은 사업개시일로부터 그날이 속하는 과세기간의 종료일까지 한다. 3) 폐업자 : 사업을 폐업하는 경우의 과세기간은 폐업일이 속하는 과세기간의 개시일로부터 폐업일까지로 한다.
기재사항	1) 사업자의 인적사항 : 회사등록의 사업자 인적사항을 자동으로 반영한다. 사업장현황명세는 음식·숙박업 및 기타서비스업을 영위하는 사업자가 확정신고시에 작성하여 제출한다. 2) 신고내용 : 각 항목의 금액은 매입매출전표입력에서 입력한 내용이 자동 반영되며, 수정·삭제, 추가입력이 필요한 경우는 화살표키 또는 [Page Up], [Page Down]키를 이용하거나, 해당 항목에 커서를 이동하여 작업한다. 3) 과세표준명세 : 툴바의 [과표(F7)]아이콘을 누르면 '과세표준명세' 화면이 나타나므로 화살표 또는 [Tab]키를 이용, 커서를 이동하여 편집, 수정할 수 있으며 매출세액 환급시 환급계좌를 신고할 수 있다.

(1) 사업장명세(사업장현황 명세서)

사업장명세(사업장현황명세서)는 사업장의 기본현황 및 월 기본경비를 기재하는 항목이다. 사업장명세는 음식·숙박업 및 기타서비스업을 영위하는 사업자가 확정신고시 또는 폐업신고시에만 작성하여 신고하며, 예정신고시에는 작성하지 않는다. 본 내용은 사업의 규모를 판단하는 자료로 활용된다.

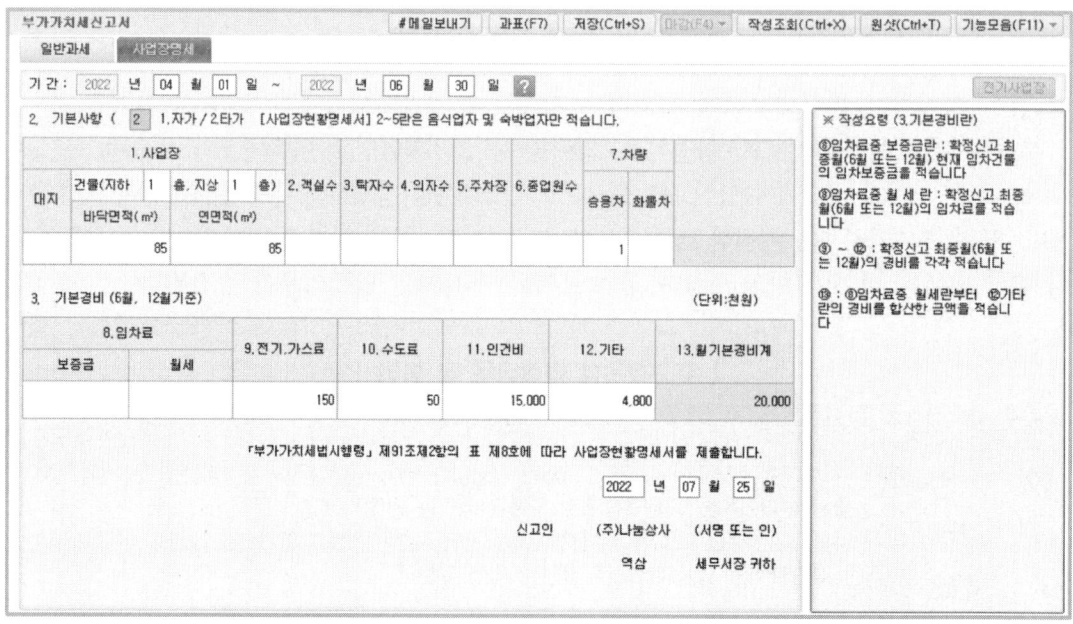

(2) 신고내용

부가가치세신고서의 1장과 2장 앞쪽에 해당하는 내용으로 매출세액과 매입세액 및 납부세액의 현황을 한눈에 볼 수 있다.

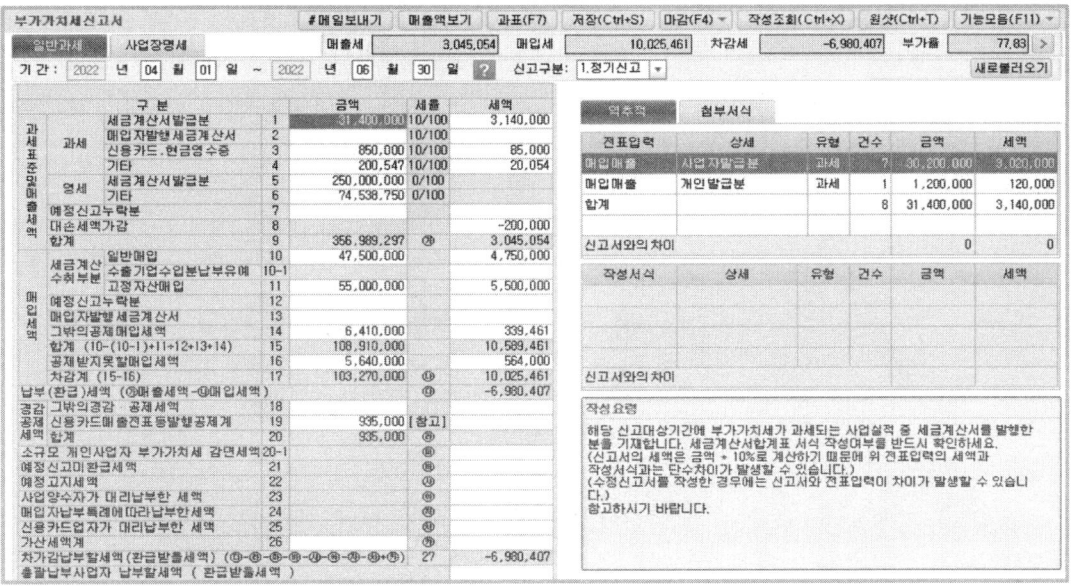

(3) 과세표준명세

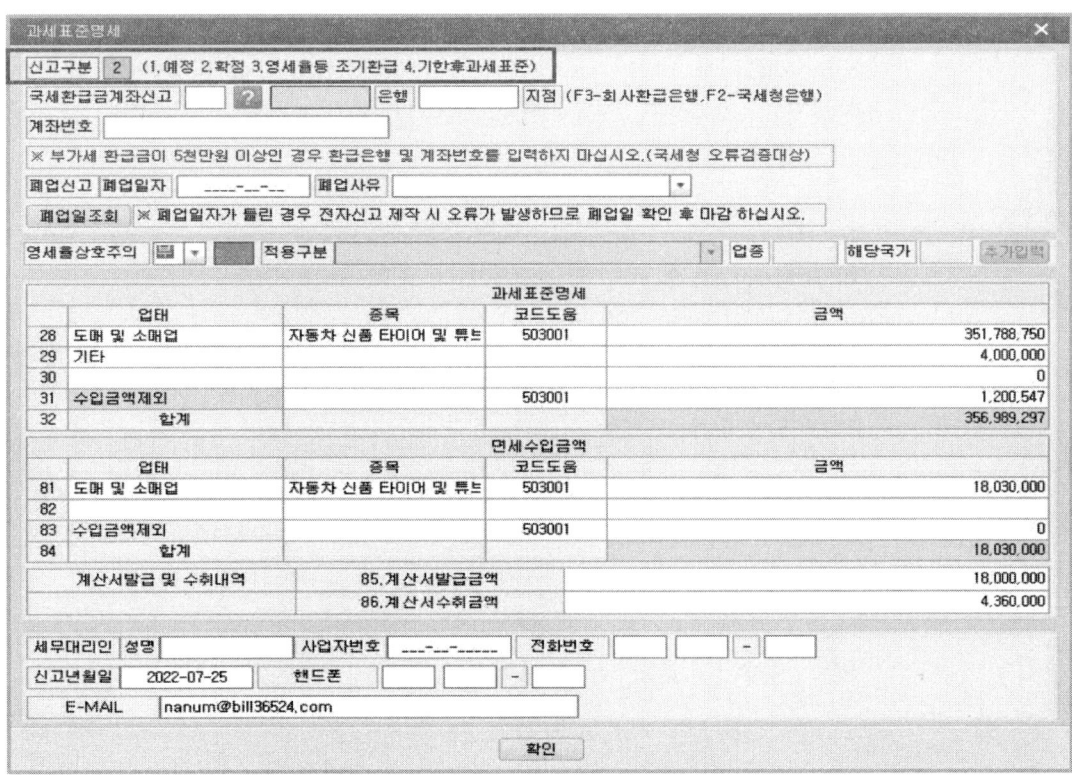

2. 부가가치세 전자신고

(1) 전자신고 프로세스

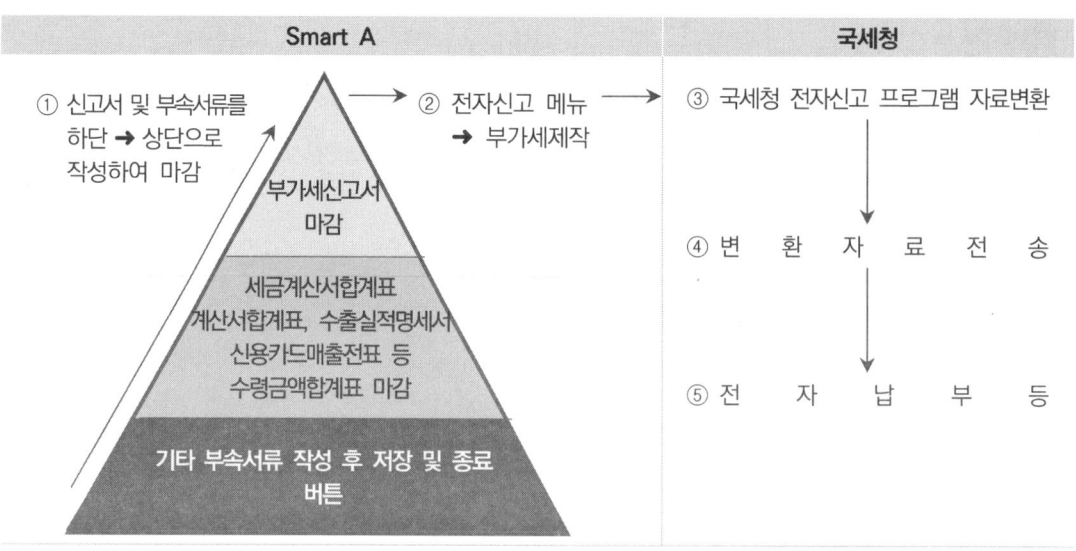

(2) 부가가치세 관련서식의 마감

우선 마감해야 할 서식을 먼저 마감한 다음 부가가치세신고서에서 화면상단의 [마감]키를 클릭하여 마감한다. 마감대상 서식이 조회된 다음, [마감(F3)]키를 클릭했을 때 오류사항이 있으면 오류메시지를 표시하고, 오류사항이 없다면 부가가치세신고서 서식 상단에 적색으로 [마감]을 표시하면서 마감이 된다.

항 목	마감내용

부가가치세 신고서식 마감	1) 부가가치세신고서 및 부속서류 작성
	2) 우선마감대상서식에서 각각 마감
	  • 세금계산서합계표
	  • 계산서합계표
	  • 신용카드매출전표 등 수령금액합계표
	  • 수출실적명세서
	3) 부가가치세신고서 마감
	  • 부가가치세신고서 마감 시 우선마감대상서식(4종)외의 기타 부속서류와 함께 마감된다.

실습예제

위의 자료에 의하여 제 1기 확정 부가가치세신고서를 마감하시오.

프로세스입력

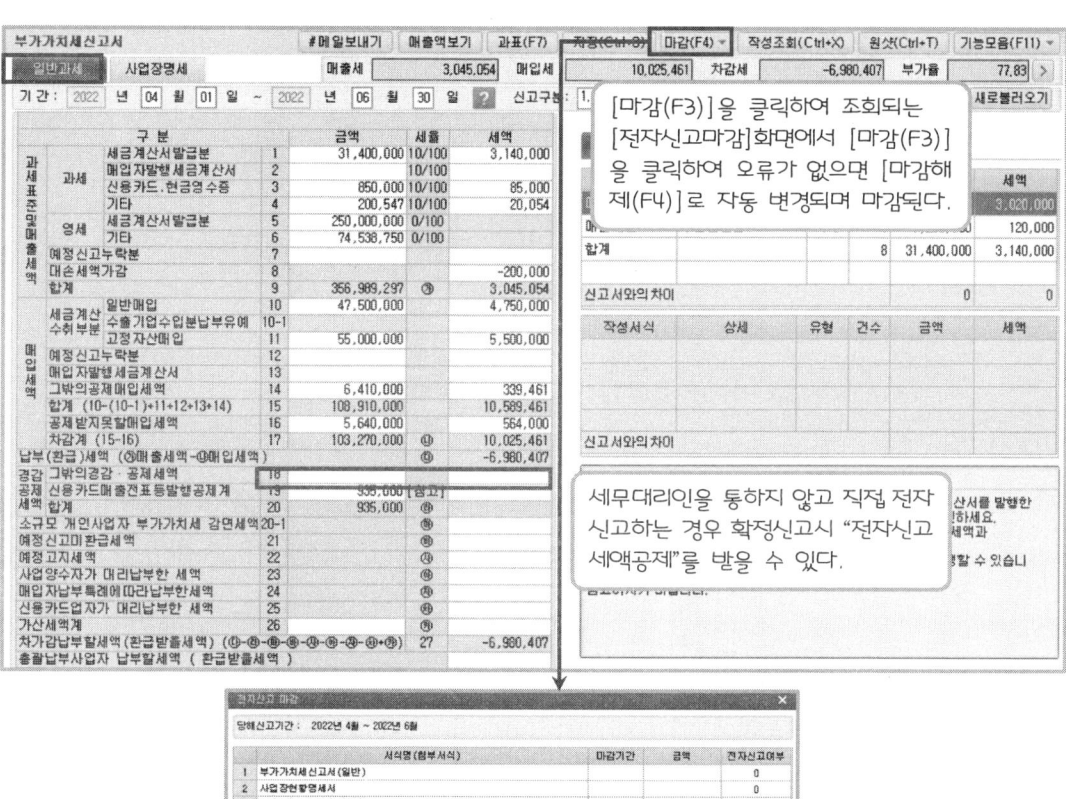

(3) 부가가치세 전자신고

재무회계 > 부가가치세 > 부가가치세전자신고

① [부가세제작]Tab에서 [제작] 후 [국세청전자신고]

② 전자신고제출자 정보 확인

③ 신고데이터의 조회

④ 국세청 홈텍스 신고

[기능모음]에서 "국세청변환프로그램"을 실행하여 신고한다. 이때 프로그램이 설치되지 않은 경우 국세청 홈텍스에서 다운받아 설치할 수 있다.

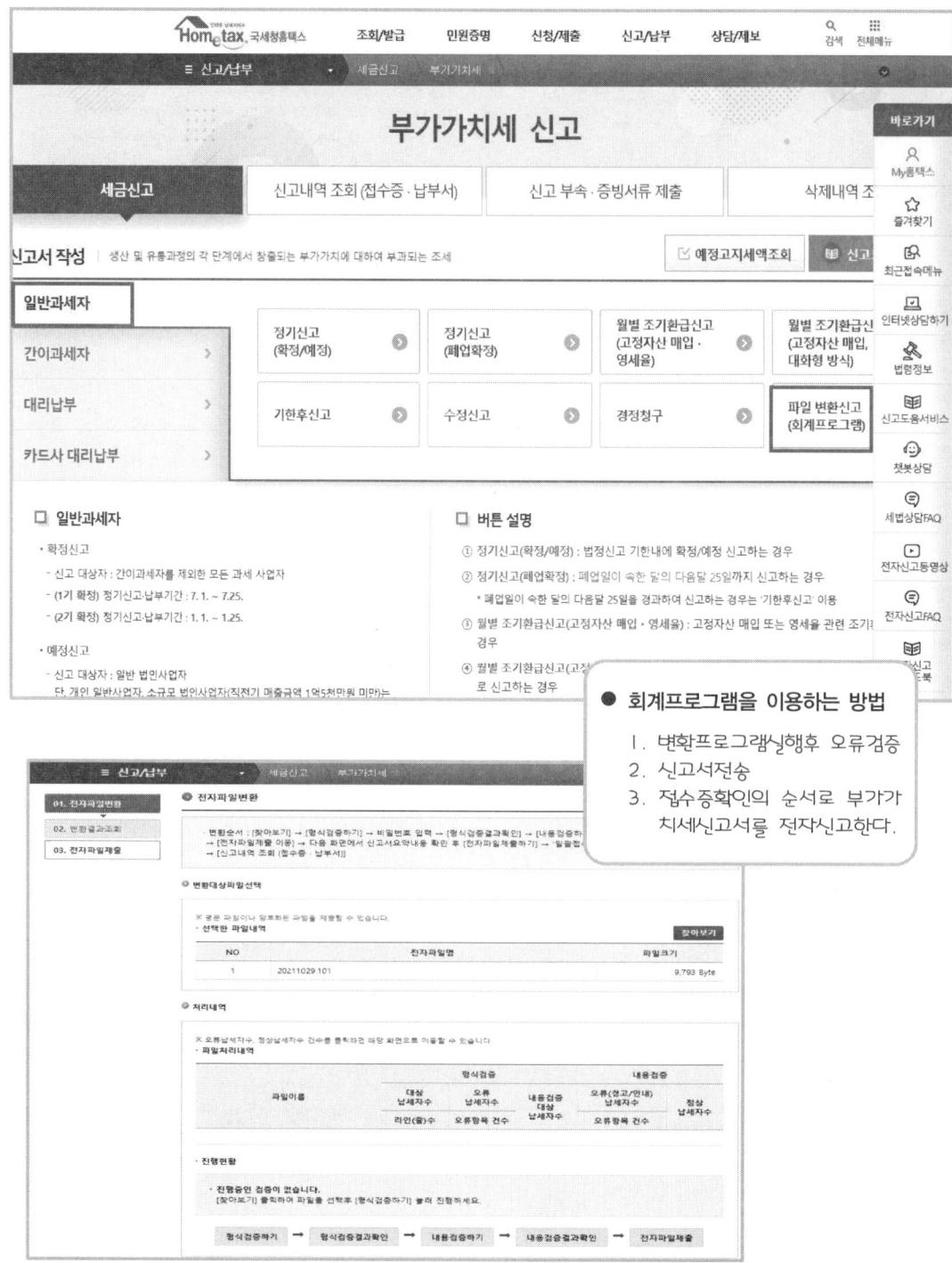

Point 40. 일반과세자인 개인기업의 부가가치세 전자신고

1. 일반과세자인 개인기업의 부가가치세신고

구 분	과세기간	신고납부기한	참 고
1기예정	신고안함		예정고지세액 납부
1기확정	1.1.~6.30.	7.1.~7.25.	공통매입세액 안분정산(1.1.~6.30.) 예정고지세액 반영
2기예정	신고안함		예정고지세액 납부
2기확정	7.1.~12.31.	다음해1.1.~1.25.	공통매입세액 안분정산(7.1.~12.31.) 예정고지세액 반영

* 예정고지대상자라도 예정신고할 수 있다.

2. 부가가치세신고서

　부가가치세신고서는 각 신고기간에 대한 부가가치세 과세표준과 납부세액 또는 환급세액 등을 기재하여 관할세무서에 신고하는 서류로 부가가치세법에 규정된 서식이다.
　부가가치세신고는 확정신고, 영세율 등 조기환급신고, 수정신고가 있으며, 신고시 부가가치세신고서의 상단에 해당신고를 표시하고 신고내용을 증명하는 부속서류를 같이 제출해야 한다.
　또한 부가가치세는 자진신고납부제도로 신고기한과 납부기한이 동일하므로 기한내에 신고와 함께 납부를 하여야 하고 이렇게 함으로써 부가가치세 납세의무가 종결된다.

| 주요항목별 입력내용 및 방법 |

구 분	입력내용 및 방법
개 요	부가가치세(VAT : Value Added Tax)란 재화나 용역이 생산되거나 유통되는 모든 거래단계에서 창출된 부가가치를 과세대상으로 하여 과세하는 간접세이다. 부가가치라 함은 생산 및 유통 각 단계에서 새로이 창출된 가치의 증가분을 말하며, 부가가치세는 이러한 부가가치를 과세대상으로 하는 조세를 말한다.
과세기간 적 용	1) 계속사업자 : 역법에 의하여 1년을 2과세기간으로 나누어 매 6월마다 1과세기간으로 한다. 　① 제1기 : 1월 1일 ~ 6월 30일 　② 제2기 : 7월 1일 ~ 12월 31일 2) 신규사업자 : 신규로 사업을 개시하는 자에 대한 최초의 과세기간은 사업개시일로부터 그날이 속하는 과세기간의 종료일까지 한다. 3) 폐업자 : 사업을 폐업하는 경우의 과세기간은 폐업일이 속하는 과세기간의 개시일로부터 폐업일까지로 한다.

구 분	입력내용 및 방법
기재사항	1) 사업자의 인적사항 : 회사등록의 사업자 인적사항을 자동으로 반영한다. 사업장현황명세는 음식·숙박업 및 기타서비스업을 영위하는 사업자가 확정신고시에 작성하여 제출한다. 2) 신고내용 : 각 항목의 금액은 매입매출전표입력에서 입력한 내용이 자동 반영되며, 수정·삭제, 추가입력이 필요한 경우는 화살표키 또는 [Page Up], [Page Down]키를 이용하거나, 해당항목에 커서를 이동하여 작업한다. 3) 과세표준명세 : 툴바의 [과표(F7)]아이콘을 누르면 "과세표준명세" 화면이 나타나므로 화살표 또는 [Tab]키를 이용, 커서를 이동하여 편집, 수정할 수 있으며 매출세액 환급시 환급계좌를 신고할 수 있다.

(1) 사업장명세(사업장현황 명세서)

사업장명세(사업장현황명세서)는 사업장의 기본현황 및 월 기본경비를 기재하는 항목이다. 사업장명세는 음식·숙박업 및 기타서비스업을 영위하는 사업자가 확정신고시 또는 폐업신고시에만 작성하여 신고하며, 예정신고시에는 작성하지 않는다. 본 내용은 사업의 규모를 판단하는 자료로 활용된다.

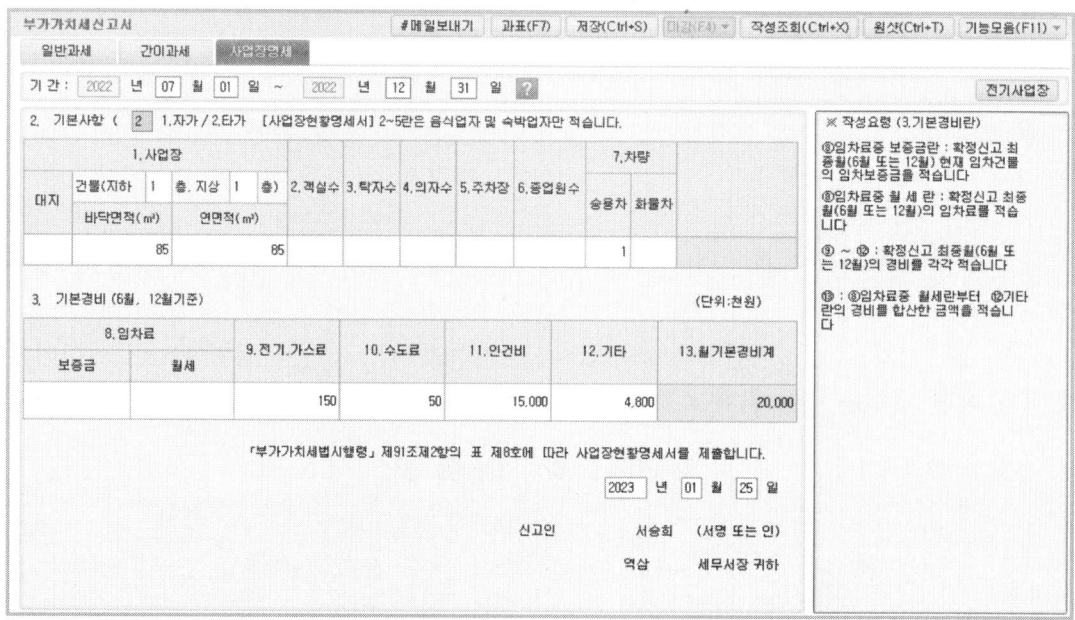

(2) 신고내용

부가가치세신고서의 1장과 2장 앞쪽에 해당하는 내용으로 매출세액과 매입세액 및 납부세액의 현황을 한눈에 볼 수 있다.

개인사업자는 반드시 예정고지세액을 확인하여야 하며, 납부하지 않아도 고지된 세액은 부가세신고서에 반영하여야 한다.

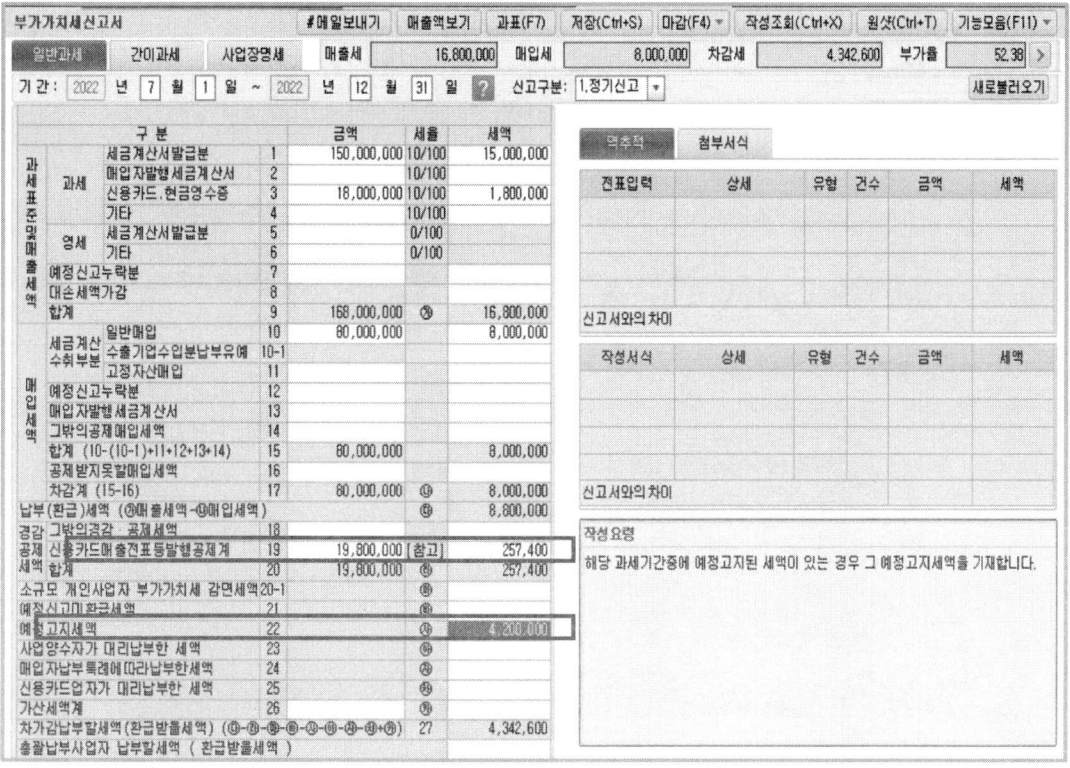

(3) 과세표준명세

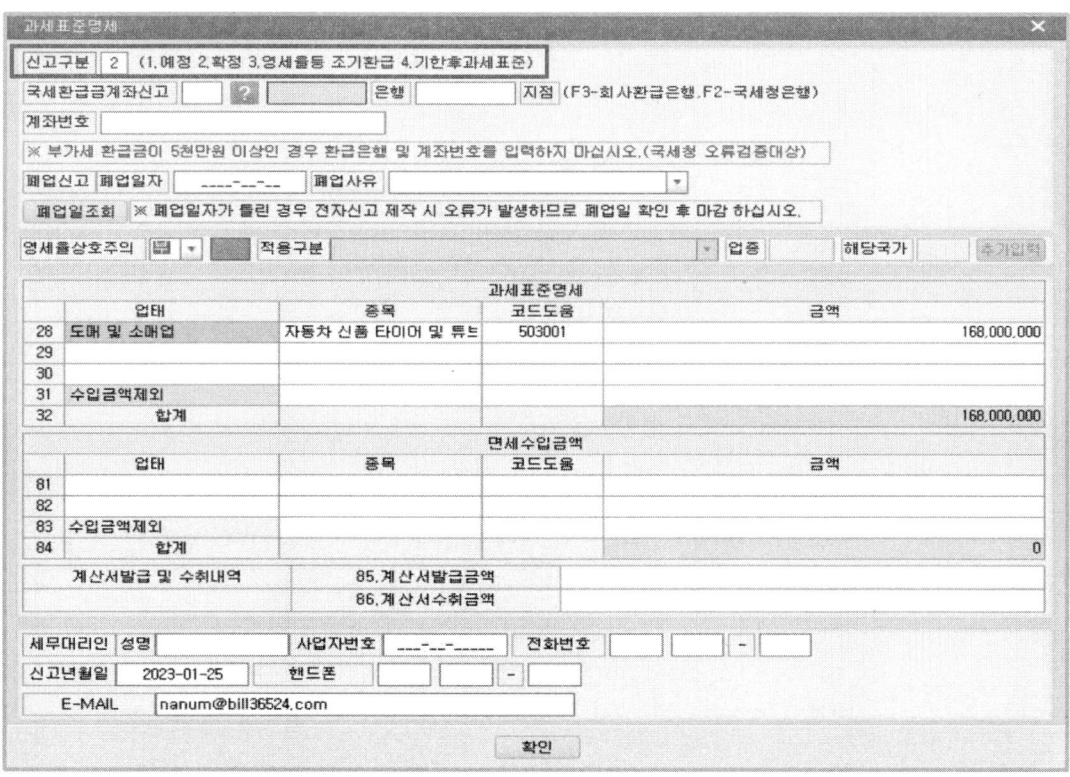

2 부가가치세 전자신고

(1) 전자신고 프로세스

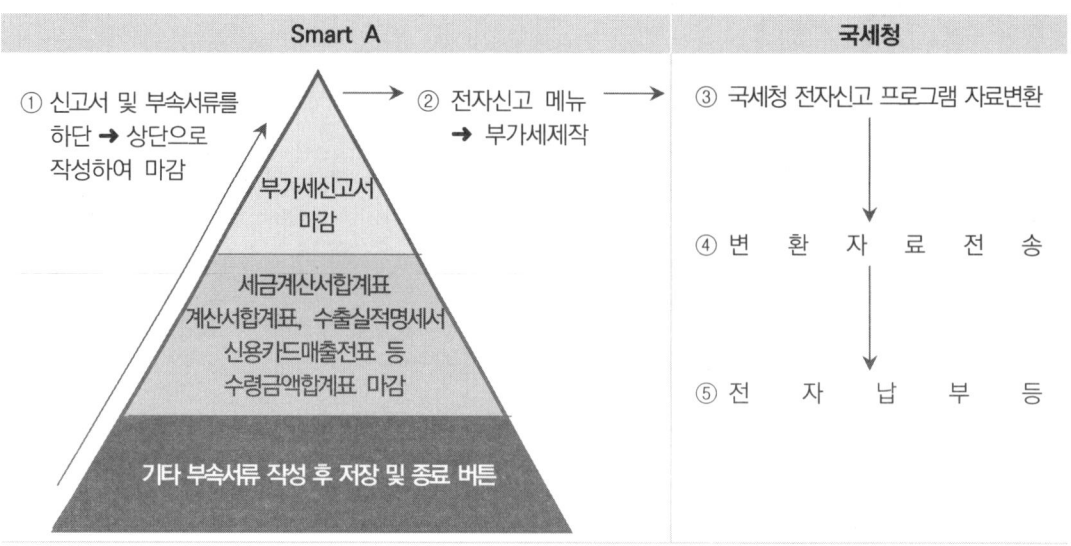

(2) 부가가치세 관련서식의 마감

우선 마감해야 할 서식을 먼저 마감한 다음 부가가치세신고서에서 화면상단의 [마감]키를 클릭하여 마감한다. 마감대상 서식이 조회된 다음, [마감(F3)]키를 클릭했을 때 오류사항이 있으면 오류메시지를 표시하고, 오류사항이 없다면 부가가치세신고서 서식 상단에 적색으로 [마감]을 표시하면서 마감이 된다.

항 목	마감내용
부가가치세 신고서식 마감	1) 부가가치세신고서 및 부속서류 작성 2) 우선마감대상서식에서 각각 마감 　• 세금계산서합계표 　• 계산서합계표 　• 신용카드매출전표 등 수령금액합계표 　• 수출실적명세서 3) 부가가치세신고서 마감 　• 부가가치세신고서 마감 시 우선마감대상서식(4종)외의 기타 부속서류와 함께 마감된다.

실습예제

위의 자료에 의하여 제 1기 확정 부가가치세신고서를 마감하시오.

프로세스입력

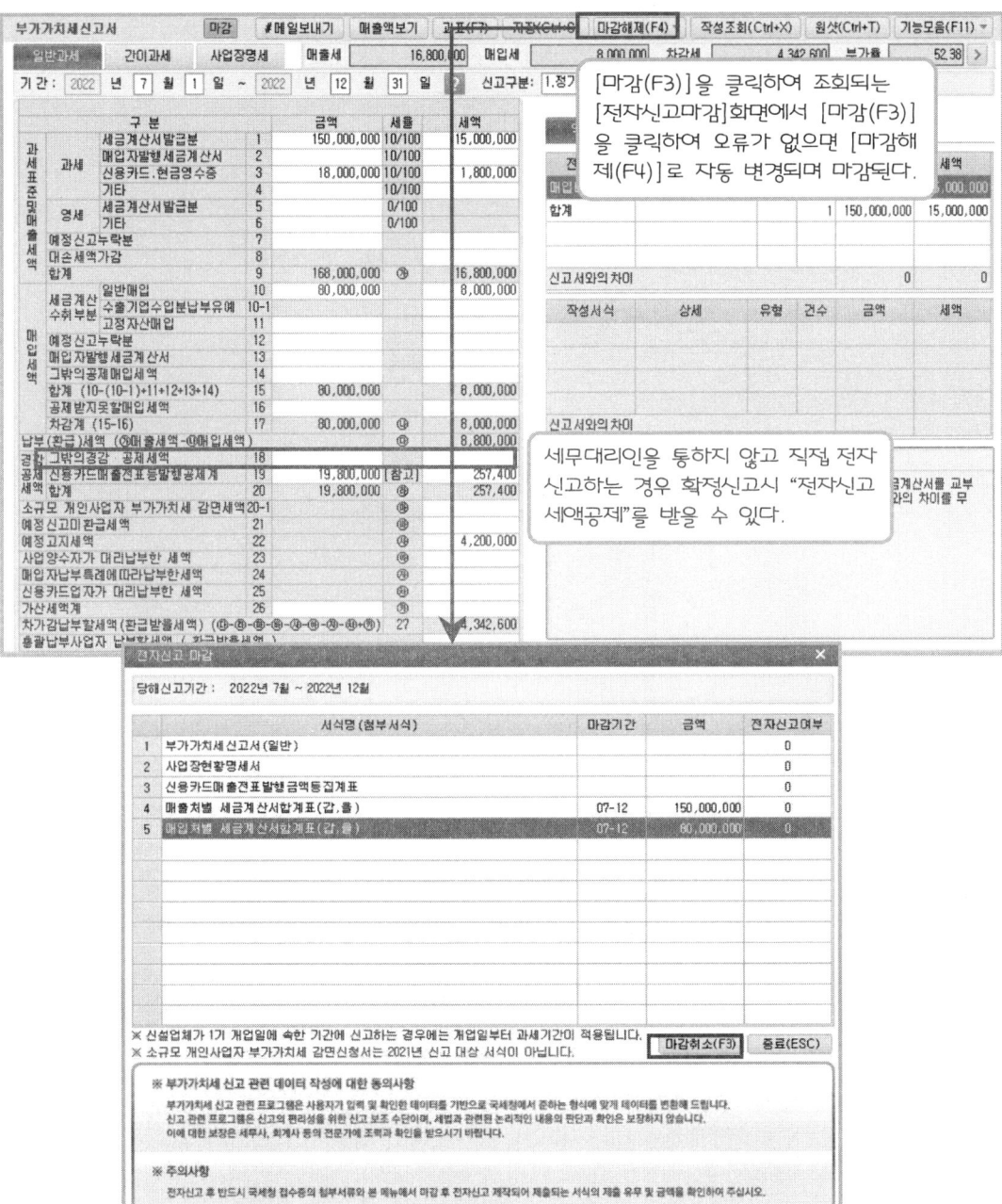

(3) 부가가치세 전자신고

① [부가세제작]Tab에서 [제작] 후 [국세청전자신고]

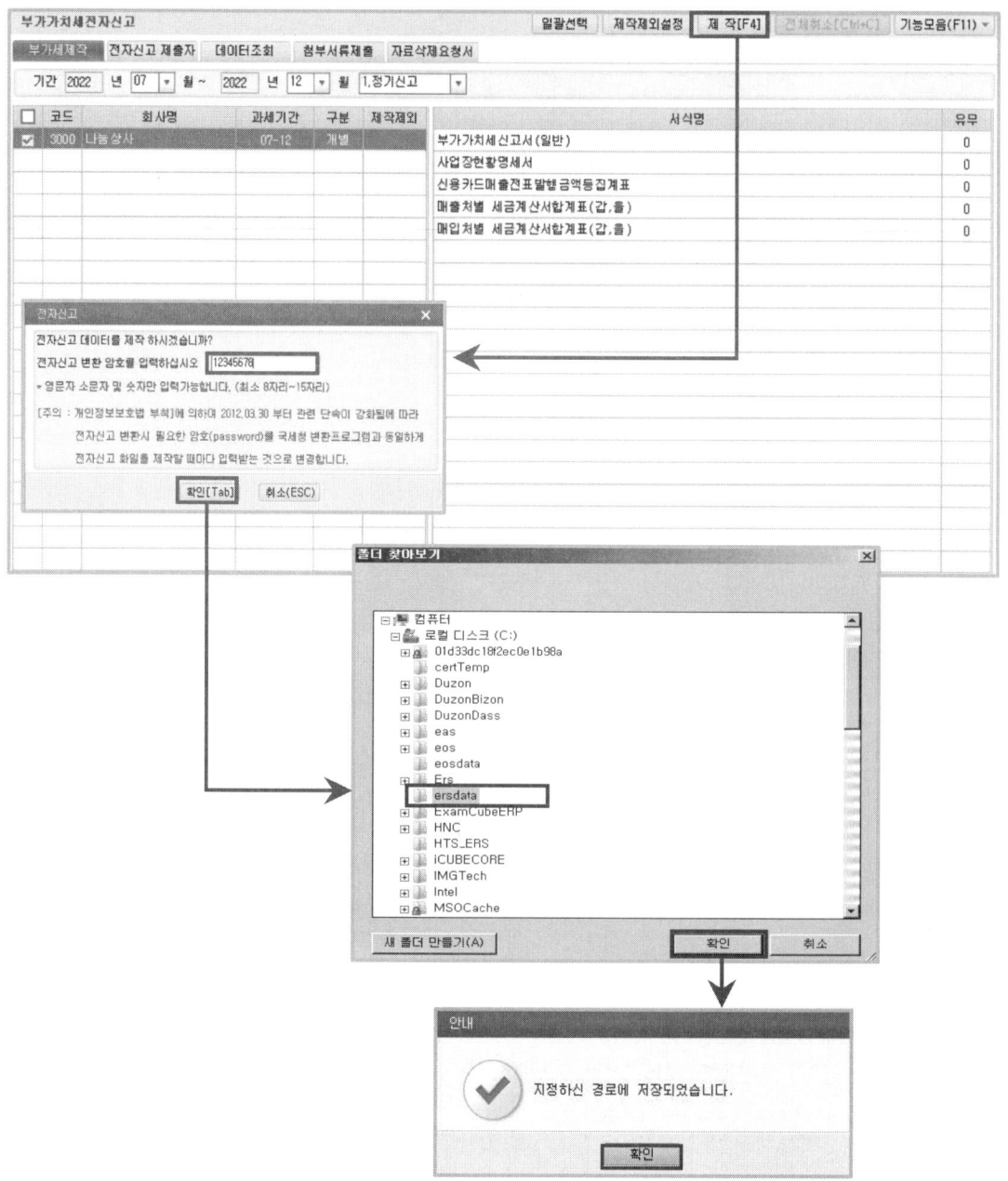

② 전자신고제출자 정보 확인

③ 신고데이터의 조회

④ 국세청 홈텍스 신고

[기능모음]에서 "국세청변환프로그램"을 실행하여 신고한다. 이때 프로그램이 설치되지 않은 경우 국세청 홈텍스에서 다운받아 설치할 수 있다.

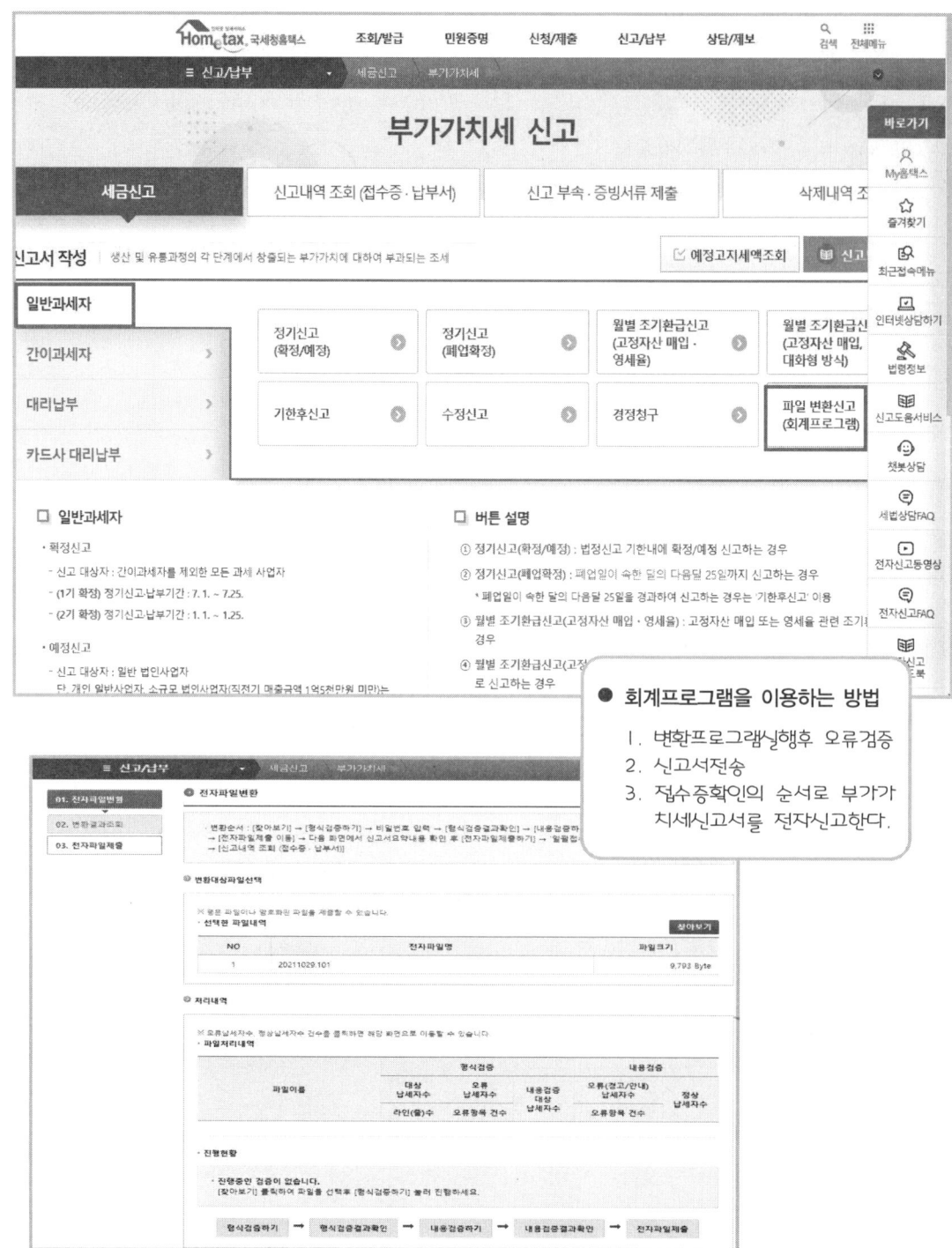

Point 41 국가·비영리단체 및 면세사업자가 제출할 부가가치세 관련자료

1. 국가·비영리단체 및 면세사업자의 세금계산서합계표 제출

국가·지방자치단체 및 면세사업자 등 부가가치세의 납세의무가 없는 경우에도 세금계산서를 수취한 경우에는 확정신고기간에 [매입처별세금계산서합계표], [매출처별계산서합계표], [매입처별계산서합계표]를 제출하여야 한다.

구 분	내 용
제출대상	• 국가, 지방자치단체, 지방자치단체조합 • 부가가치세가 면제되는 사업자 중 소득세 또는 법인세의 납세의무가 있는자(조세특례제한법에 의하여 소득세 또는 법인세가 면제되는 자를 포함) • 민법 제32조에 따라 설립된 법인 • 특별법에 따라 설립된 법인 • 각급학교 기성회, 후원회 또는 이와 유사한 단체
제출서류	매입처별세금계산서합계표(영수증·신용카드매출전표등은 제출대상이 아님)
제출기한	• 1월 1일 ~ 6월 30일 수취분 : 7월 25일 • 7월 1일 ~ 12월 31일 수취분 : 다음해 1월 25일 • 계산서합계표의 제출시기 : 다음해 2월 10일까지

2. 세금계산서합계표전산매체제작

> 재무회계 > 부가가치세 > 세금계산서합계표전산매체

No	코드	회사명	사업자등록번호	세무서	매출 매수	매출 공급가액	매입 매수	매입 공급가액	작성기간 매출	작성기간 매입	제출여부
1	3000	나눔상사	220-81-03217	역삼	1	150,000,000	1	60,000,000	07-12	07-12	0

3. 홈택스에서 세금계산서합계표 제출

4. 홈택스에서 계산서합계표 제출

Point 42. 영세율등 첨부서류는 어떻게 제출하나?

1. 영세율등첨부서류제출

신고서를 제출시 영세율첨부서류 또는 고정자산으로 인한 환급시 고정자산취득관련 자료등을 pdf화일 등으로 첨부하여야 한다.

2. 전자신고 파일제작시 첨부화일 표기

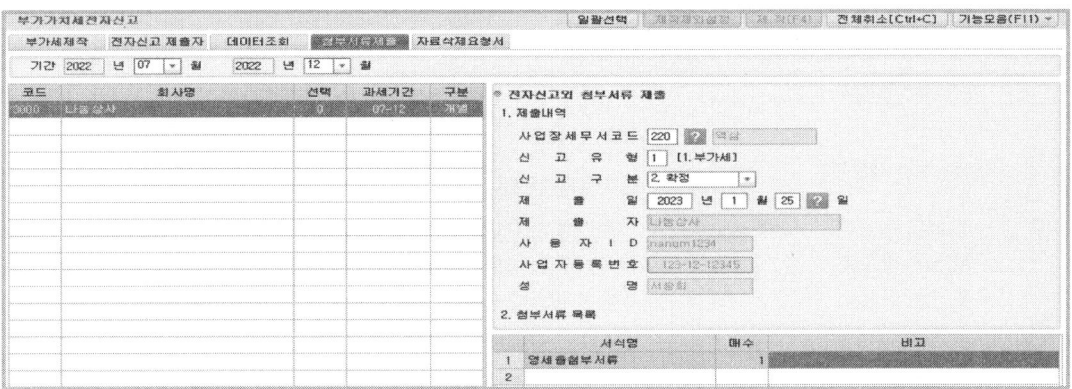

3. 홈텍스에서 신고부속서류 제출

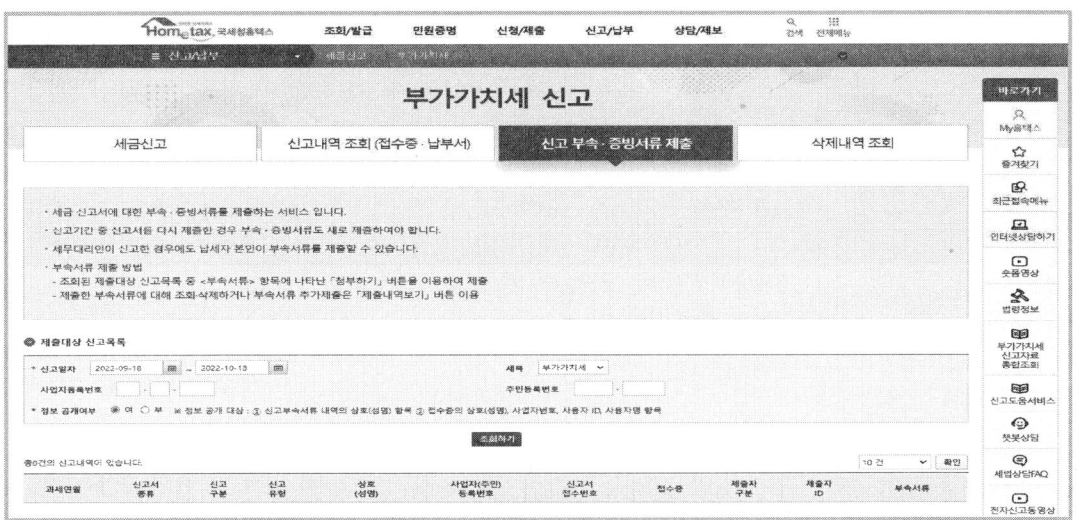

Point 43 부가가치세 수정신고(예정신고누락분)

1 부가가치세 수정신고(예정신고누락분)

수정신고란 법정 신고기한 내에 부가가치세 신고를 한 사업자가 당초 신고 내용에 누락 또는 오류가 있는 경우 또는 법정신고 기한 내에 신고하지 못한 사업자가 이를 정정하여 자진 신고 납부 또는 환급신청 및 기한후 신고하는 제도이다.

(1) 부가가치세 수정신고에 대한 가산세요약

구 분		내 용	가산세
세금계산서합계표	미제출 가산세	매출처별세금계산서합계표를 예정신고 또는 확정신고시에 제출하지 아니한 때	해당기간 공급가액의 0.5%
	지연제출 가산세	매출처별세금계산서합계표에 예정신고시에 제출하지 않고 확정신고시 제출한 때	해당 공급가액의 0.3%
	매출처별세금계산서 합계표 불성실 가산세	매출처별세금계산서합계표와 기재사항이 기재되지 아니하거나 사실과 다르게 기재된 때(다만, 거래사실이 확인되는 때에는 제외)	해당 공급가액의 0.5%
	매입처별세금계산서 합계표 불성실 가산세	• 매입세금계산서 지연 수취한 때 • 매입처별세금계산서합계표의 기재사항 중 공급가액이 사실과 다르거나 과다기재된 때(허위기재), • 합계표의 미제출·부실기재로 경정시 세금계산서에 의하여 매입세액을 공제받는 경우	해당 공급가액의 0.5%
신고불성실 가산세		신고를 하지 않거나, 신고한 납부세액이 신고할 납부세액에 미달한 경우 또는 신고한 환급세액이 신고할 환급세액에 초과하는 경우	신고하지 아니한 납부세액이나 초과 신고한 환급세액의 40%(부당무신고,부당과소신고), 20%(일반무신고),10%(일반과소신고)에 상당하는 금액
납부불성실가산세		납부하지 아니하거나, 납부할 세액에 미달하게 납부한 경우	미달납부(초과환급)×(2.2/10,000)×일수* * 일수 : 납부기한의 다음날부터 자진납부일 또는 고지일까지
영세율 신고불성실가산세		영세율이 적용되는 사업자가 과세표준금액을 신고하지 않거나 적게 신고한 경우	해당 과세표준의 0.5%
현금매출명세서 및 부동산임대공급가액명세서 제출 불성실 가산세		• 현금매출명세서 미제출 시 • 부동산임대공급가액명세서 미제출시	미제출 또는 부실기재 수입금액×1%
대리납부불이행가산세		대리납부의 불이행한 경우	3%≦무·과소납부세액×2.2/10,000×일수≦10%

(2) 가산세 중복적용배제 요약

가산세	중복적용배제 가산세
미등록가산세 적용시	① 세금계산서 지연발급 및 기재불성실가산세 ② 전자세금계산서발급명세 미전송·지연전송가산세 ③ 신용카드매출전표등의 경정시 지연제출가산세 ④ 매출처별세금계산서합계표관련가산세
세금계산서 지연발급 및 기재불성실가산세 적용시	전자세금계산서발급명세미전송·지연전송가산세
세금계산서 미발급 및 위장· 가공발급·수취가산세 적용시	① 미등록가산세 ② 매출처별세금계산서합계표관련가산세 ③ 매입처별세금계산서합계표관련가산세
매출처별세금계산서합계표 관련가산세 적용시	① 세금계산서 지연발급 및 기재불성실가산세 ② 전자세금계산서발급명세미전송·지연전송가산세 ③ 신용카드매출전표등의 경정시 지연제출가산세

(4) 수정신고시 가산세 감면

과세표준신고서를 법정신고기한까지 제출한 자가 법정신고기한이 지난 후 수정신고한 경우 가산세 감면율은 다음과 같다. (영세율신고불성실가산세도 차등 감면됨)
- 무납부한 경우에는 감면되지 않는다.
- 납부불성실 가산세는 감면 해택이 없다.

법정신고기한 지난 후 수정신고	과소신고 가산세 감면율
1개월 이내	90%
1개월 초과 ~ 3개월 이내	75%
3개월 초과 ~ 6개월 이내	50%
6개월 초과 ~ 12개월 이내	30%
12개월 초과 ~ 18개월 이내	20%
18개월 초과 ~ 24개월 이내	10%

2 예정신고누락분의 확정신고반영 실무프로세스

실무프로세스

매입매출전표입력
누락자료유형으로 입력
(예정누락표시)

세금계산서합계표등
부가세신고부속서류작성
(예정누락분포함)

부가가치세신고서
(예정신고누락분 표기 및
가산세적용)

> **실습예제**

제1기 부가가치세 예정신고 시 누락한 자료이다. 자료를 입력하여 1기확정 부가가치세 신고서를 작성하시오.

1. 자료 1은 제품을 외상으로 매출하고 발급한 전자세금계산서내역이다.
2. 자료 2는 영업부에서 사용할 소모품을 구입하고 발급받은 카드매출전표이다.
   (매입세액 공제요건 충족, 소모품 취득 시 비용 처리할 것.)
3. 위의 거래내용을 반영하여 제1기 부가가치세 확정신고서를 작성하려고 한다.
4. 7월 25일 신고 및 납부하며, 신고불성실가산세는 일반과소 신고에 의한 가산세율을 적용하고 미납일수는 91일로 한다.(단, 원 단위 미만 절사할 것.)

자료 1. 매출(상품)전자세금계산서 발급 목록

매출전자세금계산서 목록

번호	작성일자	승인번호	발급일자	전송일자	상 호	공급가액	세액	전자세금계산서 종류	이하생략
1	20220305	생략	20220412	20220413	강남상사	5,000,000	500,000	전자	

자료 2. 카드매입내역(소모품구입)

```
              카드매출전표
-------------------------------------
카드종류 : 국민카드
회원번호 : 9999-8888-****-6666
회 원 명 : (주)나눔상사
거래일시 : 2022. 3. 5.  14 : 15 : 28
거래유형 : 신용승인
공급가액 : 500,000원
부 가 세 :  50,000원
결제금액 : 550,000원
결제방법 : 일시불
승인번호 : 17987849
은행확인 : 국민은행
-------------------------------------
가맹점명 : 하늘마트 120-16-90961
가맹점번호 : 98542323
             - 이 하 생 략 -
```

프로세스입력

❶ [매입매출전표 입력]

※ 전표입력 후 기능모음의 [예정누락]을 클릭하여 [예정신고누락분 신고대상월 : 2022년 4월]을 입력한다.

1) 3월 5일

거래유형	품명	공급가액	부가세	거래처	전자세금
11.과세	제품	5,000,000	500,000	강남상사	전자입력
분개유형	(차) 108.외상매출금	5,500,000원	(대) 404.제품매출		5,000,000원
2.외상			255.부가세예수금		500,000원

2) 3월 5일

거래유형	품명	공급가액	부가세	거래처	전자세금
57.카과	소모품	500,000	50,000	하늘마트	
분개유형	(차) 135.부가세대급금	50,000원	(대) 253.미지급금		550,000원
4.카드 또는 3.혼합	830.소모품비	500,000원	(99600.국민카드)		

❷ [부가가치세신고서] 4월 1일 ~ 6월 30일

1) 예정신고누락분명세

2) 가산세명세

① 지연발급 가산세 : 5,000,000원 × 1% = 50,000원
② 신고불성실가산세 : (500,000원 − 50,000원) × 10% − 33,750원(75%감면) = 11,250원
③ 납부불성실가산세 : (500,000원 − 50,000원) × 2.2/10,000 × 91일 = 9,009원
④ 가산세 합계 : 70,259원

확정신고에 누락된 자료는 어떻게 신고해야할까?

1. 부가가치세 수정신고와 경정청구(확정신고누락분)

수정신고란 법정 신고기한 내에 부가가치세 신고를 한 사업자가 당초 신고 내용에 누락 또는 오류가 있는 경우 또는 법정신고 기한 내에 신고하지 못한 사업자가 이를 정정하여 자진 신고 납부 또는 환급신청 및 기한후 신고하는 제도이다.

(1) 수정신고

구분	내용
의 미	과세표준신고서를 법정신고기한까지 제출한 자가 제출한 신고서에 기재된 과세표준 및 세액이 세법에 따라 신고하여야 할 과세표준 및 세액에 미치지 못하거나, 제출한 신고서에 기재된 결손금액 또는 환급세액이 세법에 따라 신고하여야 할 결손금액이나 환급세액을 초과할 때 관할 세무서장이 결정 또는 경정하여 통지하기 전에 국세기본법 제26조의2제1항에 따른 기간이 끝나기 전까지 과세표준수정신고서를 제출할 수 있다.
수정신고방법	• 부가가치세 신고서 상단에 수정신고서임을 표기하고 당초 신고내용을 주서로 기재하고 수정된 내용을 흑서로 병기하며, 가산세를 스스로 계산하여 기재하고, 납부세액란 옆에 추가 자진 납부세액을 부기하여 신고서를 작성함 • 세금계산서합계표등 첨부서류가 있는 경우 함께 제출하며, 수정된 사항을 확인할 수 있도록 기재하여 작성 • 과표수정 및 추가납부계산서(부가세)에 수정된 사항과 납부세액을 기재하여 작성 • 추가 자진납부세액은 납부서를 작성하여 은행에 납부
수정신고시 가산세	• 신고불성실가산세 감면 • 영세율신고불성실가산세 감면

(2) 경정청구

구분	내용
의 미	과세표준신고서를 법정신고기한까지 제출한 자가 제출한 신고서에 기재된 과세표준 및 세액이 세법에 따라 신고하여야 할 과세표준 및 세액을 초과하거나, 제출한 신고서에 기재된 결손금액 또는 환급세액이 세법에 따라 신고하여야 할 결손금액이나 환급세액에 미치지 못할 최초신고 및 수정신고한 국세의 과세표준 및 세액의 결정(경정)을 법정신고기한이 지난 후 5년 이내에 관할 세무서장에게 청구할 수 있다.

구분	내 용
수정신고방법	• [과세표준 및 세액의 결정(경정)청구서]를 작성하여 당초 신고서 사본 및 경정(결정)청구사유를 입증할 수 있는 자료를 첨부하여 제출함 • 부가가치세 신고서 상단에 수정신고서임을 표기하고 당초 신고내용을 주서로 기재하고 수정된 내용을 흑서로 병기하며, 가산세를 스스로 계산하여 기재하고, 납부세액란 옆에 추가 자진 납부세액을 부기하여 신고서를 작성함 • 세금계산서합계표등 첨부서류가 있는 경우 함께 제출하며, 수정된 사항을 확인할 수 있도록 기재하여 작성
수정신고시 가산세	• 매입처별 세금계산서합계표를 경정청구서와 함께 제출하는 경우 매입처별세금계산서합계표 불성실가산세 적용하지 않음 • 매출 반품세금계산서 신고누락으로 경정청구시 세금계산서합계표 제출불성실 가산세부과됨 • 과소(초과환급)신고·납부(환급) 불성실 가산세는 부과되지 아니함 • 세법에 따른 제출·신고등의 기한이 경과된 후 1개월 이내에 신고·제출등을 하는 경우 해당 가산세의 50%를 감면함 • 경정청구를 잘못한 경우 신고불성실 및 매입처별세금계산서합계표 제출불성실 가산세가 부과되지 아니하며 환급을 받은 후 추징하는 경우에 납부(환급)불성실 가산세가 부과됨

(3) 수정신고시 가산세 감면

과세표준신고서를 법정신고기한까지 제출한 자가 법정신고기한이 지난 후 수정신고한 경우 가산세 감면율은 다음과 같다. (영세율신고불성실가산세도 차등 감면됨)
• 무납부한 경우에는 감면되지 않는다.
• 납부불성실 가산세는 감면 혜택이 없다.

법정신고기한 지난 후 수정신고	과소신고 가산세 감면율
1개월 이내	90%
1개월 초과 ~ 3개월 이내	75%
3개월 초과 ~ 6개월 이내	50%
6개월 초과 ~ 12개월 이내	30%
12개월 초과 ~ 18개월 이내	20%
18개월 초과 ~ 24개월 이내	10%

> **홈텍스에 의한 수정신고·경정청구 및 기한후 신고방법**
> 1. 수정신고 및 경정청구 : 법정 신고기한 경과 후 6월 이내의 일정기간 동안 가능하며 신고가능 여부는 홈텍스를 통하여 반드시 확인한다.
> 2. 기한후신고 : 법정 신고기한 경과 후 1월 이내에 한한다.

2 확정신고누락분의 수정신고반영 실무프로세스

실무프로세스

매입매출전표입력
누락자료유형으로 입력
→
세금계산서합계표등
부가세신고부속서류작성
(수정차수표기)
→
부가가치세신고서
(확정신고누락분 반영 및
가산세적용)

실습예제

당사는 제1기 확정 부가가치세신고서를 7월 25일 신고·납부하였으나 7월 31일에 다음과 같이 제품매출과 원재료매입의 거래 자료가 누락된 것을 발견하여 수정신고 및 납부(현금)를 하고자 한다. 거래 자료를 입력하고 부가가치세수정신고서를 작성하시오.(단, 모든 거래는 외상, 전자세금계산서 발급거래는 "전자입력"으로 처리하며, 가산세는 보통예금(국민은행)계좌에서 이체하여 지급하다)

매출전자(수정)세금계산서 목록

번호	작성일자	승인번호	발급일자	전송일자	상호	공급가액	세액	전자세금계산서 종류	이하생략
1	20220630	생략	20220714	20220715	㈜강북상사	3,800,000	380,000	일반	생략
1	20220630	생략	20220714	20220715	㈜강동산업	2,600,000	260,000	일반	

매입전자(수정)세금계산서 목록

번호	작성일자	승인번호	발급일자	전송일자	상호	공급가액	세액	전자세금계산서 종류	이하생략
1	20220630	생략	20220715	20220716	㈜동희테크	3,000,000	300,000	일반	생략

프로세스입력

❶ 매입매출전표입력

1) 6월 30일

거래유형	품명	공급가액	부가세	거래처	전자세금
11.과세	상품	3,800,000원	380,000원	㈜강북상사	전자입력
분개유형	(차) 외상매출금	4,180,000원	(대) 상품매출		3,800,000원
2.외상			부가세예수금		380,000원

2) 6월 30일

거래유형	품명	공급가액	부가세	거래처	전자세금
11.과세	상품	2,600,000원	260,000원	㈜강동산업	전자입력
분개유형	(차) 외상매출금	2,860,000원	(대) 상품매출		2,600,000원
2.외상			부가세예수금		260,000원

3) 6월 30일

거래유형	품명	공급가액	부가세	거래처	전자세금
51.과세	상품	3,000,000원	300,000원	㈜동희테크	전자입력
분개유형 2.외상	(차) 상품 부가세대급금	3,000,000원 300,000원	(대) 외상매입금		3,300,000원

❷ 수정신고시 세금계산서합계표

[매출누락분 반영]

[매입누락분 반영]

❸ 과표수정 및 추가납부계산서(부가세) 작성

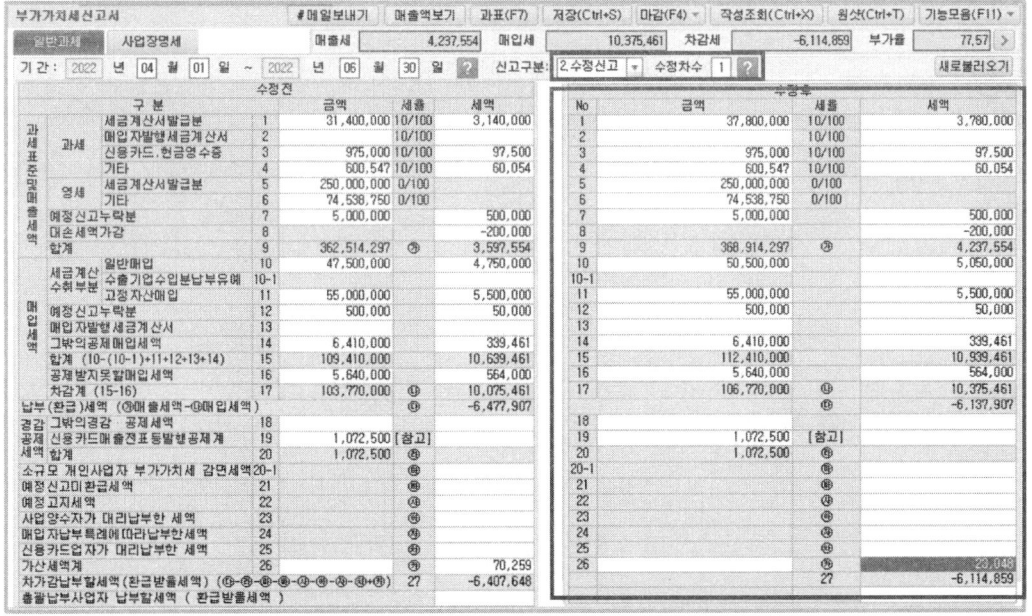

❹ 부가가치세신고서 작성 및 마감

❺ 가산세명세서

- 전자세금계산서 지연전송 가산세 : 6,400,000×0.3% = 19,200원
- 신고불성실 가산세 : (640,000원-300,000원)×10%×90%(감면) = 3,400원
- 납부불성실 가산세 : (640,000원-300,000원)×2.2/10,000×6일 = 448원
- ∴ 합계 23,048원

※ 업무상 착오이므로 일반과소신고가산세 10%를 적용하며, 1개월 이내 수정신고시 90%를 감면받는다.

가산세명세

수정전

25 가산세 명세	구분		금액	세율	세액
	사업자미등록	61		1%	
	세금계산서지연발급등	62	5,000,000	1%	50,000
	세금계산서지연수취	63		0.5%	
	세금계산서미발급등	64		뒤쪽참조	
	전자세금계산서 지연전송	65		0.3%	
	전자세금계산서 미전송	66		0.5%	
	세금계산서합계표불성실	67		뒤쪽참조	
	신고불성실	69	450,000	뒤쪽참조	11,250
	납부지연	73	450,000	뒤쪽참조	9,009
	영세율과세표준신고불성실	74		0.5%	
	현금매출명세서미제출	75		1%	
	부동산임대명세서불성실	76		1%	
	매입자거래계좌미사용	77		뒤쪽참조	
	매입자거래계좌지연입금	78		뒤쪽참조	
	신용카드매출전표 등 수령 명세서 미제출·과다기재	79		0.5%	
	합계	80			70,259

67. 세금 계산서 합계표 불성실	미제출		0.5%	
	부실기재		0.3%	
	지연제출		0.5%	
	합계			

69. 신고 불성실	무신고(일반)		뒤쪽참조	
	무신고(부당)		뒤쪽참조	
	과소·초과환급신고(일반)	450,000	뒤쪽참조	11,250
	과소·초과환급신고(부당)		뒤쪽참조	
	합계	450,000		11,250

작성요령

납부지연가산세는 「국세기본법」 제47조의5에 따라 납부하지 아니하거나 미달하게 납부한 세액 및 환급신고하여야 할 환급세액을 초과한 환급세액에 대하여 적용: 2.5×(경과일수)/10,000 ※ 경과일수는 당초 납부기한의 다음날부터 납부일까지 또는 환급받은날의 다음날부터 납부일까지의 기간의 일수입니다.
※ 2019.02.11까지 0.03%, 2019.02.12 ~ 2022.02.14는 0.025% 이며 2022.02.15이후 0.022% 적용

수정후

25 가산세 명세	구분		금액	세율	세액
	사업자미등록	61		1%	
	세금계산서지연발급등	62		1%	
	세금계산서지연수취	63		0.5%	
	세금계산서미발급등	64		뒤쪽참조	
	전자세금계산서 지연전송	65	6,400,000	0.3%	19,200
	전자세금계산서 미전송	66		0.5%	
	세금계산서합계표불성실	67		뒤쪽참조	
	신고불성실	69	340,000	뒤쪽참조	3,400
	납부지연	73	340,000	뒤쪽참조	448
	영세율과세표준신고불성실	74		0.5%	
	현금매출명세서미제출	75		1%	
	부동산임대명세서불성실	76		1%	
	매입자거래계좌미사용	77		뒤쪽참조	
	매입자거래계좌지연입금	78		뒤쪽참조	
	신용카드매출전표 등 수령 명세서 미제출·과다기재	79		0.5%	
	합계	80			23,048

67. 세금 계산서 합계표 불성실	미제출		0.5%	
	부실기재		0.5%	
	지연제출		0.3%	
	합계			

69. 신고 불성실	무신고(일반)		뒤쪽참조	
	무신고(부당)		뒤쪽참조	
	과소·초과환급신고(일반)	340,000	뒤쪽참조	3,400
	과소·초과환급신고(부당)		뒤쪽참조	
	합계	340,000		3,400

작성요령

납부지연가산세는 「국세기본법」 제47조의5에 따라 납부하지 아니하거나 미달하게 납부한 세액 및 환급신고하여야 할 환급세액을 초과한 환급세액에 대하여 적용: 2.5×(경과일수)/10,000 ※ 경과일수는 당초 납부기한의 다음날부터 납부일까지 또는 환급받은날의 다음날부터 납부일까지의 기간의 일수입니다.
※ 2019.02.11까지 0.03%, 2019.02.12 ~ 2022.02.14는 0.025% 이며 2022.02.15이후 0.022% 적용

❻ 수정신고시 납부세액인 부가가치세와 가산세 관련 회계처리

7월 31일 분개

(차) 세금과공과금   23,048원   (대) 보통예금(국민은행)   23,048원

[별지 제21 호서식] (2022.03.18 개정)

일반과세자 부가가치세 [ ] 예정 [√] 확정 수정 신고서
[ ] 기한후과세표준
[√] 영세율등조기환급

(전자신고제출분) (제1장앞쪽)

관리번호	-		처리기간 즉시

□ 신고기간 2022 년 제 1 기 (4 월 1 일 ~ 6 월 30 일)

사업자	상 호 (법인명)	(주)나눔상사	성 명 (대표자명)	서승희	사업자등록번호	2 2 0 - 8 1 - 0 3 2 1 7
	생년월일	110111-1020314		전화번호	사업장	주소지	휴대전화
	사업장주소	서울특별시 강남구 강남대로252 (도곡동)			전자우편 주소	nanum@bill36524.com

❶ 신 고 내 용

	구 분		금 액	세율	세 액
과세표준 및 매출세액	과세	세 금 계 산 서 발 급 분 (1)	31,400,000 37,800,000	10/100	3,140,000 3,780,000
		매 입 자 발 행 세 금 계 산 서 (2)		10/100	
		신 용 카 드 . 현 금 영 수 증 발 행 분 (3)	975,000 975,000		97,500 97,500
		기 타 (정 규 영 수 증 외 매 출 분) (4)	600,547 600,547	10/100	60,054 60,054
	영세율	세 금 계 산 서 발 급 분 (5)	250,000,000 250,000,000	0/100	
		기 타 (6)	74,538,750 74,538,750	0/100	
	예 정 신 고 누 락 분 (7)		5,000,000 5,000,000		500,000
	대 손 세 액 가 감 (8)				-200,000 -200,000
	합 계 (9)		362,514,297 368,914,297	㉮	3,597,554 4,237,554
매입세액	세금계산서 수취분	일 반 매 입 (10)	47,500,000 50,500,000		4,750,000 5,050,000
		수출기업 수입분 납부유예 (10-1)			
		고 정 자 산 매 입 (11)	55,000,000 55,000,000		5,500,000 5,500,000
	예 정 신 고 누 락 분 (12)		500,000 500,000		50,000 50,000
	매 입 자 발 행 세 금 계 산 서 (13)				
	그 밖 의 공 제 매 입 세 액 (14)		6,410,000 6,410,000		339,461 339,461
	합계(10)-(10-1)+(11)+(12)+(13)+(14) (15)		109,410,000 112,410,000		10,639,461 10,939,461
	공 제 받 지 못 할 매 입 세 액 (16)		5,640,000 5,640,000		564,000 564,000
	차 감 계 (1 5) - (1 6) (17)		103,770,000 106,770,000	㉯	10,075,461 10,375,461
납 부 (환 급) 세 액 (매 출 세 액 ㉮ - 매 입 세 액 ㉯)				㉰	-6,477,907 -6,137,907
경감 · 공제세액	그 밖 의 경 감 · 공 제 세 액 (18)				
	신 용 카 드 매 출 전 표 등 발 행 공 제 등 (19)		1,072,500 1,072,500		
	합 계 (20)		1,072,500 1,072,500	㉱	
소 규 모 개 인 사 업 자 부 가 가 치 세 감 면 세 액 (20-1)				㉲	
예 정 신 고 미 환 급 세 액 (21)				㉳	
예 정 고 지 세 액 (22)				㉴	
사 업 양 수 자 가 대 리 납 부 한 세 액 (23)				㉵	
매 입 자 납 부 특 례 에 따 라 납 부 한 세 액 (24)				㉶	
신 용 카 드 업 자 가 대 리 납 부 한 세 액 (25)				㉷	
가 산 세 액 계 (26)				㉸	70,259 23,048
차감 · 가감하여 납부할세액 (환급받을세액) (㉰-㉱-㉲-㉳-㉴-㉵-㉶-㉷+㉸) (27)					-6,407,648 -6,114,859
총 괄 납 부 사 업 자 가 납 부 할 세 액 (환 급 받 을 세 액)					

❷ 국세 환급금 계좌신고 (환급세액이 5천만원 미만인 경우) | 거래은행 | | 지점 | 계좌번호 | | ❸ 폐업신고 | 폐업일 | · · | 폐업사유 |

❹ 영세율상호주의 | 여 | 부 √ | 적용구분 | | 업종 | | 해당국가 |

❺ 과 세 표 준 명 세

	업 태	종 목	생산요소	업종코드	금 액
(28)	도매및소매업 도매및소매업			5 0 3 0 0 1 5 0 3 0 0 1	351,913,750 358,313,750
(29)	기타 기타				5,000,000 5,000,000
(30)					4,000,000 4,000,000
(31)	수입금액제외			5 0 3 0 0 1 5 0 3 0 0 1	1,600,547 1,600,547
(32) 합 계					362,514,297 368,914,297

「부가가치세법」제48조 · 제49조 또는제59조와 국세기본법」제45조의3에 따라 위의 내용을 신고하며, 위 내용을 충분히 검토하였고 신고인이 알고 있는 사실 그대로를 정확하게 기재하였음을 확인합니다.

2022 년 07 월 25 일

신고인 (주)나눔상사 (서명 또는 인)

세무대리인은 조세전문자격자로서 위 신고서를 성실하고 공정하게 작성하였음을 확인합니다.

세무대리인 (서명 또는 인)

역삼 세무서장 귀하

첨부서류 뒤쪽 참조

| 세 무 대 리 인 | 성 명 | | 사업자등록번호 | | 전화번호 | - - |

210mm×297mm[백상지 80g/㎡ 또는 중질지 80g/㎡]

※ 이 쪽은 해당 사항이 있는 사업자만 사용합니다.

사업자 등록번호: 220-81-03217

* 사업자등록번호는 반드시 적으시기 바랍니다.

구분				금액	세율	세액
(7) 예정신고 누락분 명세 매출	과세	세금계산서	(33)	5,000,000	10/100	500,000
		기타	(34)		10/100	
	영세율	세금계산서	(35)		0/100	
		기타	(36)		0/100	
	합계		(37)	5,000,000		500,000
(12) 매입	세금계산서		(38)			
	그 밖의 공제매입세액		(39)	500,000		50,000
	합계		(40)	500,000		50,000

구분			금액	세율	세액
(14) 그 밖의 공제 매입세액 명세	신용카드매출전표등수령명세서제출분	일반매입 (41)	310,000		31,000
		고정자산매입 (42)	1,200,000		120,000
	의제매입세액 (43)		4,900,000	뒤쪽참조	188,461
	재활용폐자원등매입세액 (44)			뒤쪽참조	
	과세사업전환매입세액 (45)				
	재고매입세액 (46)				
	변제대손세액 (47)				
	외국인 관광객에 대한 환급세액 (48)				
	합계 (49)		6,410,000		339,461

구분		금액	세율	세액
(16) 공제받지 못할 매입세액 명세	공제받지 못할 매입세액 (50)	4,800,000		480,000
	공통매입세액 중 면세사업 등 해당세액 (51)	840,000		84,000
	대손처분받은 세액 (52)			
	합계 (53)	5,640,000		564,000

구분		금액	세율	세액
(18) 그 밖의 경감·공제 세액 명세	전자신고세액공제 (54)			
	전자세금계산서 발급세액공제 (55)			
	택시운송사업자 경감세액 (56)			
	대리납부세액공제 (57)			
	현금영수증사업자 세액공제 (58)			
	기타 (59)			
	합계 (60)			

구분			금액	세율	세액
(25) 가산세 명세	사업자미등록 등 (61)			1/100	
	세금계산서	지연발급 등 (62)	5,000,000	1/100	50,000
		지연수취 (63)		5/1,000	
		미발급 등 (64)		뒤쪽참조	
	전자세금계산서 발급명세 전송	지연전송 (65)	6,400,000	3/1,000	19,200
		미전송 (66)		5/1,000	
	세금계산서 합계표	제출불성실 (67)		5/1,000	
		지연제출 (68)		3/1,000	
	신고불성실	무신고(일반) (69)		뒤쪽참조	
		무신고(부당) (70)		뒤쪽참조	
		과소·초과환급신고(일반) (71)	450,000	뒤쪽참조	11,250
			340,000		3,400
		과소·초과환급신고(부당) (72)		뒤쪽참조	
	납부지연 (73)		450,000	뒤쪽참조	9,000
			340,000		448
	영세율과세표준신고불성실 (74)			5/1,000	
	현금매출명세서불성실 (75)			1/100	
	부동산임대공급가액명세서불성실 (76)			1/100	
	매입자납부특례	거래계좌 미사용 (77)		뒤쪽참조	
		거래계좌 지연입금 (78)		뒤쪽참조	
	신용카드매출전표 등 수령명세서 미제출 과다기재 (79)			5/1,000	
	합계 (80)				23,048

	업태	종목	코드번호	금액
면세사업 수입금액	(81) 도매 및 소매업	자동차 신품 타이어 및 튜브 판매업	503001	18,030,000
	(82)			
	(83) 수입금액제외		503001	
	(84) 합계			18,030,000
계산서 발급 및 수취명세	(85) 계산서 발급금액			18,030,000
	(86) 계산서 수취금액			4,360,000

# Point 45. 신고기한에 신고를 못한 부가가치세 신고는 어떻게 할까?

1 부가가치세 기한후신고

기한후신고란 법정 신고기한 내에 신고하지 못한 사업자가 이를 자진 신고 납부 또는 환급신청하는 제도이다.

구분	내 용
의 미	과세표준신고서를 법정신고기한까지 제출하지 아니한 자는 관할 세무서장이 결정 또는 경정하여 통지하기 전에 기한후 과세표준신고서를 제출할 수 있다.
수정신고방법	• 부가가치세 신고서 상단에 기한후신고서임을 표기하고 가산세를 스스로 계산하여 기재하여 신고서를 작성함 • 세금계산서합계표등 첨부서류가 있는 경우 함께 제출 • 사업실적이 없는 경우에도 반드시 부가가치세 신고를 하여야 함
수정신고시 가산세	• 세법에 따른 제출, 신고, 가입, 등록, 개설의 기한이 지난 후 1개월 이내에 제출하는 경우 가산세액의 50%감면(세금계산서합계표미제출, 현금매출명세서 가산세등) • 무신고가산세 : 납부세액의 20%(부정행위로 신고하지 아니한 경우 40%) • 영세율신고불성실가산세 감면 • 신고불성실가산세 감면 | 법정신고기한 지난 후 기한후신고 | 과소신고 가산세 감면율 | |---|---| | 1개월 이내 | 50% | | 1개월 초과 ~ 3개월 이내 | 30% | | 3개월 초과 ~ 6개월 이내 | 20% |

2 기한후 신고 실무프로세스

실무프로세스

매입매출전표입력 (누락자료유형으로 입력) → **세금계산서합계표등 부가세신고부속서류작성** → **부가가치세신고서** (누락분 반영 및 가산세적용) - 기한후신고

실습예제

1. 자료 1~2는 2022년 제2기 과세기간 최종 3개월(2022.10.1.~2022.12.31.)의 매출과 매입 자료이다.
2. 제2기 부가가치세 확정신고를 기한내에 하지 못하여 2023년 2월 5일에 기한 후 신고납부하려고 한다.
3. 2022년 제2기 예정신고는 적법하게 신고하였다.
4. 자료 2의 차량운반구는 관리부에서 사용할 목적으로 취득하였다.
5. 신고불성실가산세는 일반무신고에 의한 가산세율을 적용하며, 미납일수는 11일로 한다.

자료 1. 매출전자세금계산서 누락분(상품 매출)

매출전자세금계산서 목록								
번호	작성일자	승인번호	발급일자	전송일자	상호	공급가액	세액	전자세금계산서종류
1	2022-12-01	생략	2022-12-01	2022-12-01	(주)강북상사	30,000,000원	3,000,000원	일반
2	2022-12-15	생략	2022-12-15	2022-12-15	강남상사	28,000,000원	2,800,000원	일반

자료 2. 매입전자세금계산서 누락분(차량운반구 2,800cc 승용차)

매출전자세금계산서 목록								
번호	작성일자	승인번호	발급일자	전송일자	상호	공급가액	세액	전자세금계산서종류
1	2022-12-20	생략	2022-12-20	2022-12-21	(주)우리자동차	38,000,000원	3,800,000원	일반

프로세스입력

① [매입매출전표입력]

1) 12월 1일

거래유형	품명	공급가액	부가세	거래처	전자세금
11.과세	상품	30,000,000	3,000,000	(주)강북상사	전자입력
분개유형	(차) 108.외상매출금	33,000,000원	(대) 255.부가세예수금		3,000,000원
2.외상			401.상품매출		30,000,000원

2) 12월 15일

거래유형	품명	공급가액	부가세	거래처	전자세금
11.과세	상품	28,000,000	2,800,000	강남상사	전자입력
분개유형	(차) 108.외상매출금	30,800,000원	(대) 255.부가세예수금		2,800,000원
2.외상			401.상품매출		28,000,000원

3) 12월 20일

거래유형	품명	공급가액	부가세	거래처	전자세금
54.불공	승용차	38,000,000	3,800,000	(주)우리자동차	전자입력
불공사유	3. 비영업용 소형승용차 구입 및 유지				
분개유형 3.혼합	(차) 208.차량운반구	41,800,000원	(대)	253.미지급금	41,800,000원

❷ [부가가치세신고서] 10월 1일 ~ 12월 31일

1) 2022년 제2기 확정 기한후 부가가치세신고서

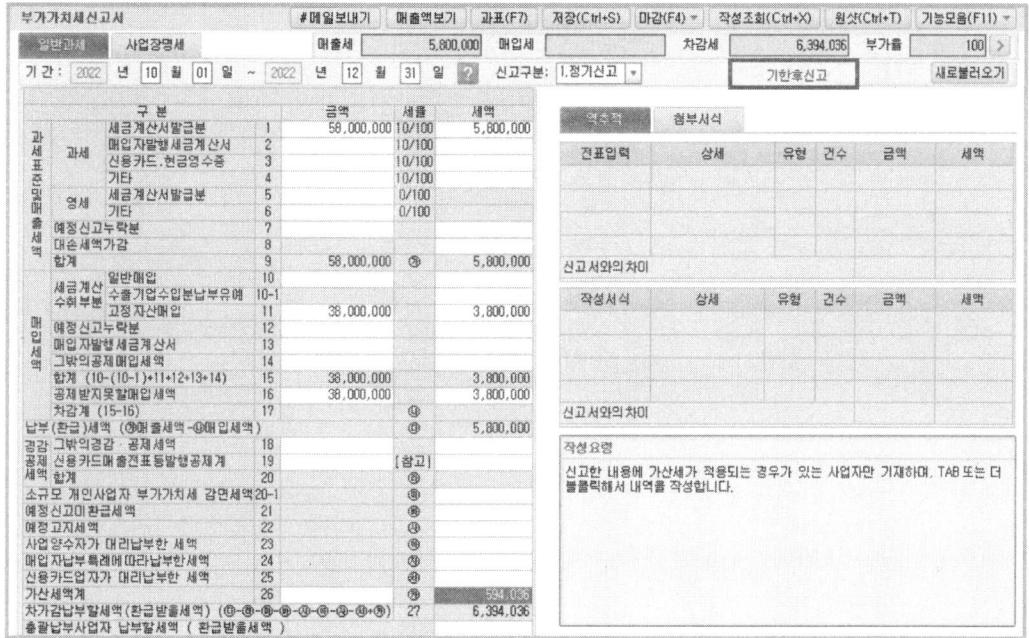

2) 과세표준명세

화면상단의 과표(F7) 를 클릭하여 '신고구분'에서 '4.기한후과세표준'을 선택하고, '신고년월일'에 '2023-02-05'을 기입 후 확인 을 클릭하면 부가가치세신고서에 '기한후신고'가 표시된다.

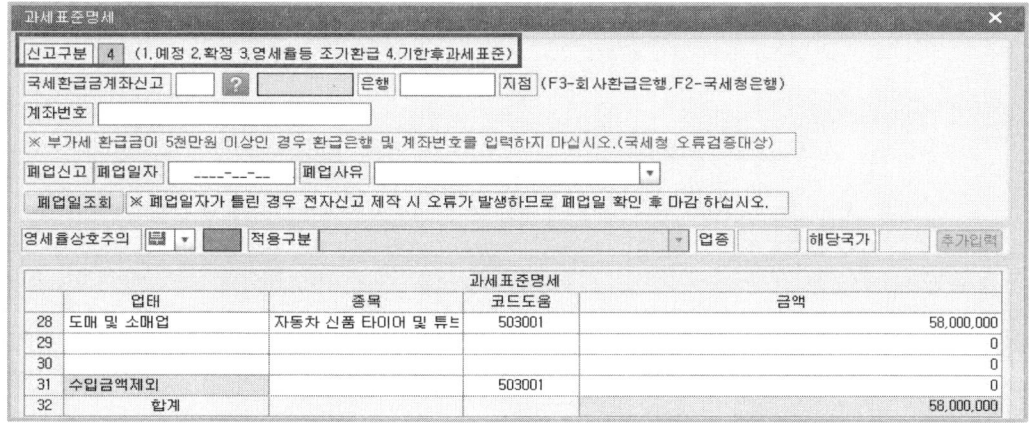

❸ 가산세명세

1) 신고불성실 가산세(무신고)
   (3,000,000원+2,800,000원)×20%×50%감면=580,000원
2) 납부지연 가산세
   (3,000,000원+2,800,000원)×2.2/10,000×11일=14,036원
3) 가산세 합계 : 594,036원

가산세명세	구분		금액	세율	세액
25. 가산세 명세	사업자미등록	61		1%	
	세금계산서지연발급등	62		1%	
	세금계산서지연수취	63		0.5%	
	세금계산서미발급등	64		뒤쪽참조	
	전자세금계산서 지연전송	65		0.3%	
	전자세금계산서 미전송	66		0.5%	
	세금계산서합계표불성실	67		뒤쪽참조	
	신고불성실	69	5,800,000	뒤쪽참조	580,000
	납부지연	73	5,800,000	뒤쪽참조	14,036
	영세율과세표준신고불성실	74		0.5%	
	현금매출명세서미제출	75		1%	
	부동산임대명세서불성실	76		1%	
	매입자거래계좌미사용	77		뒤쪽참조	
	매입자거래계좌지연입금	78		뒤쪽참조	
	신용카드매출전표 등 수령 명세서 미제출·과다기재	79		0.5%	
	합계	80			594,036
67. 세금 계산서 합계표 불성실	미제출			0.5%	
	부실기재			0.5%	
	지연제출			0.3%	
	합계				
69. 신고 불성실	무신고(일반)		5,800,000	뒤쪽참조	580,000
	무신고(부당)			뒤쪽참조	
	과소·초과환급신고(일반)			뒤쪽참조	
	과소·초과환급신고(부당)			뒤쪽참조	
	합계		5,800,000		580,000

Point 46. 부가가치세 총괄납부신고와 사업자단위신고

1 사업장과 부가가치세 신고

구 분	내 용
사업장	사업자 또는 그 사용인이 상시 주재하며 거래의 전부 또는 일부를 행하는 장소를 말한다.
사업장단위 과세원칙	부가가치세는 사업장마다 신고·납부하도록 하고 있기 때문에 각 사업장 소재지가 신고·납세지가 된다.
주사업장 총괄납부	둘 이상의 사업장이 있는 경우에 주된 사업장 관할세무서장에게 신청하여, 신고는 각 사업장별로 하고, 납부만 주된 사업장에서 총괄해서 납부할 수 있도록 하는 제도를 "주사업장 총괄납부"라 한다. ※ **총괄납부의 효력** ① 각 사업장별 납부(환급)세액을 통산하여 주 사업장에서 납부(환급)가능 ② 세액의 납부(환급)만 총괄하여야 하며, 신고는 각 사업장별로 하여야 함 ③ 세금계산서 작성·교부 및 수정신고·경정결정은 각 사업장별로 하여야 함 ④ 직매장 반출 등 내부거래는 재화의 공급으로 보지 않음 ⑤ 신규사업자 : 신청일이 속하는 과세기간부터 총괄하여 납부 ⑥ 계속사업자의 경우 : 총괄납부하려는 해당 과세기간부터 총괄하여 납부 ⑦ 총괄납부사업자가 직매장등에 반출하는 것은 재화의 공급으로 보고 세금계산서를 교부해야 한다.

사업자단위과세	둘 이상의 사업장이 있는 사업자가 본점 또는 주사무소("사업자단위 과세 적용사업장"이라 함)의 관할세무서장에게 신청하여 당해 사업자의 본점 또는 주사무소에서 총괄하여 신고·납부할 수 있으며, 이를 "사업자단위 과세제도"라 한다.
	※ **사업자단위과세의 효력**
	① 계속사업자의 사업자단위과세 적용시 종된 사업장의 사업자등록번호는 사업자단위과세 적용일 전일자로 자동 직권말소 됨
	   - 종사업장은 사업자등록증 부표인 「사업자단위과세 적용 종된 사업장명세」에 종사업장 일련번호가 4자리 숫자로 부여되어 추가로 발급됨
	② 수정신고·경정청구 및 과세자료 처리(세금계산서발급포함) : 주사업장에서 처리
	   - 사업자단위과세 적용 이전분 : 사업자단위 과세 적용 전 사업장 관할 세무서
	③ 확정일자는 주사무소 관할 세무서장이 종된 사업장의 임대차에 대하여 각각 확정일자 부여
	④ 종된 사업장 관련 민원증명
	   - 종된 사업장의 사업자등록 내용 및 휴·폐업에 대하여는 전산 발급함
	   - 기타 종사업장의 사업자등록 이력에 대하여는 종 사업장 관할 세무서에서 '사실증명원'으로 증명 발급
	   - 순수한 면세사업자는 사업자단위과세 대상이 아니며, 과·면세 겸업자는 가능함
	⑤ 사업자단위과세사업자가 직매장등에 반출하는 것은 재화의 공급으로 보지 아니한다.

2 사업장 형태별 신고·납부·세금계산서발행관계

부가가치세의 신고·납부 및 세금계산서발급 등을 사업장의 형태별로 정리하면 다음과 같다.

구 분	사업장의 종류	사업자등록, 세금계산서 발급	신 고	납 부
원칙	주사업장	○	○	○
	종사업장	○	○	○
주사업장 총괄납부	주사업장	○	○	○
	종사업장	○	○	×
사업자단위 과세 사업자	본점 또는 주사무소	○	○	○
	종사업장	×	×	×

3 부가세총괄납부 신고 실무프로세스

1. 회사등록 : 본지점관리 체크. 본점 일괄납부 승인표시
2. 지점회사 부가세신고서 : 종사업자 표시
3. 본점회사에서 사업장별부가세납부환급신고명세 작성후
4. 본점회사 부가세신고서 : 총괄납부세액 표시

실무프로세스

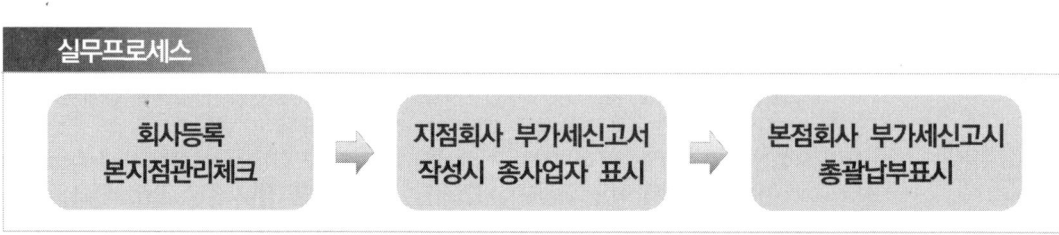

프로세스입력

① 회사등록- 본지점관리

지점회사의 우측 본지점관리에서 본점코드를 등록한다.

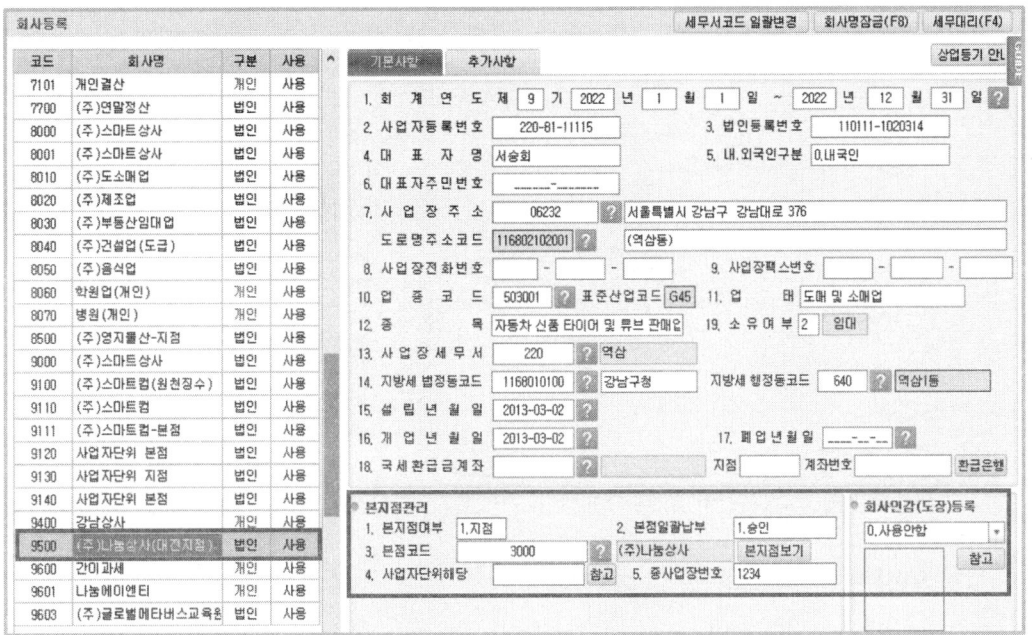

② 지점 부가세신고서 마감

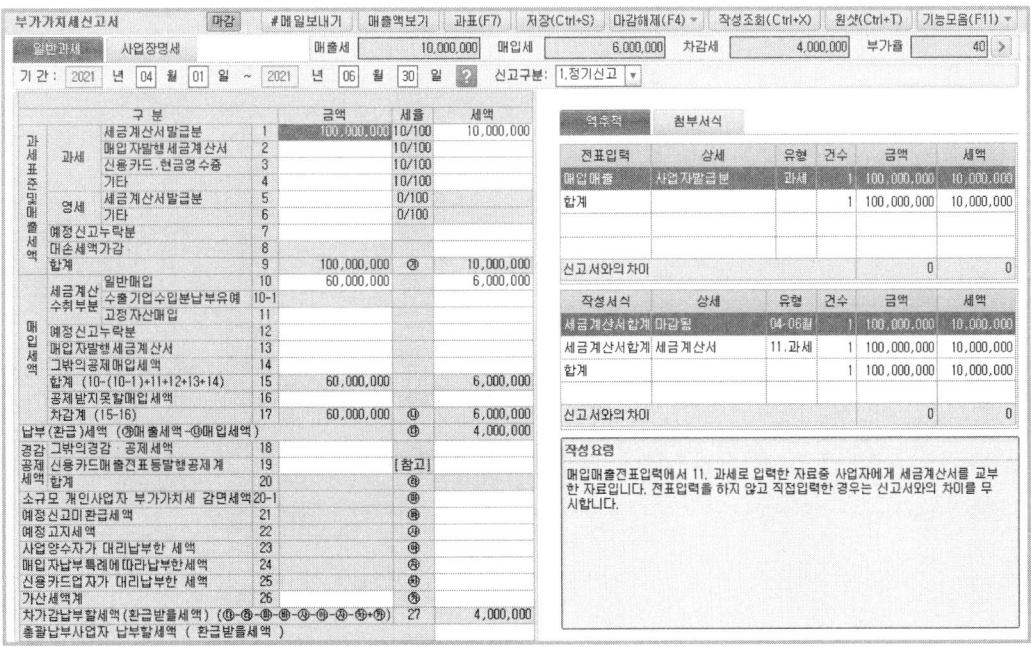

❸ 본점 부가세신고서 저장

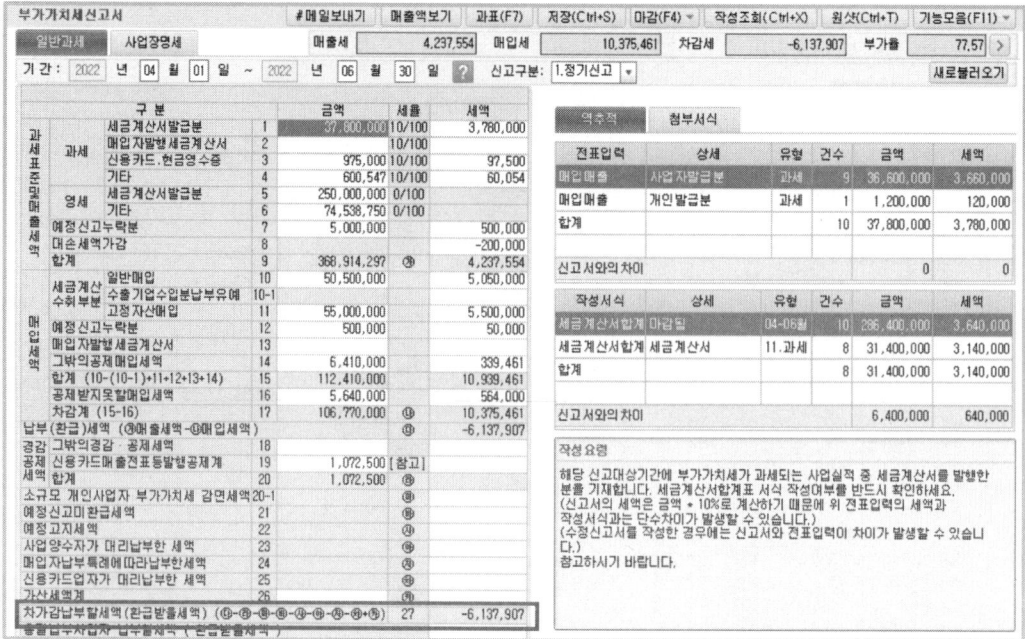

❹ 본점 사업장별부가세납부환급신고명세 작성

⑤ 본점 부가세신고서 차가감납부할세액 적용

[부가가치세신고서 화면 이미지]

4 사업자단위신고 실무프로세스

1. 회사등록 : 본지점관리 체크. 본점 일괄납부 승인표시(본지점 사업자번호 동일)
2. 데이터통합
3. 통합된 회사에서 사업자단위과세사업장별부가세 - 본지점 자료조회
   → 통합된 부가세신고서 작성

업무프로세스

회사등록 본지점관리체크 ➡ 통합데이타 작성 ➡ 통합된 부가세신고서 작성

프로세스입력

❶ 회사등록

❷ 사업자단위과세사업장별부가세

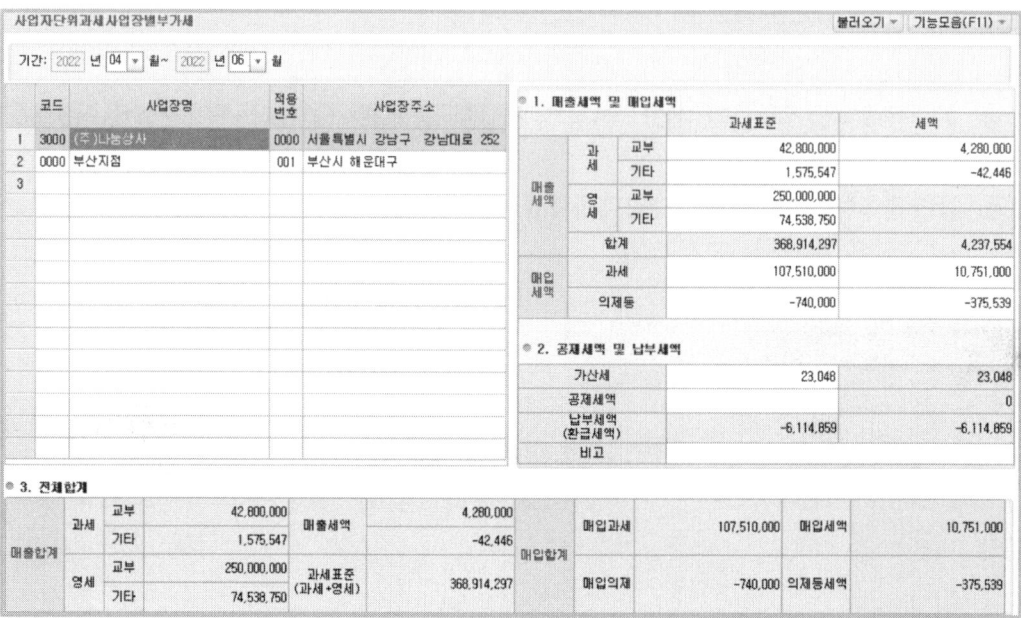

❸ 부가가치세 신고서

Point 47 간이과세자의 부가가치세 전자신고하기

1. 간이과세자의 부가가치세신고

간이과세제도는 주로 최종소비자와 거래한 영세한 개인사업자에 대하여 납세의무를 간편하게 이행할 수 있도록 하는 납세편의 제도이다. 간이과세자는 1.5%~4%의 낮은 세율이 적용되지만, 매입액(공급대가)의 0.5%만 공제받을 수 있으며, 신규사업자 또는 직전연도 매출액이 4천8백만원 미만인 사업자는 세금계산서를 발급할 수 없다.

주로 소비자를 상대하는 업종으로서 연간 매출액이 8천만원(과세유흥장소 및 부동산임대업 사업자는 4천8백만원)에 미달할 것으로 예상되는 소규모사업자의 경우에는 간이과세자로 등록하는 것이 유리하다.

구 분	내 용
적용대상	직전 1역년의 공급대가가 8,000만원 미만인 개인사업자
세액계산	납부세액=(매출액×업종별 부가가치율×10%) - 공제세액 * 공제세액=세금계산서에 기재된 매입세액×해당업종의 부가가치율 * 간이과세자의 업종별 부가가치율 | 업 종 | 부가가치율 | | --- | --- | | 전기·가스·증기 및 수도사업 | 5% | | 소매업, 음식점업, 재생용 재료수집 및 판매업 | 10% | | 제조업, 농·임·어업, 숙박업 운수 및 통신업 | 20% | | 건설업, 부동산임대업, 기타 서비스업 | 30% |
세금계산서	영수증 발급만 가능
예정신고납부	예정부과 원칙(징수할 금액이 30만원 미만인 경우 예정부과를 생략)
대손세액공제	적용안 됨
의제매입세액	농산물 등의 매입가액×(6/106, 8/108) 제조업과 음식점업에 한함
신용카드매출전표 발행세액공제	신용카드매출전표등 발행금액×1.3%(음식점업 및 숙박업은 2.6%)
납부의무면제	해당 과세기간 공급대가가 3,000만원 미만인 경우
가산세	① 미등록 및 허위등록 가산세 : 공급대가 ×0.5% ② 초과환급세액에 대한 과소신고·초과환급신고가산세와 납부불성실·환급불성실가산세 적용불가 ③ 세금계산서 관련 가산세 없음
환급	없음

2 간이과세자신고 실무프로세스

실무프로세스

회사등록 : 간이과세자선택
매입매출전표입력
유형 : 15.종합으로 입력

세금계산서합계표등
부가세신고부속서류작성

부가가치세신고서

프로세스입력

① 매입매출전표입력

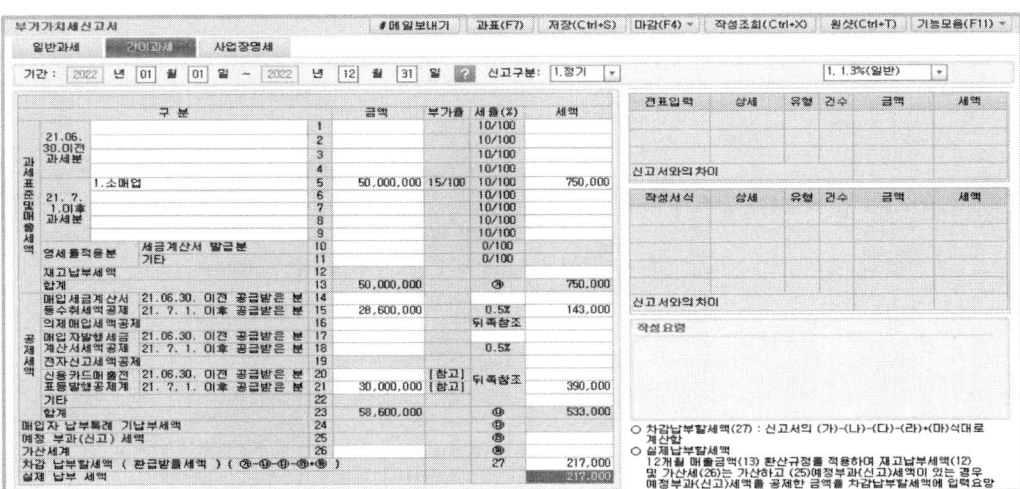

② 부가가치세신고서

Point 48. 폐업한 사업자의 부가가치세 전자신고하기

1. 폐업한 사업자의 부가가치세 신고

구 분	내 용
과세기간	폐업일이 속하는 과세기간 개시일~폐업일
신고.납부기한	폐업일이 속하는 달의 다음달 25일까지 * 신고기한을 경과하였을 경우 신고불성실가산세, 납부지연가산세 등 가산세 적용
폐업시 잔존재화	폐업할 때 자기생산 또는 취득재화 중 남아있는 재화는 자기에게 공급한 것으로 보아 부가가치세가 과세되며, 세금계산서 발급의무가 면제됨 - 상품,제품,원재료등 : 폐업시 남아있는 재화의 시가 - 감가상각자산 : 감가상각자산 자가공급등의 공급가액계산으로 과세 (취득가액에 경과된 과세기간수별로 상각한 자산으로 계산)

2. 폐업한 사업자 부가가치세신고 실무프로세스

실무프로세스

회사등록 : 폐업일 입력
매입매출전표입력
유형 : 해당 유형으로 입력
→ 세금계산서합계표등 부가세신고부속서류작성
→ 부가가치세신고서 (확정신고)

프로세스입력

❶ 회사등록-폐업일자 등록

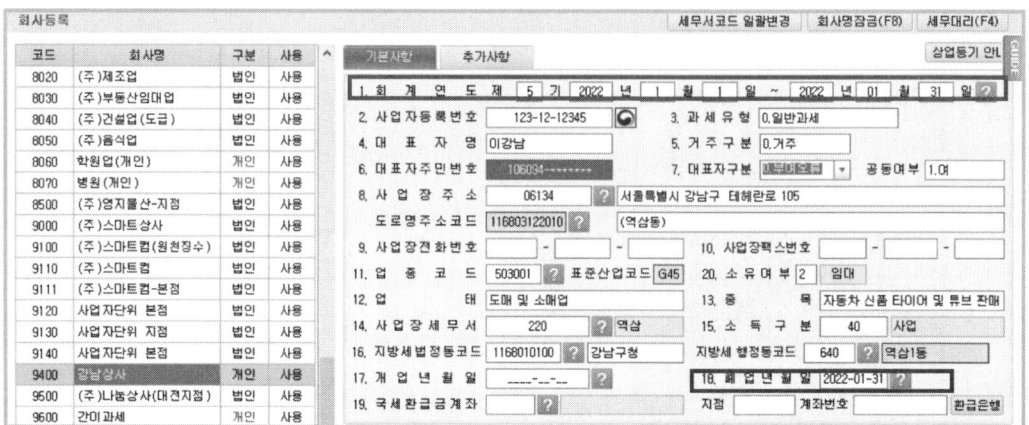

❷ 세금계산서합계표등 관련 부속서류 작성

❸ 부가가치세신고서 작성

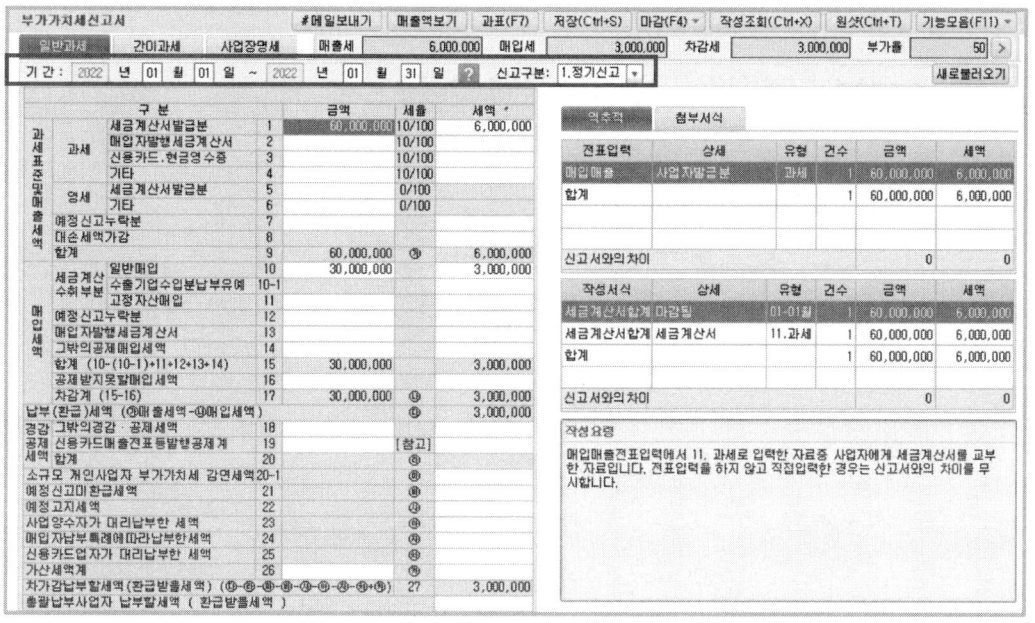

[과세표준명세]

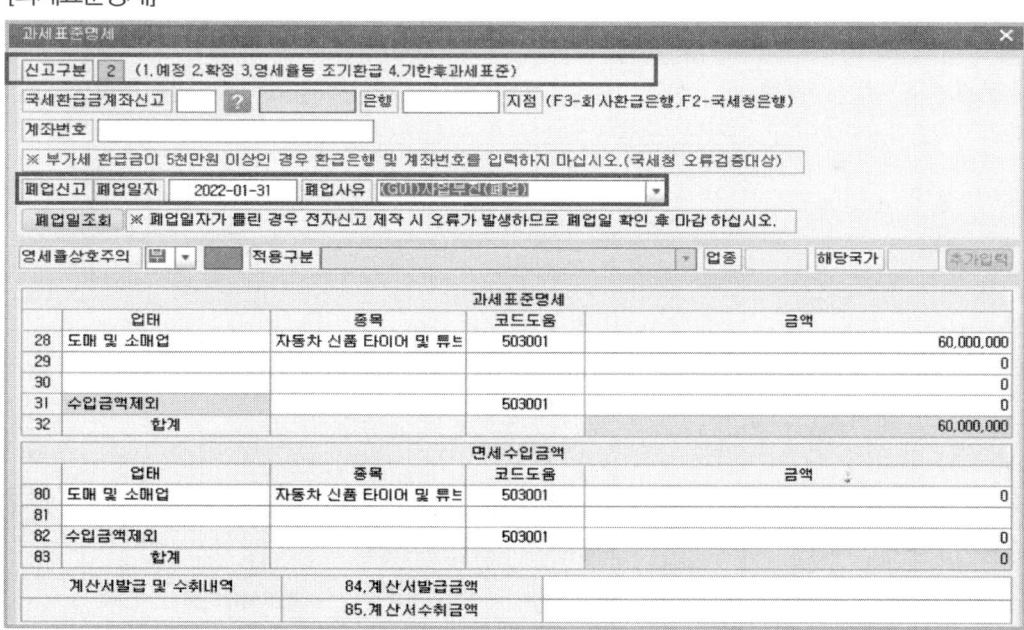

Point 49 부가가치세 관련자료의 회계처리

1 부가가치세액의 납부와 회계처리

(1) 부가가치세 납부서

부가가치세 자진 납부서를 작성하는 메뉴이다. 과세기간과 대상 회사코드를 입력하여 조회가능하며 화면 상단의 [인쇄]키를 클릭하여 인쇄할 수 있다. 또한 해당서식을 pdf 또는 한글화일로 변환할 수 있다.

(2) 부가가치세 관련계정 정리

분기별로 부가가치세 신고서에 해당하는 매출부가가치세(부가세예수금 계정)와 매입부가가치세(부가세대급금 계정)을 서로 상계하여 정리하여야 한다.

구 분			분 개			
납부세액인 경우	정리분개	방법1	(차) 부가세예수금	×××	(대) 부가세대급금 미지급세금	××× ×××
		방법2	(차) 부가세예수금	×××	(대) 부가세대급금	×××
	납부시	방법1	(차) 미지급세금	×××	(대) 현금	×××
		방법2	(차) 부가세예수금	×××	(대) 현금	×××
환급세액인 경우	정리분개		(차) 부가세예수금 미수금	××× ×××	(대) 부가세대급금	×××
	환급시		(차) 보통예금	×××	(대) 미수금	×××

실습예제

❶ 3월 31일   제1기 예정 부가가치세신고서를 조회하여 부가가치세 관련계정을 정리하시오.

프로세스입력

❶ 납부세액이 계산된 경우

1) 부가가치세신고서에서 매출세액과 매입세액 확인

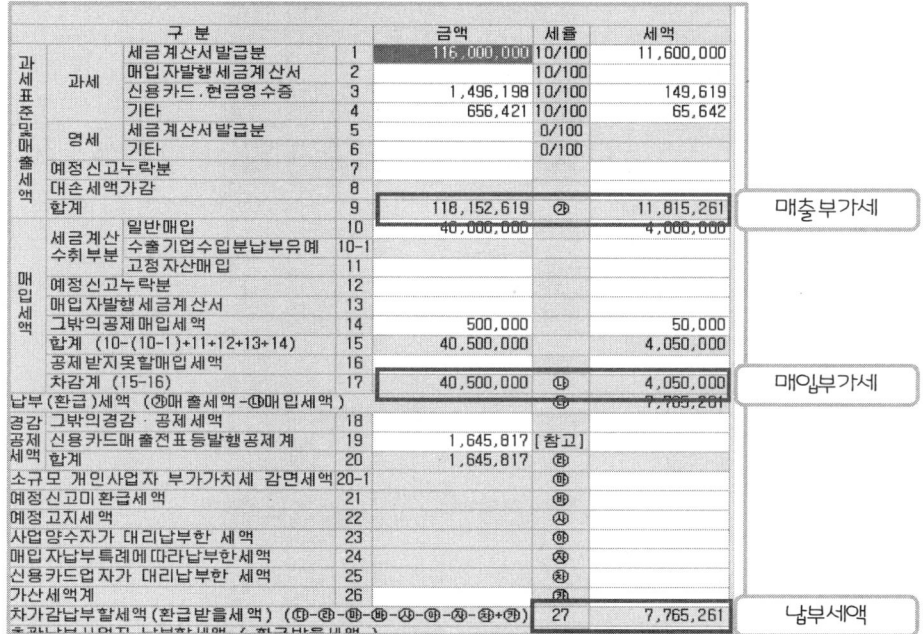

2) 합계잔액시산표에서 매출세액(부가세예수금계정)과 매입세액(부가세대급금계정) 확인

차 변		계정과목	대 변	
잔 액	합 계		합 계	잔 액
379,000	379,000	현 금		
1,100,000	1,100,000	보 통 예 금		
129,700,000	129,700,000	외 상 매 출 금		
		대 손 충 당 금	500,000	500,000
1,988,879	1,988,879	미 수 금		
4,050,000	4,050,000	부 가 세 대 급 금		
40,000,000	40,000,000	◁재 고 자 산▷		
40,000,000	40,000,000	상 품		
		◀유 동 부 채▶	56,365,260	56,365,260
		외 상 매 입 금	44,000,000	44,000,000
		미 지 급 금	550,000	550,000
		부 가 세 예 수 금	11,815,260	11,815,260
		◀자 본 금▶	1,700,000	1,700,000
		자 본 금	1,700,000	1,700,000
		◀매 출▶	119,152,619	119,152,619
		상 품 매 출	9,152,619	9,152,619
		공 사 수 입 금	110,000,000	110,000,000
500,000	500,000	◀판 매 관 리 비▶		
500,000	500,000	소 모 품 비		
177,717,879	177,717,879	합 계	177,717,879	177,717,879

3) 회계처리
   - 3월 31일 분개
     (차) 부가세예수금   4,050,000원   (대) 부가세대급금   4,050,000원
   - 4월 25일 납부시
     (차) 부가세예수금   7,765,260원   (대) 현금예금   7,765,260원

❷ 환급세액이 계산된 경우

1) 부가가치세신고서에서 매출세액과 매입세액 확인

구분			금액	세율	세액	
과세표준및매출세액	과세	세금계산서발급분 1	53,585,000	10/100	5,358,500	
		매입자발행세금계산서 2		10/100		
		신용카드·현금영수증 3	700,000	10/100	70,000	
		기타 4	547,540	10/100	54,754	
	영세	세금계산서발급분 5	258,000,000	0/100		
		기타 6	74,538,750	0/100		
	예정신고누락분 7					
	대손세액가감 8				200,000	
	합계 9		387,371,290	㉮	5,283,254	← 매출부가세
매입세액	세금계산서수취부분	일반매입 10	155,800,000		9,580,000	
		수출기업수입분납부유예 10-1				
		고정자산매입 11	5,000,000		500,000	
	예정신고누락분 12					
	매입자발행세금계산서 13					
	그밖의공제매입세액 14		5,210,000		219,461	
	합계 (10-(10-1)+11+12+13+14) 15		166,010,000		10,299,461	
	공제받지못할매입세액 16		8,727,830		872,782	
	차감계 (15-16) 17		157,282,170	㉯	9,426,678	← 매입부가세
납부(환급)세액 (㉮매출세액-㉯매입세액)				㉰	-4,143,424	
경감공제세액	그밖의경감·공제세액 18					
	신용카드매출전표등발행공제계 19		770,000	[참고]		
	합계 20		770,000	㉱		
소규모 개인사업자 부가가치세 감면세액 20-1				㉲		
예정신고미환급세액 21				㉳		
예정고지세액 22				㉴		
사업양수자의 대리납부 기납부세액 23				㉵		
매입자 납부특례 기납부세액 24				㉶		
신용카드업자의 대리납부 기납부세액 25				㉷		
가산세액계 26				㉸		
차가감납부할세액(환급받을세액)(㉰-㉱-㉲-㉳-㉴-㉵-㉶-㉷+㉸) 27					-4,143,424	← 납부세액

2) 합계잔액시산표에서 매출세액(부가세예수금계정)과 매입세액(부가세대급금계정) 확인

차변		계정과목	대변	
잔액	합계		합계	잔액
2,750,000	2,750,000	미수금		
20,120,000	20,120,000	가지급금		
9,426,678	9,426,678	부가세대급금		
210,254,322	243,111,539	◀재 고 자 산▶	32,857,217	
24,750,000	32,000,000	제 품	7,250,000	
185,504,322	191,111,539	원 재 료	5,607,217	
	20,000,000	미 착 품	20,000,000	
	450,000	◀유 동 부 채▶	316,979,254	316,529,254
		외 상 매 입 금	237,900,000	237,900,000
		미 지 급 금	23,346,000	23,346,000
	450,000	부 가 세 예 수 금	5,733,254	5,283,254
		단 기 차 입 금	50,000,000	50,000,000
1,632,103,004	1,723,284,721	합 계	1,723,284,721	1,632,103,004

3) 회계처리
   - 환급세액을 미수금으로 계상하는 방법
     3월 31일 분개
     (차) 부가세예수금   5,283,254원   (대) 부가세대급금   9,426,678원
         미수금   4,143,424원

     ※ 전자신고세액공제액과 단수차익은 잡이익계정으로 회계처리한다.

 부가가치세 관련전자료으로 데이터백업 및 복구

1 데이터백업(보낼데이터만들기)

분기별로 부가세신고 관련자료만 데이터를 복사하여 기장업체에 제공할 수 있다.

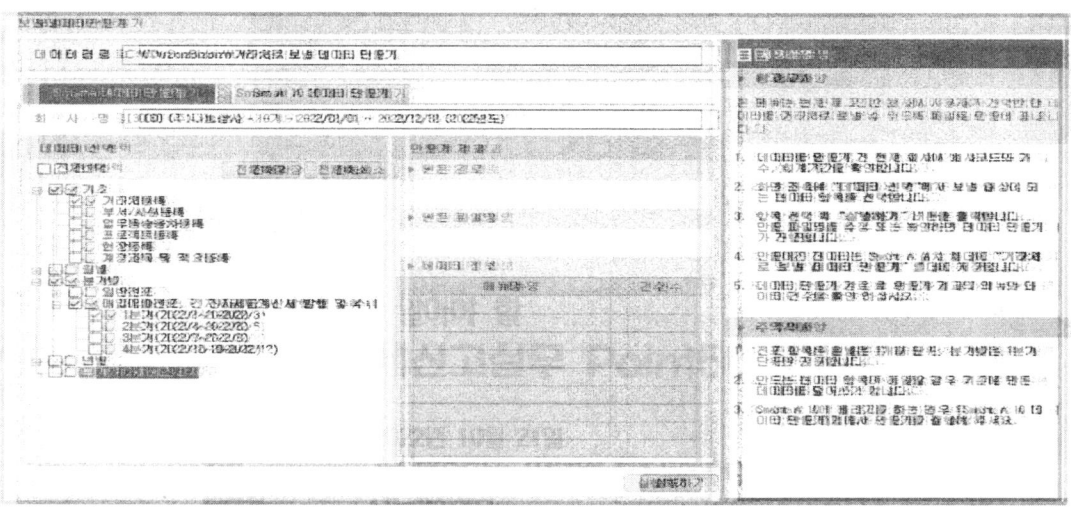

2 데이터복구(받은데이터올리기)

기장업체에서 분기별부가세관련 자료만 데이터로 받은 경우 복구하여 적용할 수 있다.

서실장의 더존실무톡톡 | **서승희**

약력 | 건국대학교 행정대학원 석사
　　　가톨릭대학교(성심)경영학부 겸임교수
　　　동서울대학교 테크노경영학부 겸임교수
　　　㈜더존비즈온 지식서비스센타 전임강사
　　　한국생산성본부 ERP전문강사
　　　한국공인회계사회 AT연수강사
　　　대한상공회의소 기업세무실무 연수강사
　　　스마트교육연구소 대표
　　　한국평생학습교육원 NCS경영아카데미 총괄이사
　　　세무TV 더존스마트에이 실무교육 전임교수
　　　유투브 서실장의 더존실무톡톡 운영중

저서 | ERP정보관리실무, 전산세무회계, 세무회계「경기도교육청」
　　　FAT1,2급(회계실무)「나눔에이엔티」
　　　TAT2급(세무실무)「나눔에이엔티」
　　　ERP정보관리사 2급(회계·인사·물류·생산)
　　　전산회계운용사 2,3급「나눔에이엔티」
　　　스마트에이 재무회계실무(BASIC)「도서출판 희소」
　　　스마트에이 재무회계실무(MASTER)「도서출판 희소」
　　　스마트에이 인사급여실무「도서출판 희소」
　　　스마트에이 원천세신고실무 Point40「나눔에이엔티」
　　　스마트에이 연말정산실무 Point42「나눔에이엔티」
　　　스마트에이 법인세신고실무 Point50「나눔에이엔티」
　　　스마트에이 법인결산실무 Point50「나눔에이엔티」
　　　스마트에이 개인결산실무 Point50「나눔에이엔티」
　　　스마트에이 종합소득세신고실무 Point50「나눔에이엔티」

참고문헌

2022귀속 부가가치세 신고실무. 서울지방세무사회
2022년 제1기확정 부가가치세 신고안내 매뉴얼. 국세청
2018 부가가치세 상담실무. 국세청
2022 국세신고안내 부가가치세. 국세청
2022 개정세법 해설. 국세청
2022년 귀속 업종코드. 국세청
업종별 회계와 세무실무. 이강오. 어울림
계정과목별 회계와 세무관리. 강인준·임수택, (주)영화조세통람
TAT2급(세무실무), 서승희. 나눔에이엔티
SmartA 사용설명서(재무회계), (주)더존비즈온

세무대리인이 알아야 할
부가가치세신고실무 Point50

개정2판 발행	2022년 10월 21일
저자	서승희(유튜브: 서실장의 더존실무톡톡)
발행처	나눔에이엔티
발행인	이윤근
주소	서울시 성북구 보문로36길 39
전화	02-924-6545
팩스	031-924-6548
등록	제307-2009-58호
홈페이지	www.nanumant.com / www.sshedu.kr(동영상제공)
ISBN	978-89-6891-396-9
정가	**18,000원**

나눔에이엔티는 정확하고 신속한 지식과 정보를 독자분들게 제공하고자 최선의 노력을 다하고 있습니다. 그럼에도 불구하고 모든 경우에 완벽성을 갖출 수 없기에 본 서의 수록내용은 특정사안에 대한 구체적인 의견제시가 될 수 없으며, 적용결과에 대하여 당사가 책임지지 않으니 필요한 경우 전문가와 상담하시기 바랍니다.

이 책은 저작권법에 의해 보호를 받는 저작물이므로 당사의 서면허락 없이는 어떠한 형태로도 무단 전재와 복제를 금합니다.

※ 파본은 구입하신 서점이나 출판사에서 교환해 드립니다.